für Mü
Klein Ruh
Trollprinzessin
Lady Fiona

Ronja Marie

Als ich ein kleines Mädchen war

Ich durfte in einer behüteten Welt aufwachsen, hatte mein eigenes Reich in Haus und Garten und spielte viel allein. Meine täglichen Begleiter waren die Musik von Gerhard Schöne („Mutterland", „Kinderlieder aus aller Welt") und der „Traumzauberbaum" von Reinhard Lakomy, später kam noch der kleine Drache Tabaluga hinzu (Freunde aus Wiesbaden schenkten uns in den 80ern eine Kopie auf MC). Die Figuren mit ihren Geschichten beflügelten meine Phantasie und geisterten durch meine Tagträume. Als ich lesen konnte, verschlang ich „Das doppelte Lottchen" von Erich Kästner und „Drei lustige Gesellen" von Eno Raud und reiste mit Nils Holgersson und den Wildgänsen zum ersten Mal nach Lappland. Nach der Lektüre von „Pippi Langstrumpf" im Alter von etwa 9 Jahren (eine Freundin von mir besaß alle drei Bände) stand für mich fest: ich will „Bücherschreiberin" werden. Meine Eltern versuchten vorsichtig, mir das wieder auszureden, um mir die bittere Erfahrung zu ersparen, dass mein Geschriebenes nicht im Sinne der Partei sein und infolgedessen auch nicht gedruckt werden dürfte. Die Geschichte von der antiautoritären Göre mit den roten Zöpfen und zwei verschiedenen Strümpfen wurde sicherheitshalber in der DDR nicht verlegt, aber es gab immerhin eine Ausgabe von Ronja Räubertochter, ein schmales, graues Büchlein ohne Illustrationen

Im Sommer 1990 sah ich dann in Berlin das Rote Rathaus, ganz aus Legosteinen gebaut und wollte von da an Designerin bei Lego werden. Daraus ist dann im Jahr 2000 immerhin die Textil-Designerin geworden.

Inzwischen habe ich selbst zwei Kinder und sammle für die beiden so nach und nach Musik und Bücher aus meinen eigenen Kindertagen und höre und lese alles immer noch genauso gern wie damals. Und ich erinnere mich: Ich selbst wollte auch Geschichten erzählen. Dies möchte ich hier tun, mit Texten und mit Textilien, mit dem Filz und den Formen und den Ornamenten. Dabei habe ich mich von der Natur im Wechsel der Jahreszeiten und auch von Büchern, die ich gelesen habe, inspirieren lassen.

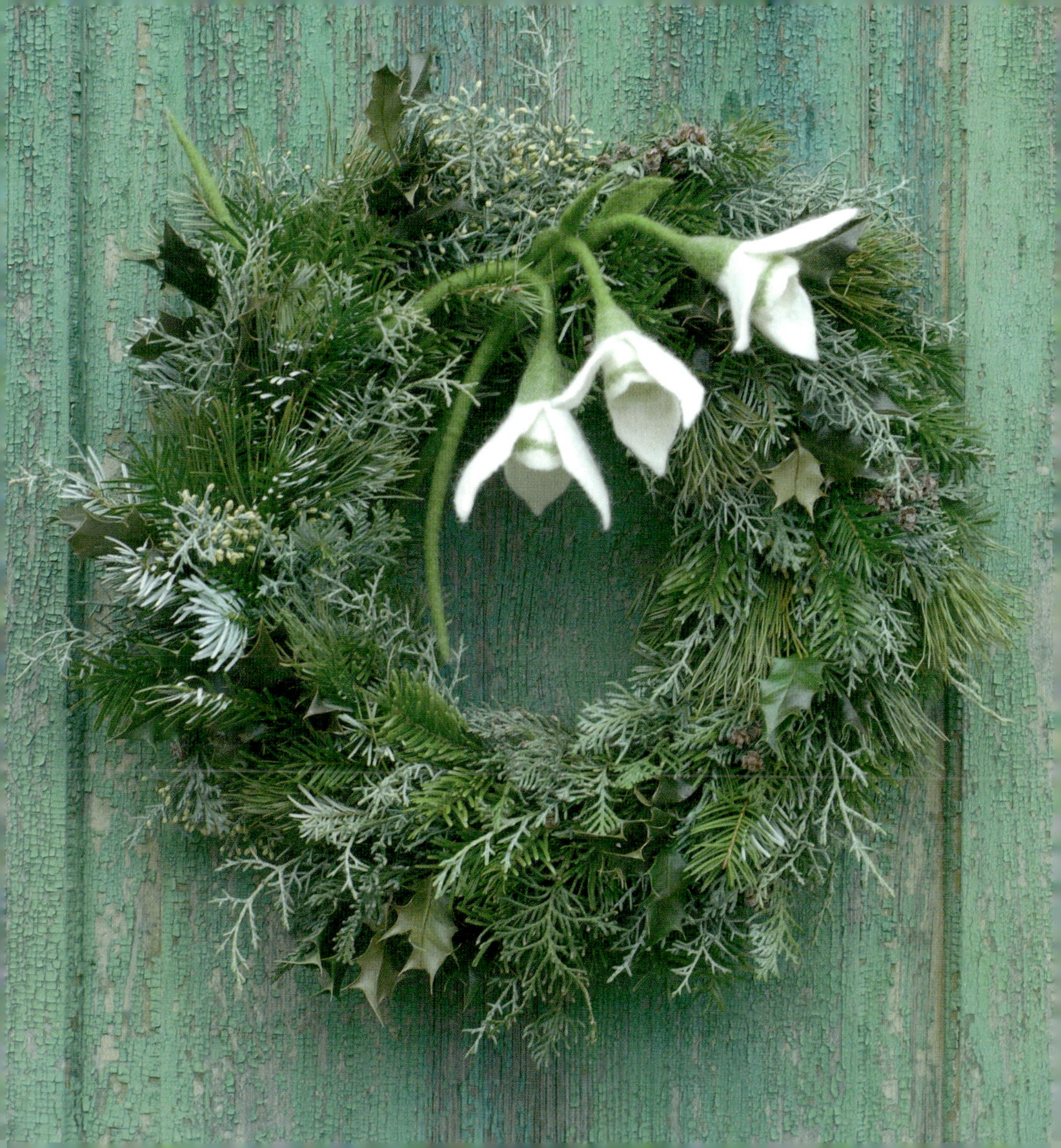

Frühling

Weihnachten ist vorbei, das neue Jahr hat begonnen und der Frühling lässt noch auf sich warten. Der Türkranz, den meine Schwiegermutter für uns gebunden hat, sieht immer noch schön aus. In manchen Jahren blühen Ende Januar schon die Schneeglöckchen, denke ich und filze mir welche, nicht ahnend, dass sie in diesem Jahr erst im März blühen werden und der Winter sich bis in den April hinein immer wieder mit Schnee zurückmelden wird. Aber der Weihnachtskranz bekommt ein Neujahrskleid.

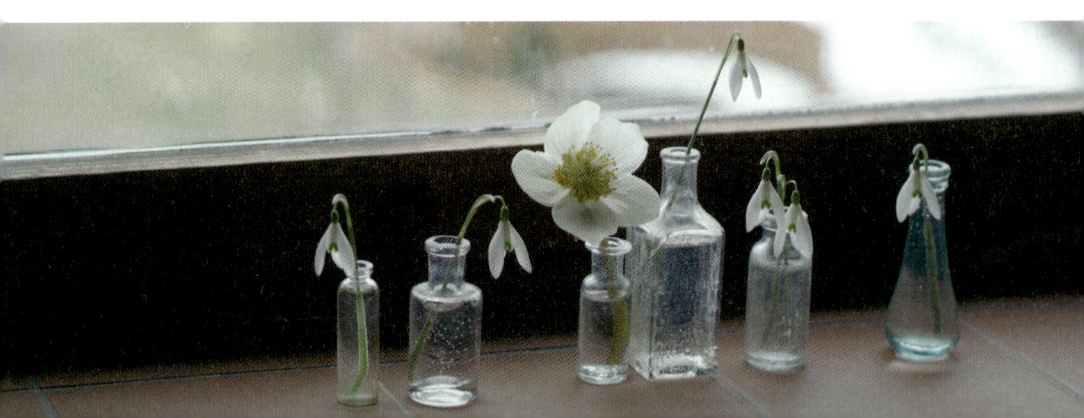

Loblied auf das Filzkissen

Im siebten Semester hatte ich die Aufgabe, eine Serie Sitzkissen aus Filz für Grundschulkinder zu entwerfen. Beim Rundgang (so hieß die Prüfung am Semesterende) fragte mich einer der Professoren, ob mir die Aufgabe, solch einen banalen Gegenstand wie ein Stuhlkissen zu gestalten, nicht zu uninteressant gewesen wäre. Ich weiß den genauen Wortlaut nicht mehr, aber es war sehr zurückhaltend formuliert und ich war sehr aufgeregt wie immer bei Prüfungen und habe die Frage überhaupt nicht verstanden, kann mich auch nicht erinnern, was ich geantwortet habe. Erst viel später, nachdem ich lange darüber nachgedacht hatte, dämmerte mir, was er meinte. Und tatsächlich habe ich mich bis heute nie gefragt, ob ein Sitzkissen unwert ist, gestaltet zu sein, schon gar nicht, wenn es aus Filz ist. Ich liebe meine Filzkissen und könnte nie genug davon filzen und be-sitzen. Sie sind täglicher Begleiter, am Esstisch, im Garten und auch unterwegs, wo sie auf fast jedem Untergrund warmes und gemütliches Sitzen ermöglichen.
Der Miniteppich bietet viele Anwendungsmöglichkeiten für die traditionellen Filztechniken aus Zentralasien (und ist schneller gefilzt als ein großer Teppich).
Da mir diese Techniken als Studentin noch nicht vertraut waren, wusste ich auch nicht, was eine Kollegin meinte, als sie mir erläuterte, beim Filzen mache sie das „Ausfüllen" am liebsten. Jahre später kam ich selbst in den Genuss dieses Arbeitsganges, bei dem die Gegenform zum aus Vorfilz ausgeschnittenen Ornament mit gezupfter Wolle in entsprechend vielen Schichten ergänzt wird (Ala-kiiz-Technik).
Da der Winter noch andauert, ist Zeit für die Arbeit an den Kissen. Das Wetter draußen lockt keine Katze hinter dem Ofen hervor. Ich schaue in die Flammen im Kamin und frage mich, ob manches Ornament auch diese züngelnden, sich kringelnden Formen zum Vorbild hatte. Das Feuer ist elementarer Teil des Lebens der Steppenvölker, wenn sie auch sicher nicht so viel Zeit wie ich haben, stundenlang in die Flammen zu sehen, vielleicht doch so manche Geschichte lang abends, wenn alle Tiere versorgt sind.

Passend dazu lese ich:
Dschingis Aitmatow: „Wirf die Fesseln ab, Gylsary“ und
Olga Kharitidi: „Das weiße Land der Seele“ (Vorsicht: „esoterische“ Literatur!)

Sitzkissen **Elefant** und **Kamel**, Bergschafwolle, 2011

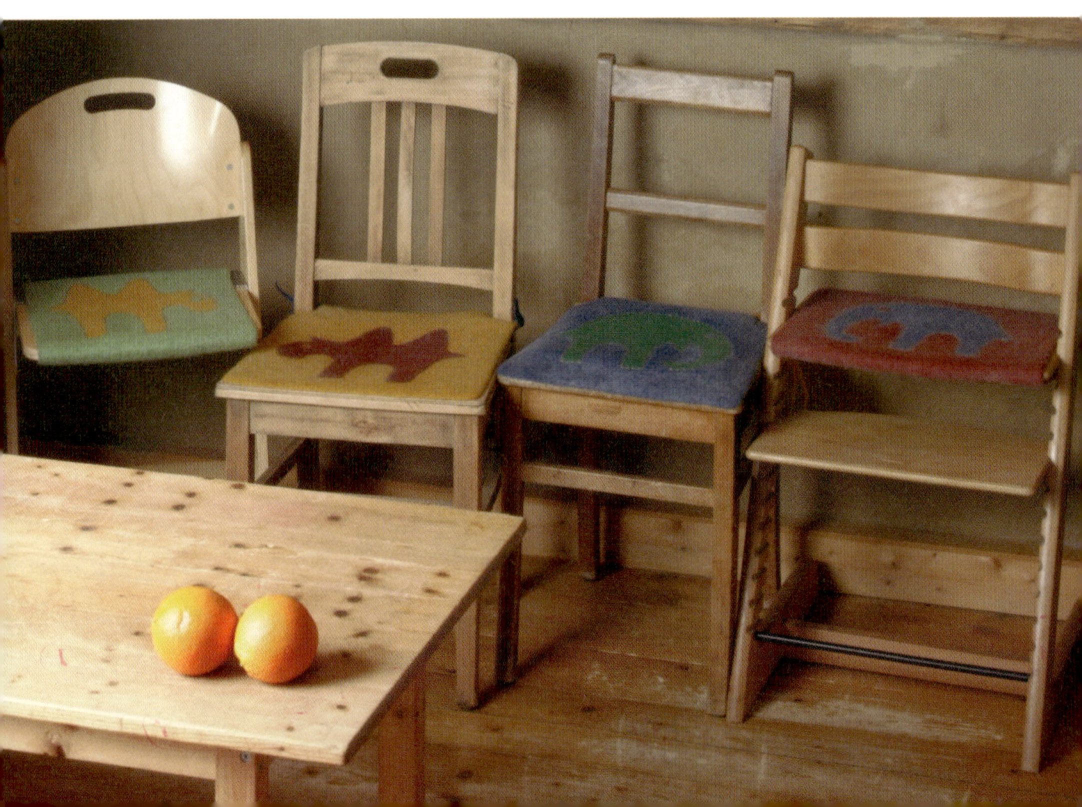

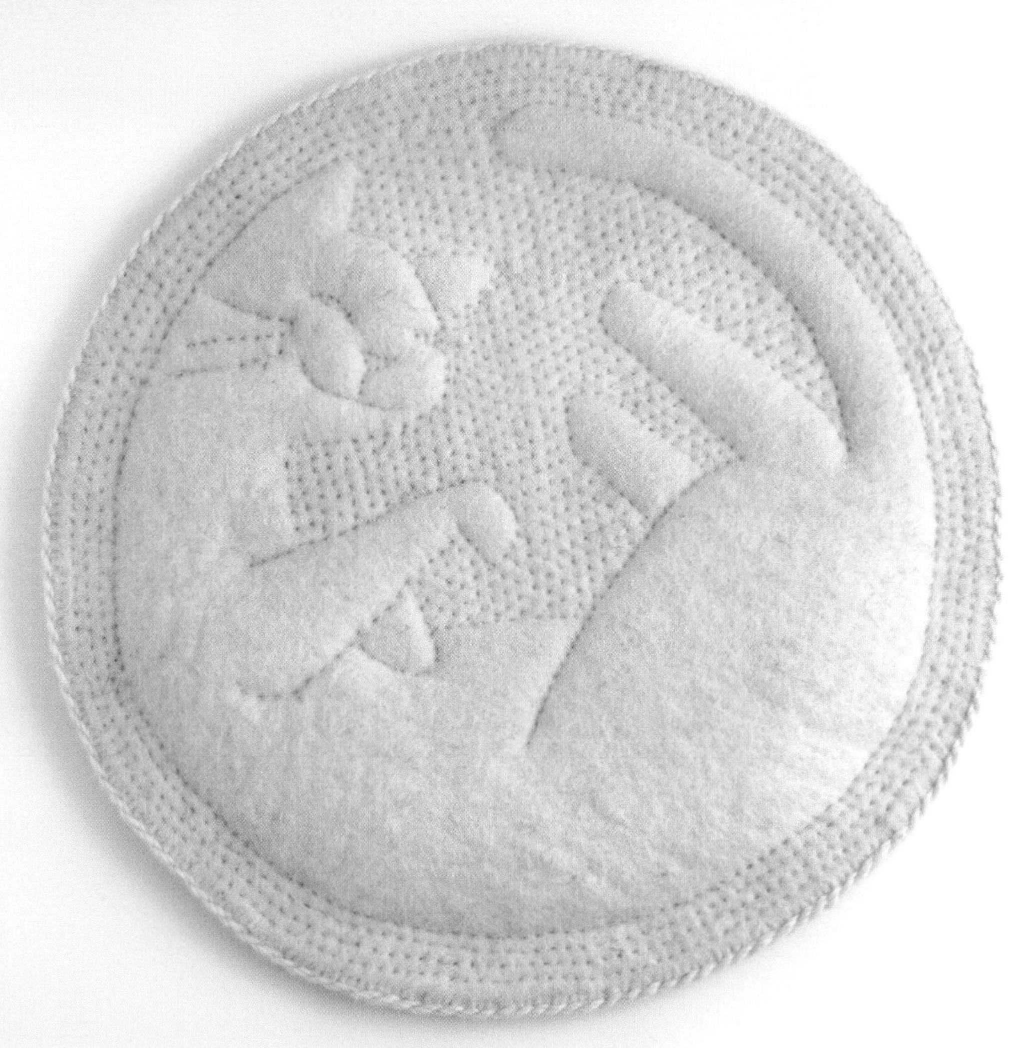

Katzenkissen, Skuddenwolle, mongolische Technik

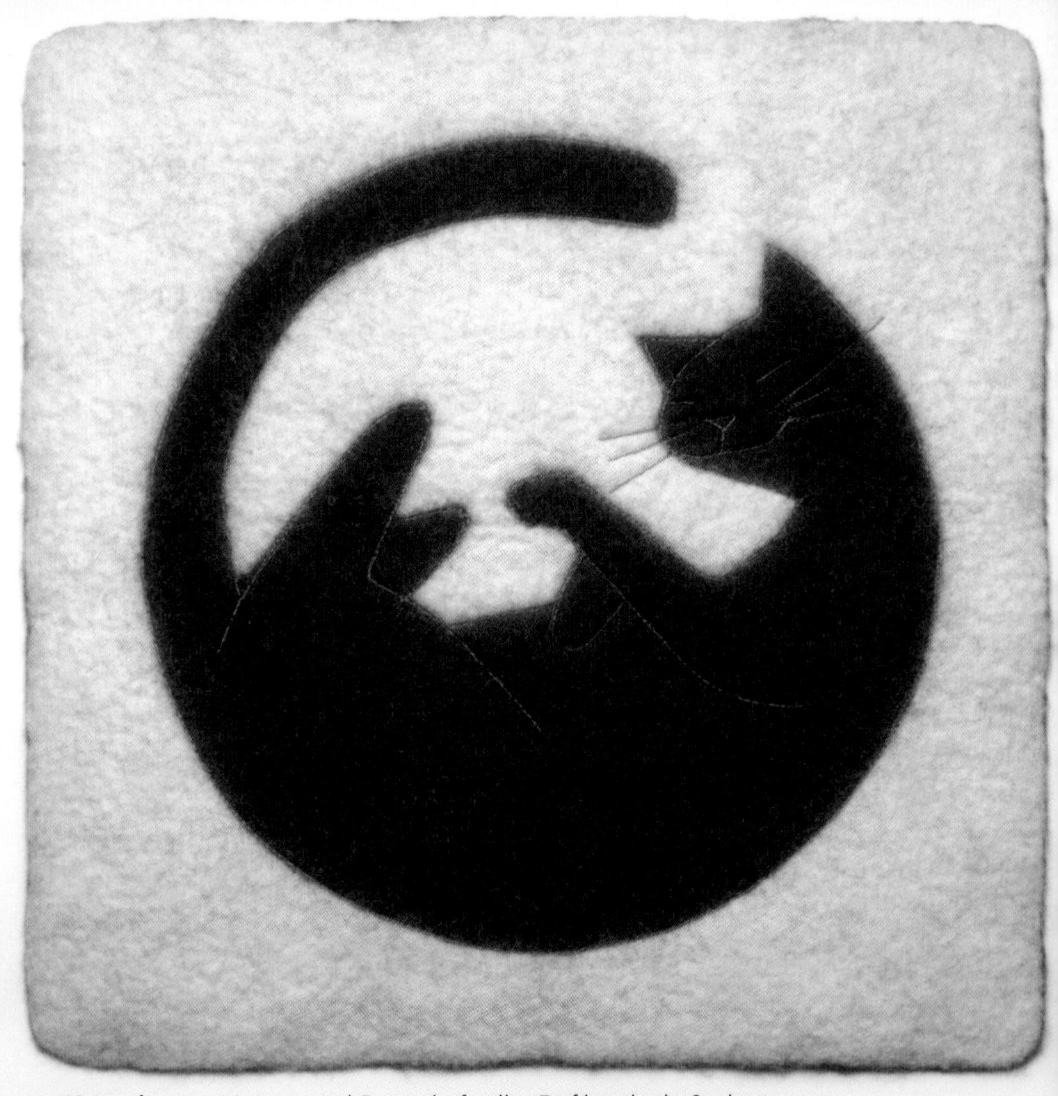

Katzenkissen, Merino- und Bergschafwolle, Einfilztechnik, Stickerei

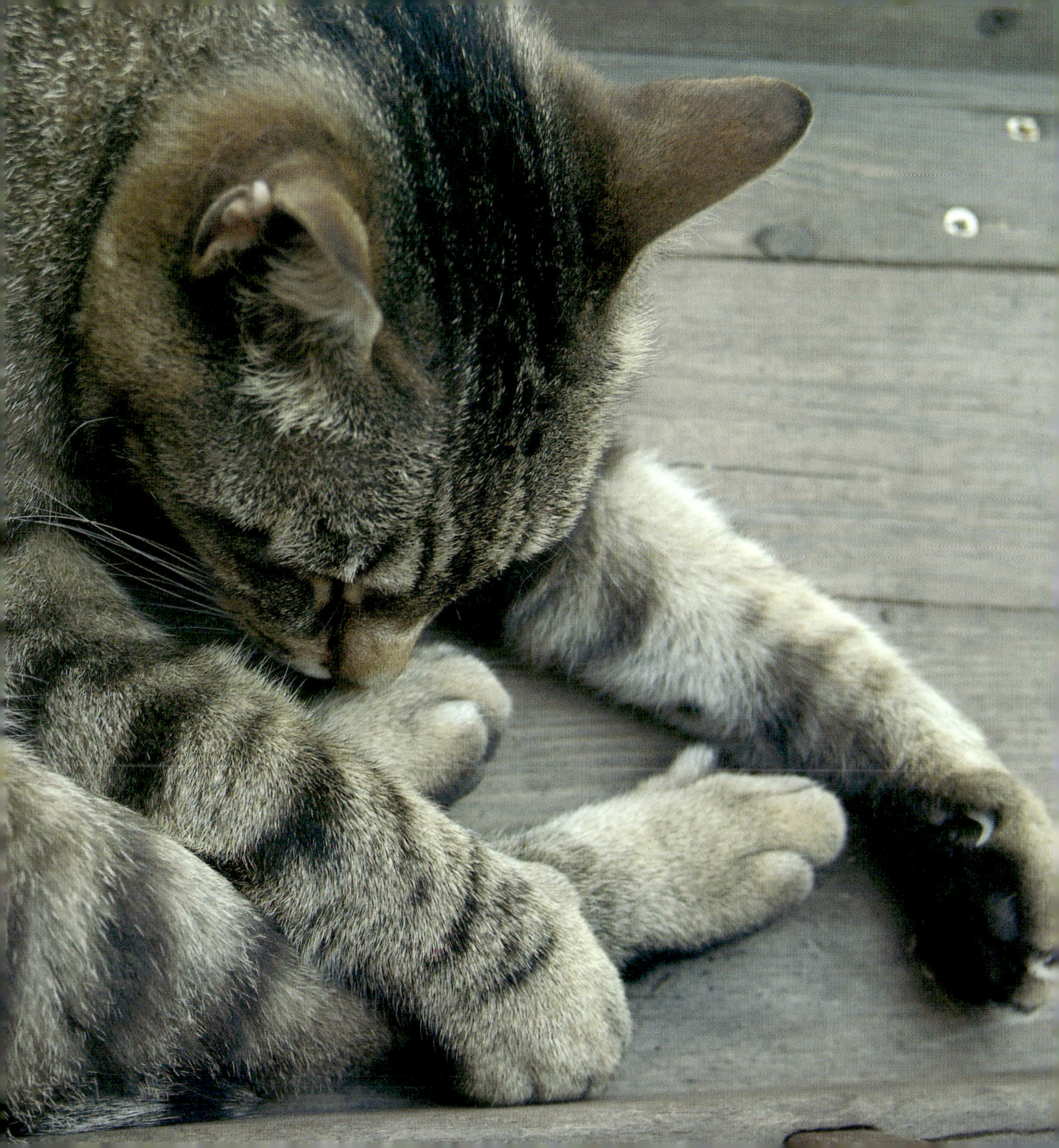

Katzenkissen

Der Entwurf fürs Katzenkissen basiert auf einer Zeichnung, die ich als Teenager von meinem Kater (er hieß Räuber Hotzenplotz) machte.
Ein aus Linoleum geschnitzter Stempel diente mir lange Zeit als Logo. Die schlummernde Katze steht für die Behaglichkeit und Geborgenheit, die Filz für mich bedeuten und erinnert gleichzeitig an den Rolltier-Stil der Skythen, von denen man die ältesten Filzobjekte kennt, die bislang gefunden wurden.
Manch einer mag vielleicht Hemmungen haben, sich auf die Katze zu setzen – diese wird sich garantiert nicht beschweren.

Alice ist gebürtige Italienerin und teilt unseren Alltag seit elf Jahren.

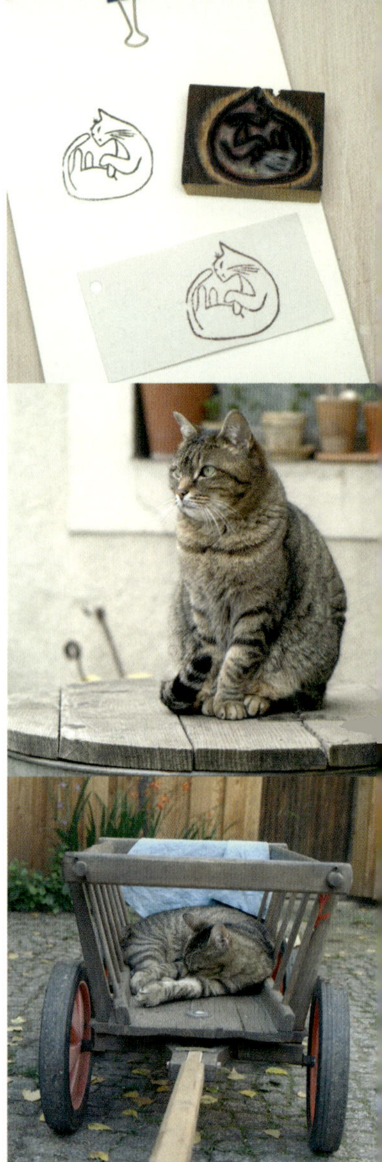

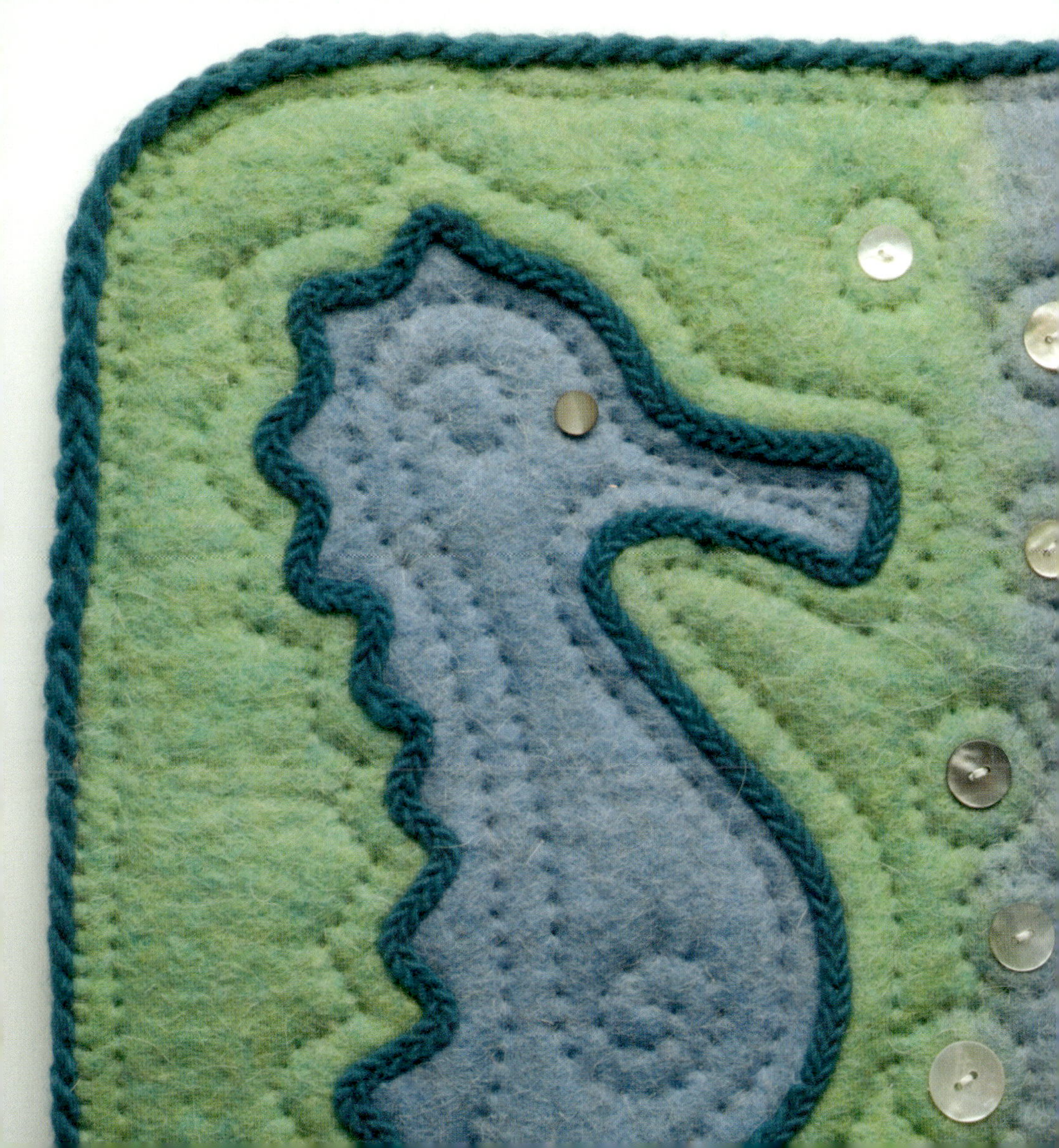

Unterwasserlandschaft aus Kordeln

Beim Aufnähen der Kordeln erinnere ich mich an eine Aufgabe im Kunstunterricht in der Grundschule, der bei uns damals „Malen und Zeichnen" hieß. Frau Gnadt, unsere Lehrerin, trug uns auf, 3 Meter gelbe Kordel zu besorgen. Daraus sollten wir auf einem A4-Blatt eine Unterwasserlandschaft legen und aufkleben, ohne die Kordel zu zerschneiden.
Ich ging also in den örtlichen Kurzwarenladen und verlangte 3 Meter gelbe Kordel.
Die Verkäuferin fragte verärgert, welche Lehrerin uns geschickt hat.
Offensichtlich war ich nicht die erste, die kam und es gab keine gelbe Kordel mehr. Jedenfalls rückte sie sie mir nicht heraus. Sicher befürchtete sie, ihre Stammkundschaft nicht mehr zufriedenstellen zu können, denn wahrscheinlich war es schwierig bis unmöglich, überhaupt wieder Kordel in derselben Farbe nachzukaufen. Also ging ich mit einem Meter Kordel (mehr gab sie auch davon nicht, obwohl mehr auf der Pappe aufgewickelt war, wie ich sehen konnte) in einem unbestimmten bräunlichen Farbton nach Hause. Das Ergebnis im Unterricht war wenig zufriedenstellend, mit einem Meter kommt man nicht weit auf A4. Vielleicht habe ich daher auch meine Abneigung dagegen, Textilien mit Leim zu verkleistern, beides passt für mich überhaupt nicht zusammen.

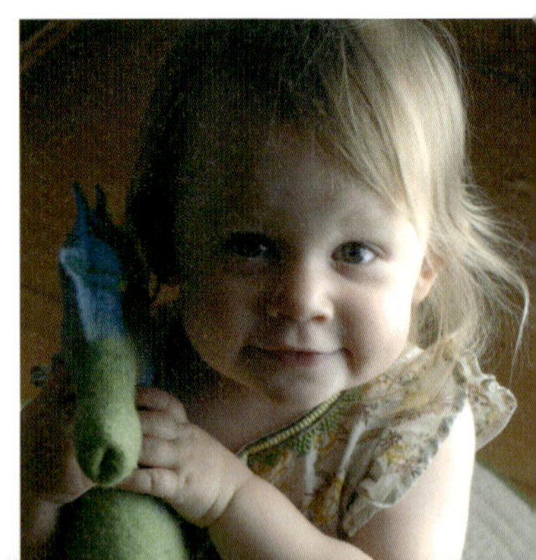

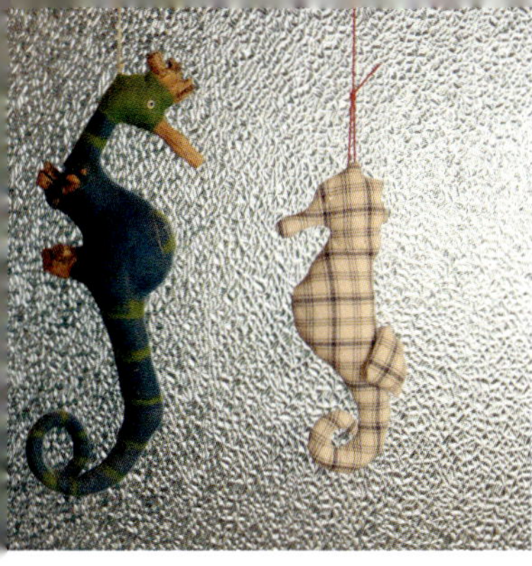

links: **Seepferdchen**, Weinstock, Merinowolle
rechts: **Zwiegespräch**, Bergschafwolle, Mosaiktechnik

Eine Kursteilnehmerin hat mir einmal strahlend von ihrer ersten Tasche erzählt, die nicht zusammenhalten wollte. Als diese trocken war, klebte sie sie einfach mit Heißleim zusammen! Ich habe damals versucht, mein Unbehagen zu verbergen, bin mir aber nicht sicher, ob es mir gelungen ist. Also, Filz mit Leim zusammenzukleben, ist absolut nicht materialgerecht.
Zurück zur Kordel-Unterwasserlandschaft, was daraus geworden ist, weiß ich nicht. Die meisten Arbeiten wurden in der Schule einbehalten und verschwanden auf Nimmerwiedersehen in Archivschränken, mit dem unbestimmten Versprechen, sie würden bald im Schulhaus ausgestellt. Auf jeden Fall hatte die Verkäuferin recht, es war schade um die schöne Kordel! Ein Mitschüler hatte aber eine geniale Idee gehabt, besser gesagt, seine Mutter. Er kam mit einem ganzen Knäuel gehäkelter Schnur in die Schule. Wie ich ihn darum beneidete!
Als ich zum ersten Mal Bilder von kirgisischen und kasachischen Filzteppichen sah, dachte ich auch an eine gehäkelte Schnur oder eine bestimmte Form von Stickerei, die die Umrandung der Ornamente bildet. Die Entdeckung, dass es sich um zwei Kordeln handelt, war ein echtes Aha-Erlebnis.

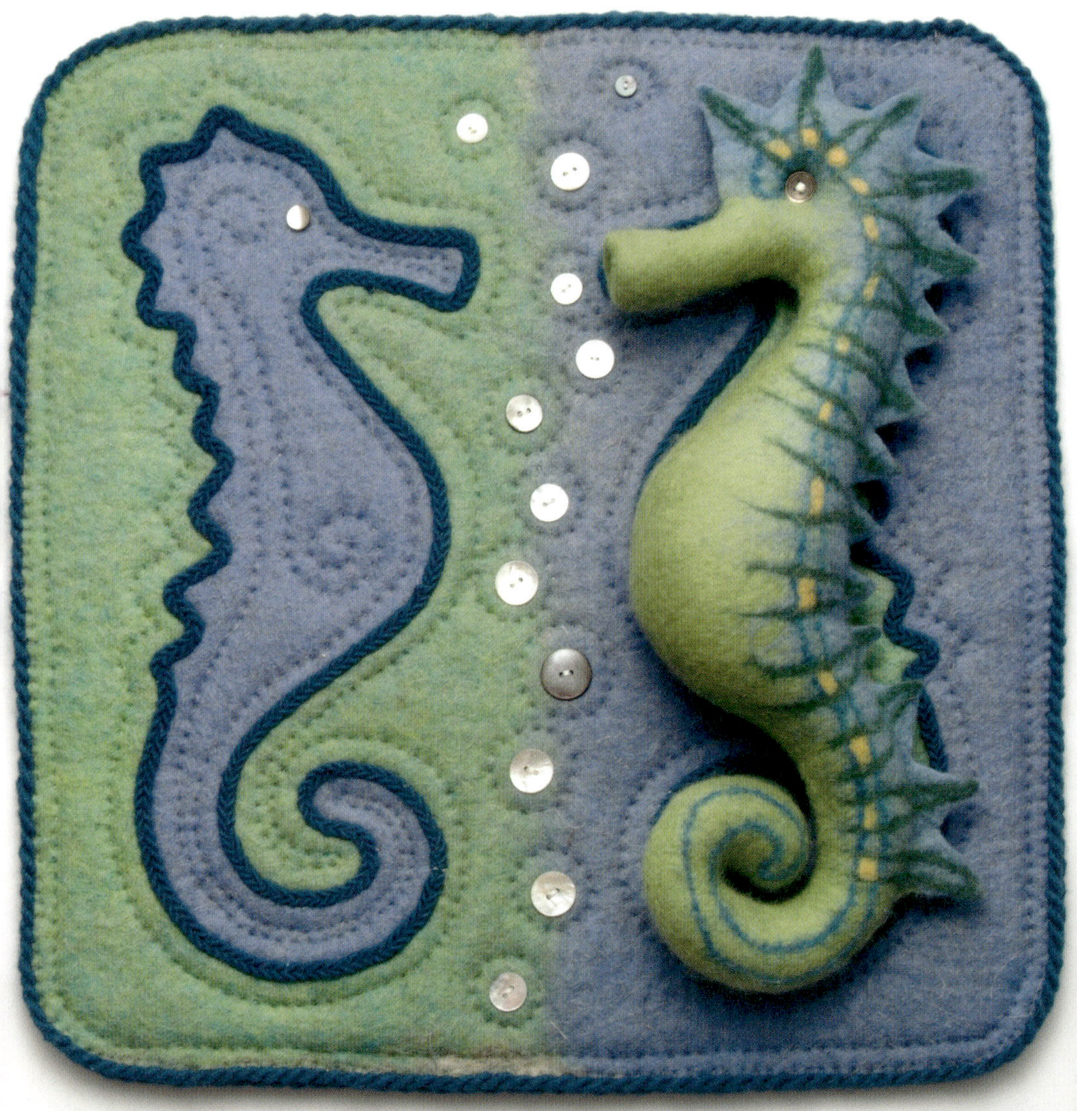

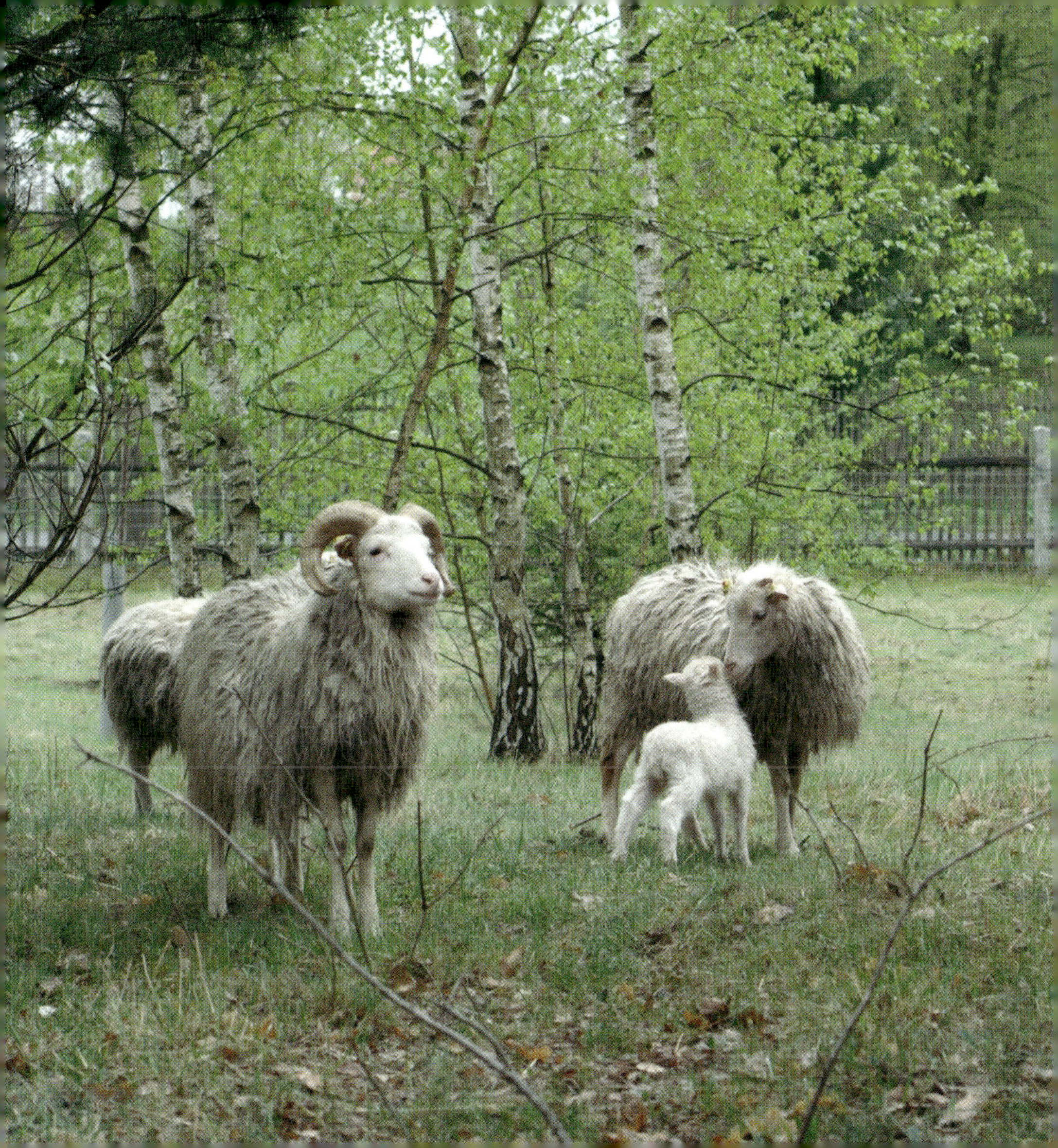

Das erste Lamm

Seit einem Jahr haben wir drei eigene kleine Schafe auf der Wiese stehen. Die Skudden gehören in Deutschland zu den gefährdeten Haustierrassen. Sie sind sehr robust und brauchen auch im Winter keinen richtigen Stall, ein Unterstand mit Windschutz genügt ihnen. Als in den letzten Wochen auch im März und April der Winter immer wieder mit Kälte und Schnee zurückkehrte und das Gras auf der Wiese am wachsen hinderte, taten sie mir langsam doch leid. Aber geduldig trotzten unsere drei der Witterung. Zweimal pro Woche schauen wir nach dem Rechten, bringen Heu und frisches Wasser, Gemüseschalen und trockenes Brot. Ob eines der Muttertiere trächtig ist, ließ sich nicht so recht erkennen, doch eines schönen Tages Ende April begrüßten uns vier Schafe, ein kleiner Bock war geboren, vielleicht schon ein, zwei Tage zuvor.
Seit ich vor zehn Jahren mit Filzproben an der Recherche zur Verarbeitung und Vermarktung einheimischer Schafwolle in der Region beteiligt war, sind mir die Skudden mehr und mehr ans Herz gewachsen. Die Böcke tragen ein schönes, stark gewundenes Schneckengehörn und mit einer Widerristhöhe von nur 50-60 cm machen die kleinen Tiere einen sehr freundlichen Eindruck. Und die Wolle, wenn auch von recht grober Qualität, filzt hervorragend. Ronjas Teppich (S. 37ff.) und das Katzenkissen (S. 5 und 6) sind aus Skuddenwolle gefilzt.

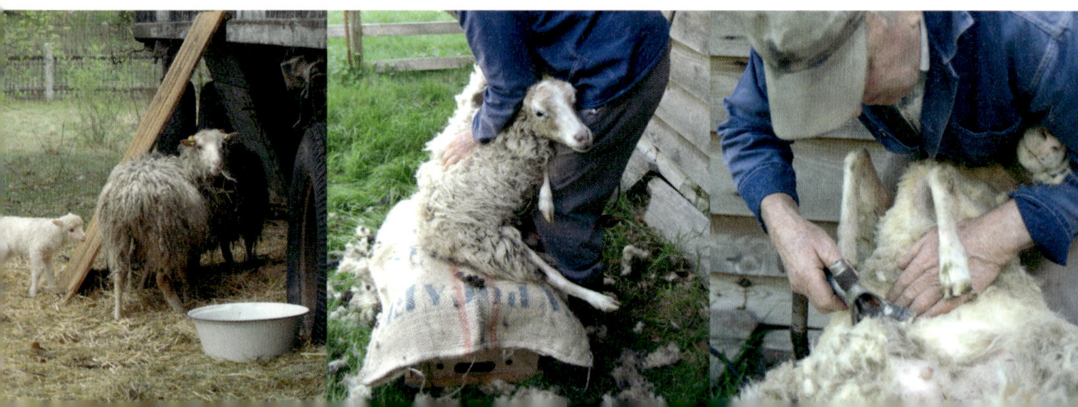

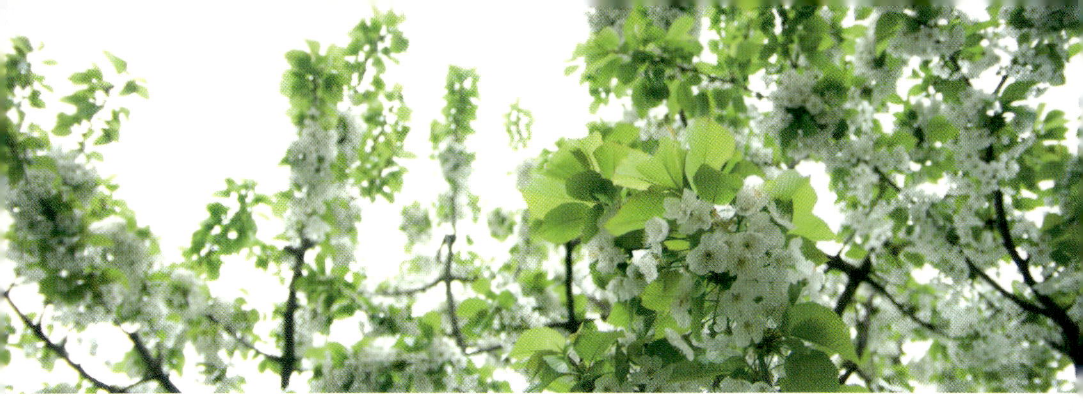

Der SPatz sitzt. auf seinem Blaz
im Garten und muss dort warten
er. schläft. im. Baum. und. hat. einen. traum
er. träumt. von. enem. Kind. im. Wind.
es Pent um Eken und Heken

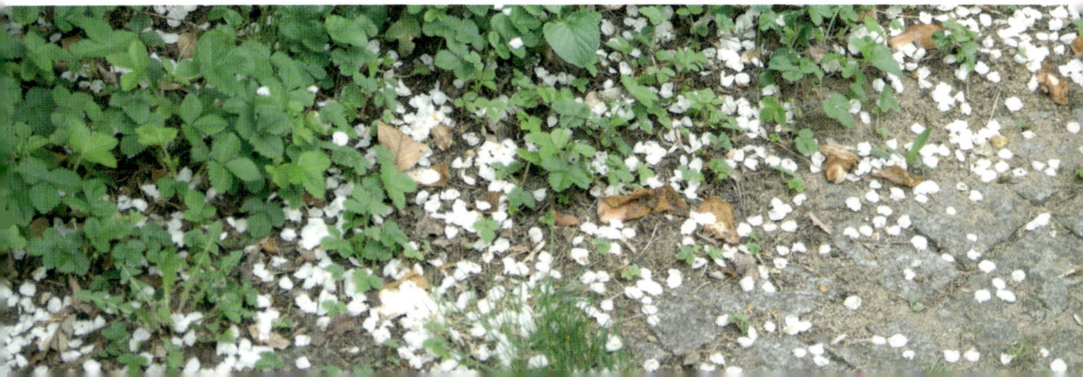

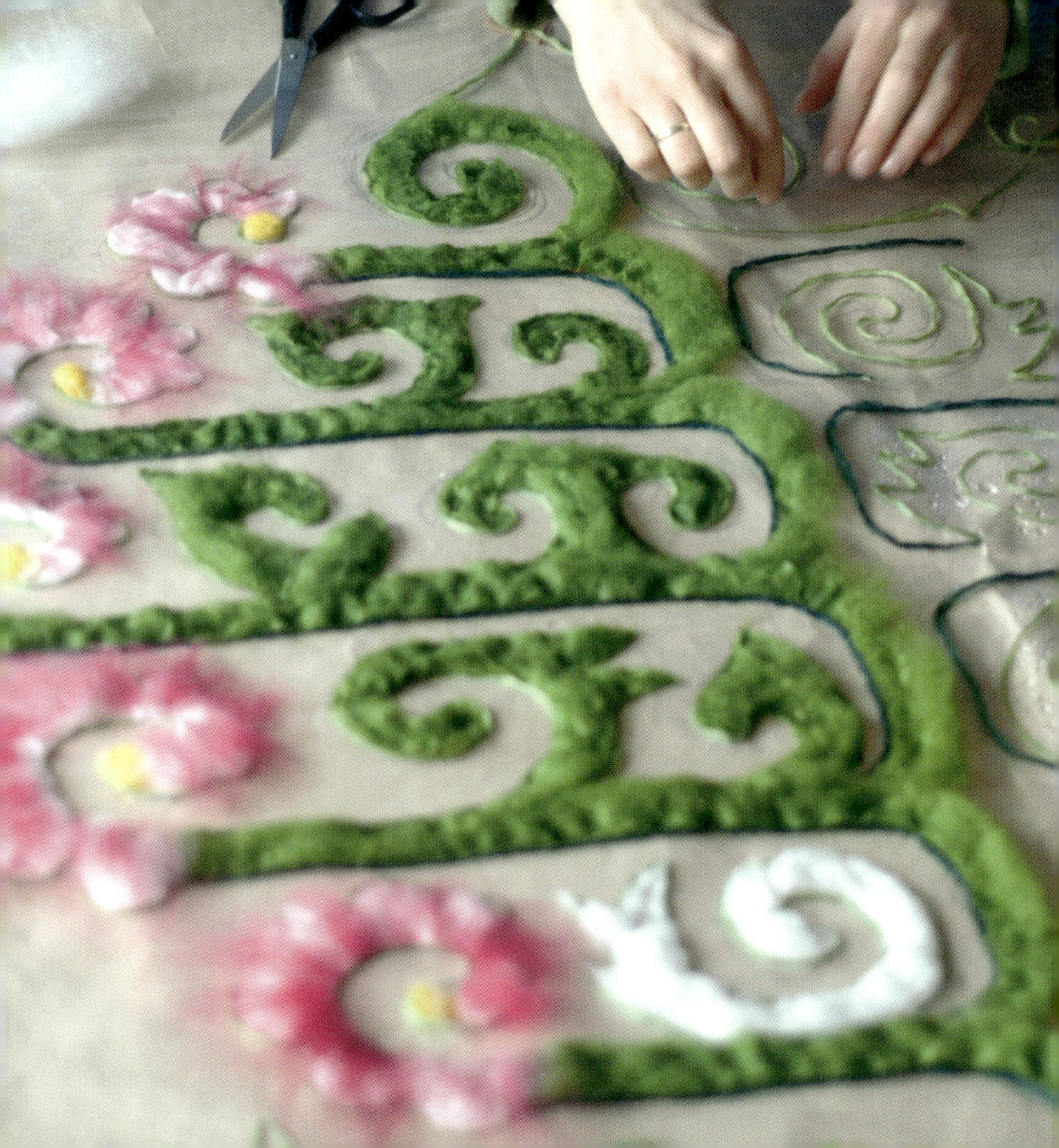

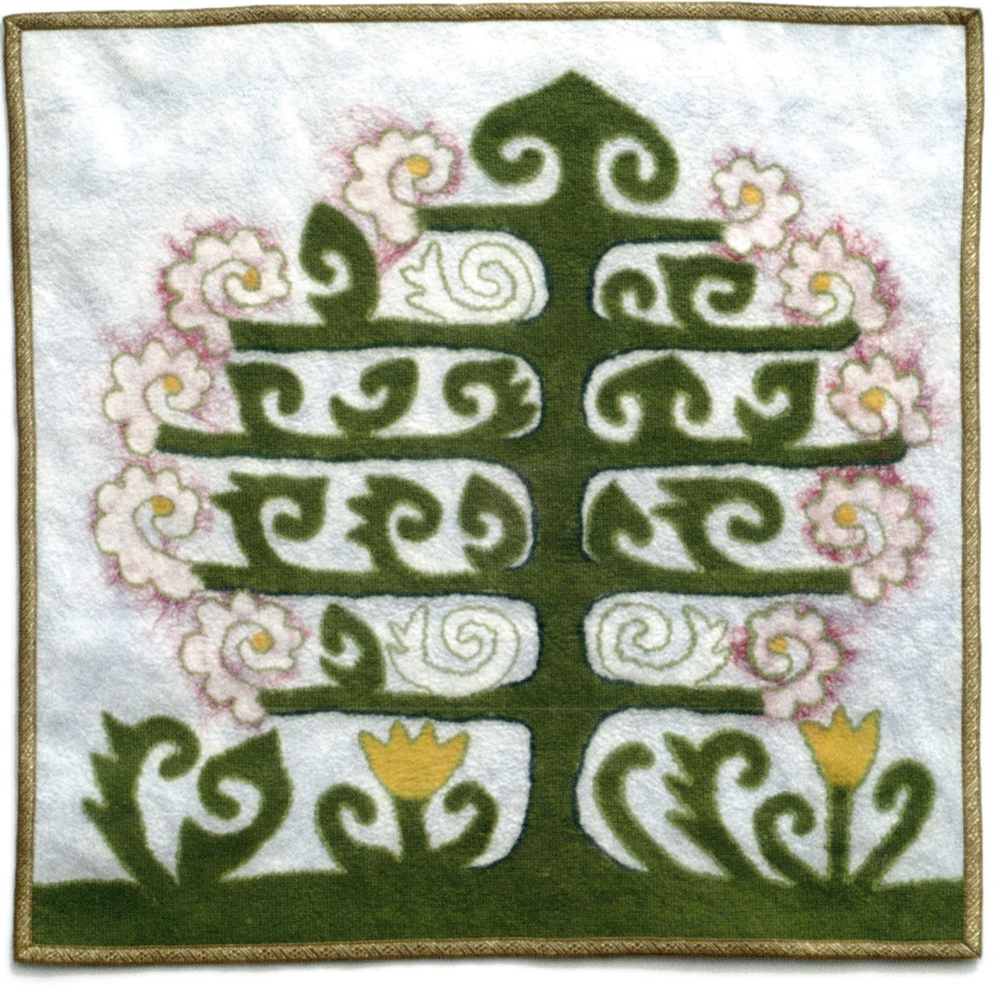

Blütenbaum, Merinowolle, Goldborte

rechts: Magnolie, *Magnolia*

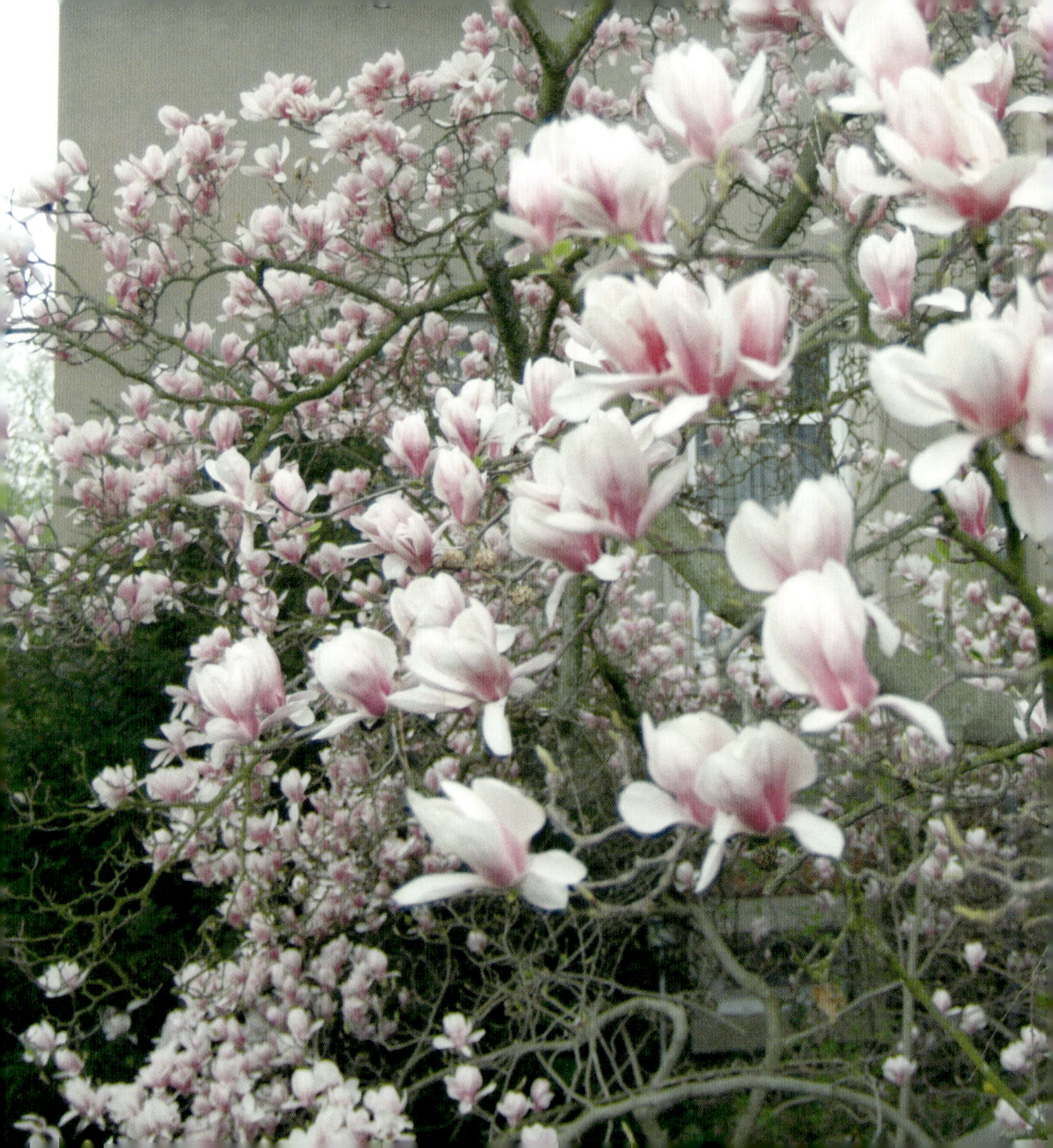

Atelier: Medaillon **Frühlingssalat** in Fadenmalerei

Diese Technik, Formen mit einer Kontur aus Vorgarn oder Ähnlichem zu begrenzen, ist typisch für turkmenische Filzteppiche und ich habe sie auch bei ungarischen Arbeiten (in Kombination mit Stickerei) und in Finnland gesehen.
Zum Einfilzen eignen sich alle Arten von Wollgarnen und andere filzende Materialien wie zum Beispiel Angora, Mohair oder Alpaka. Etwas mühsamer ist es, Seiden-Baumwoll- oder auch synthetische Garne einzuarbeiten, aber es lohnt sich und ergibt schöne Effekte.

Das Muster wird „mit dem Gesicht nach unten" ausgelegt, das heißt, es ist auf dem fertigen Filz spiegelverkehrt zu sehen. Dies muss beispielsweise bei Schrift unbedingt beachtet und gegebenenfalls vorher gespiegelt werden.

Der entsprechend der berechneten Schrumpfung vergrößerte Entwurf wird mit einer transparenten Folie abgedeckt. Das Garn lässt sich am besten entlang der Konturen auslegen, wenn es vorher angefeuchtet wird. Um spitze Ecken zu erzielen, wird der geknickte Faden zwischen den Fingern gezwirbelt (siehe großes Bild).

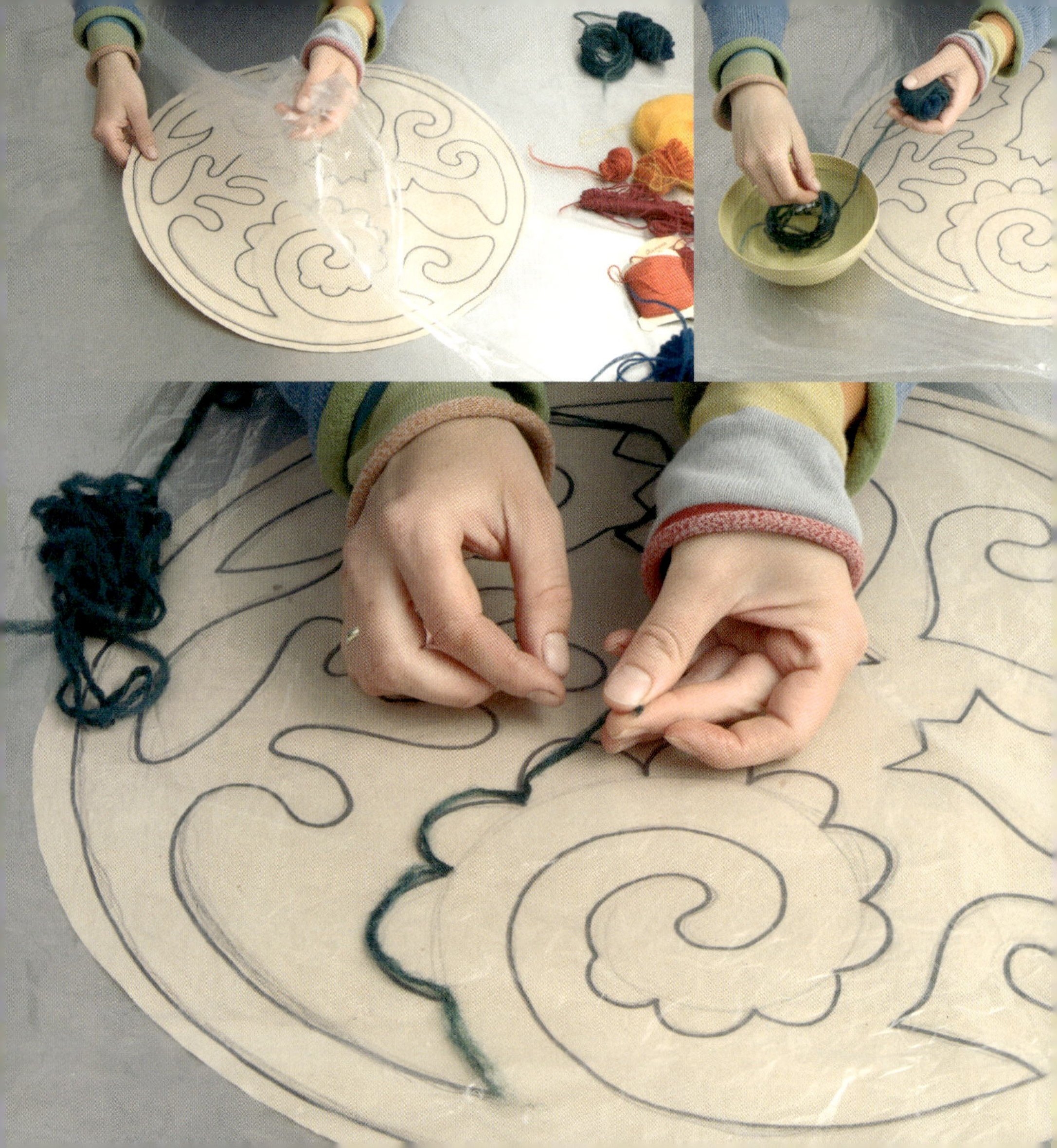

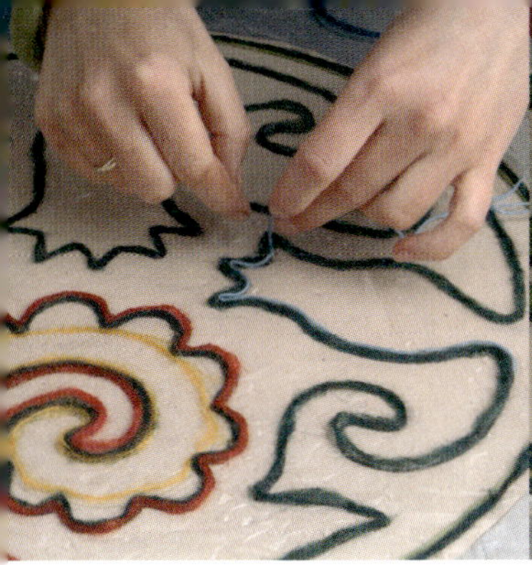

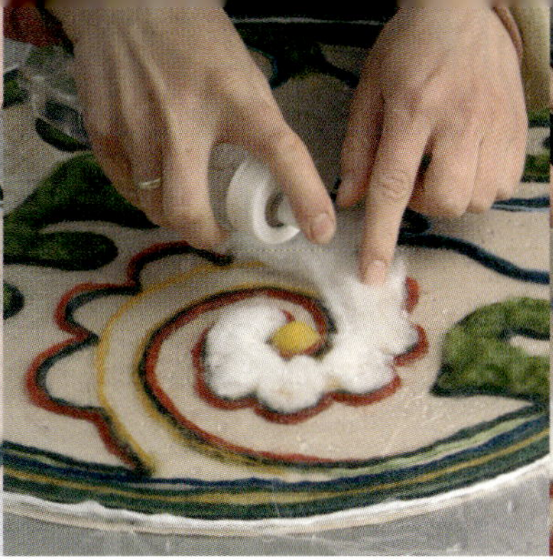

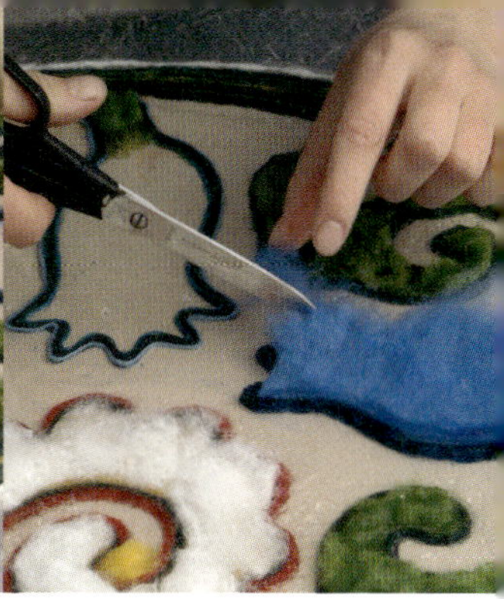

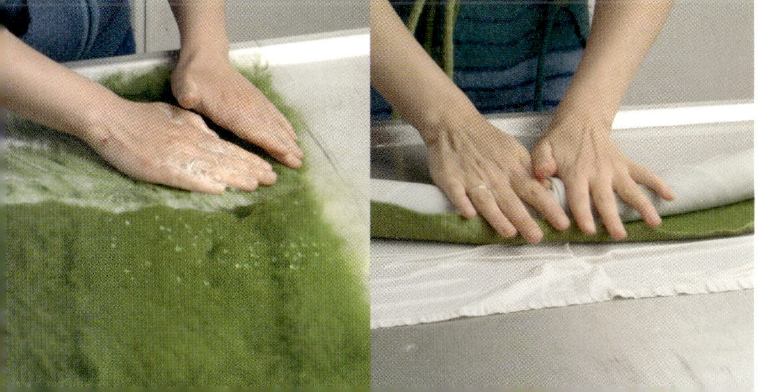

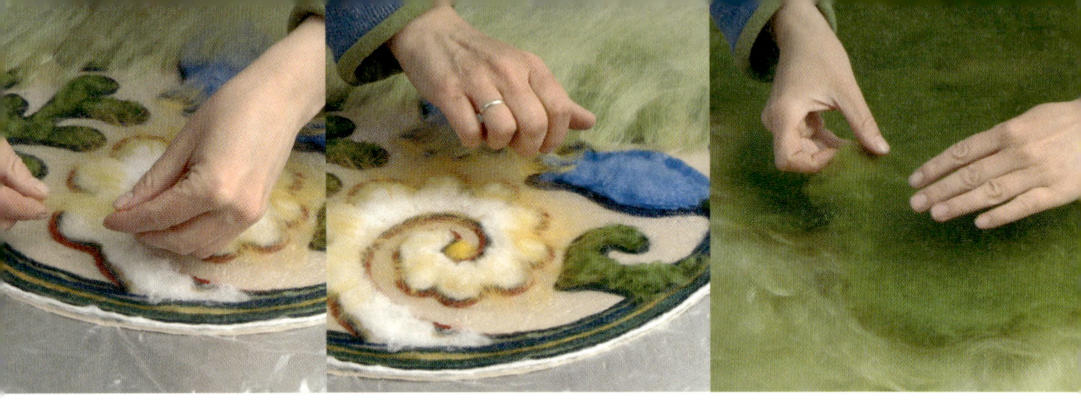

Entlang des zuerst gelegten Konturfadens können weitere Garne in anderen Farben gelegt werden, der Kreis um die floralen Elemente ist hier ganz mit verschiedenfarbigen Garnen ausgefüllt. Aus zwei dünn ausgelegten Schichten Merinovlies, dünnem Vorfilz oder Nadelvlies werden die Ornament-Formen ausgeschnitten und die Konturen damit ausgefüllt. Mit einem geeigneten Wassersprenger (im Bild eine Pumpspray-Flasche) wird die Wolle angefeuchtet, damit sie nicht über die Konturen rutscht. Ein Hauch gelber Fasern aus dem Kammzug, der zuletzt quer über die Konturen gelegt wird, ergibt eine Art Schein um die Formen (siehe Seite 23).

Alles wird mit vier dünnen Schichten bedeckt, im Beispiel zwei Schichten Merino-Seiden-Gemisch aus dem Kammzug und zwei weitere Schichten Merinowolle im Vlies.
Da die Wolle auf der Folie leicht verrutscht, muss sehr vorsichtig und mit wenig Wasser gefilzt werden, sonst schwimmt die ganze Arbeit davon. Wenn alle Fäden gut im Filz verbunden sind, kann vorsichtig gewendet und gegebenenfalls korrigiert werden.

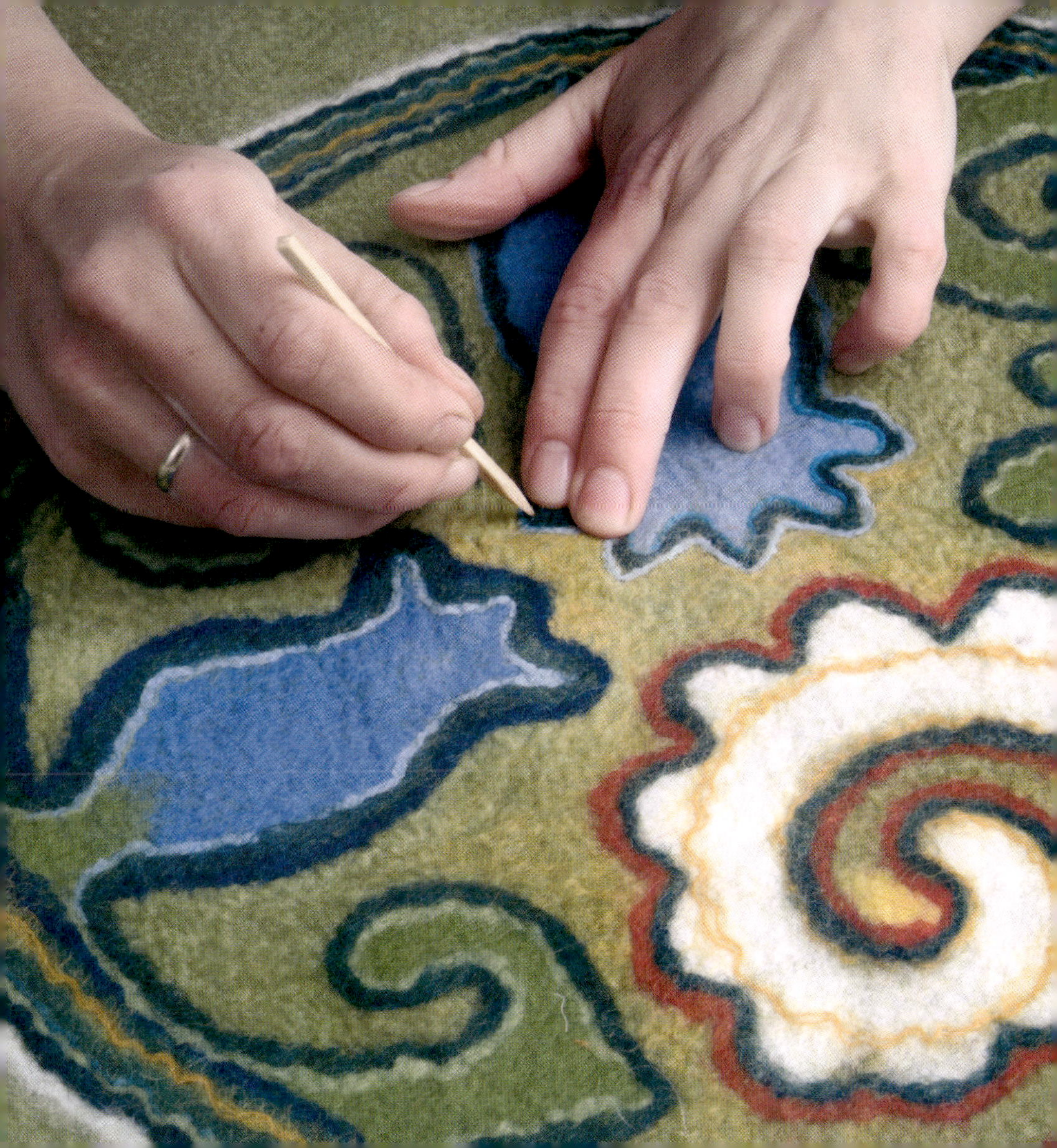

Mit einem spitzen Werkzeug werden spitze Ecken in der Kontur „nachgeschärft“, das heißt, in Richtung der Spitze gezogen (großes Bild). Wenn nötig, wird dies nach jedem (vorsichtigen) Walk-Gang wiederholt.
Mit Stickerei (siehe Skizze) können die Konturen nun noch plastisch hervorgehoben werden, indem man eine Art Biesen abnäht. Dazu wird der Faden unter der gefilzten Konturlinie im Zickzack hin und her gestochen und nach jedem Stich fest angezogen. Auf der Oberseite sind vom Stickfaden nur kleine Pünktchen zu sehen.

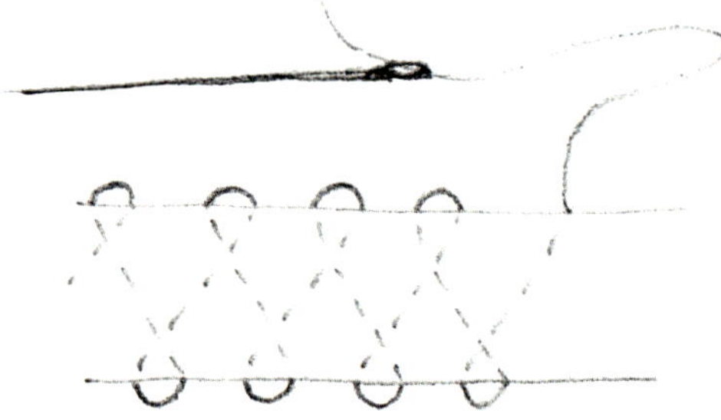

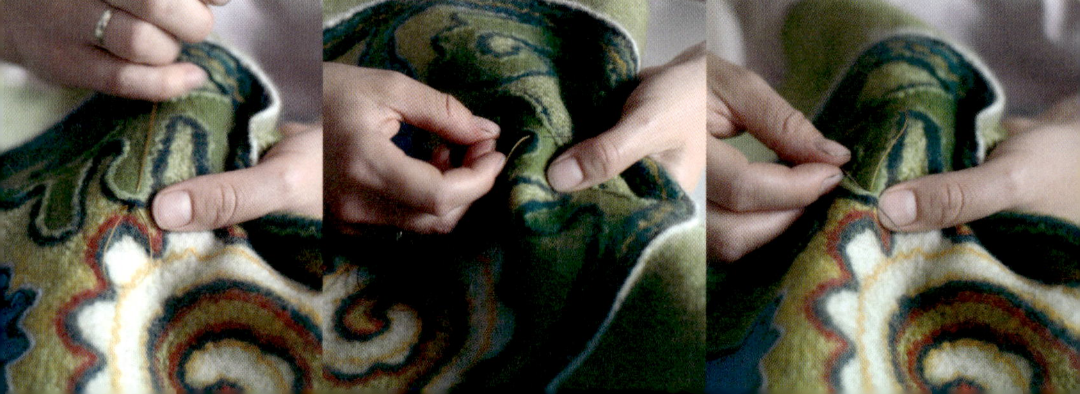

Durch die Stickerei „schrumpft“ der Filz nochmals, in unserem Beispiel wellt sich dadurch der Rand der gefilzten Fläche, deshalb sind hier zusätzlich die „Strahlen“ abgenäht.

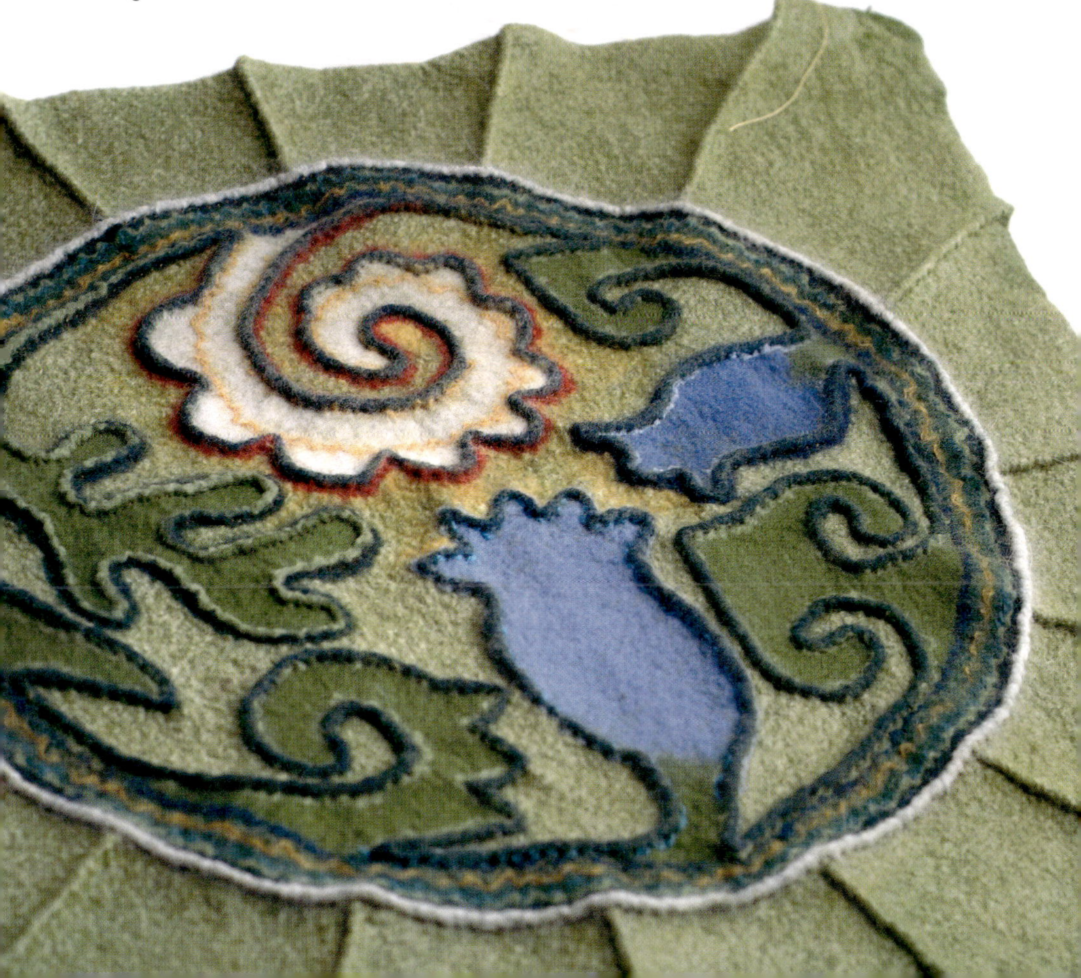

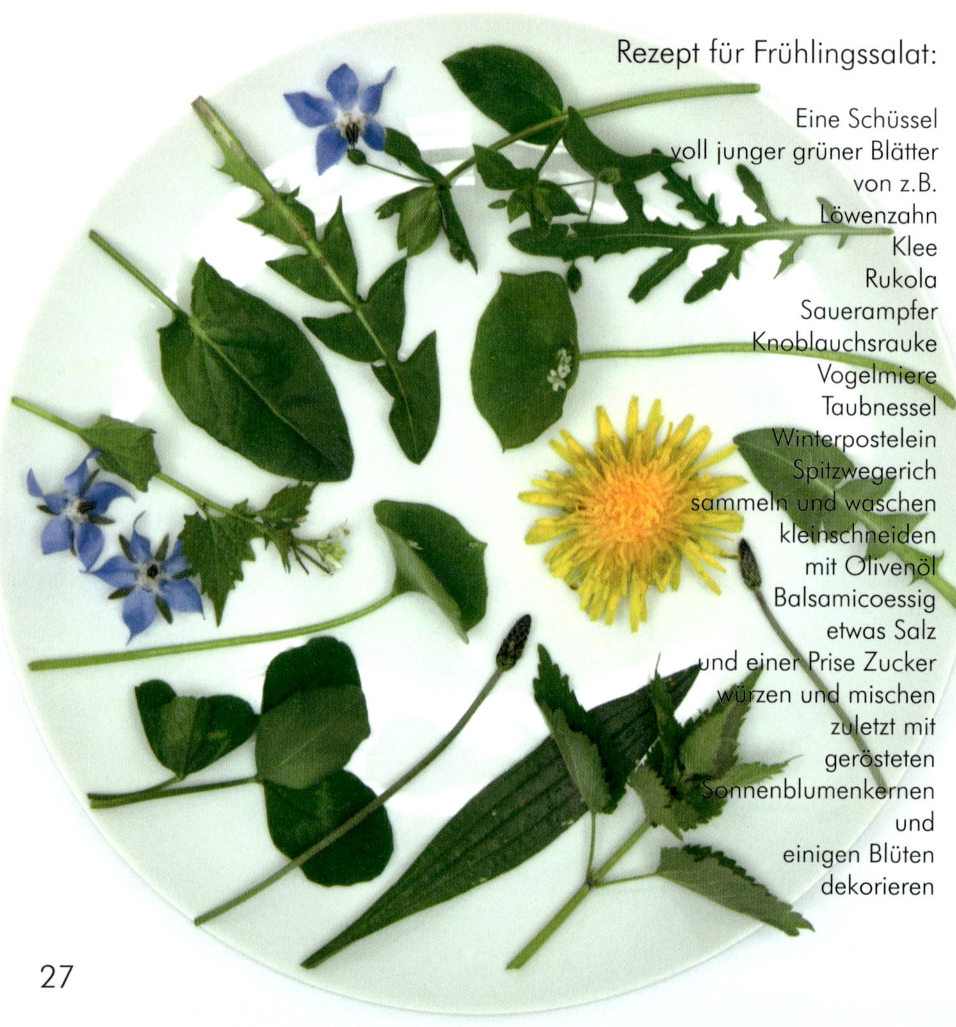

Rezept für Frühlingssalat:

Eine Schüssel
voll junger grüner Blätter
von z.B.
Löwenzahn
Klee
Rukola
Sauerampfer
Knoblauchsrauke
Vogelmiere
Taubnessel
Winterpostelein
Spitzwegerich
sammeln und waschen
kleinschneiden
mit Olivenöl
Balsamicoessig
etwas Salz
und einer Prise Zucker
würzen und mischen
zuletzt mit
gerösteten
Sonnenblumenkernen
und
einigen Blüten
dekorieren

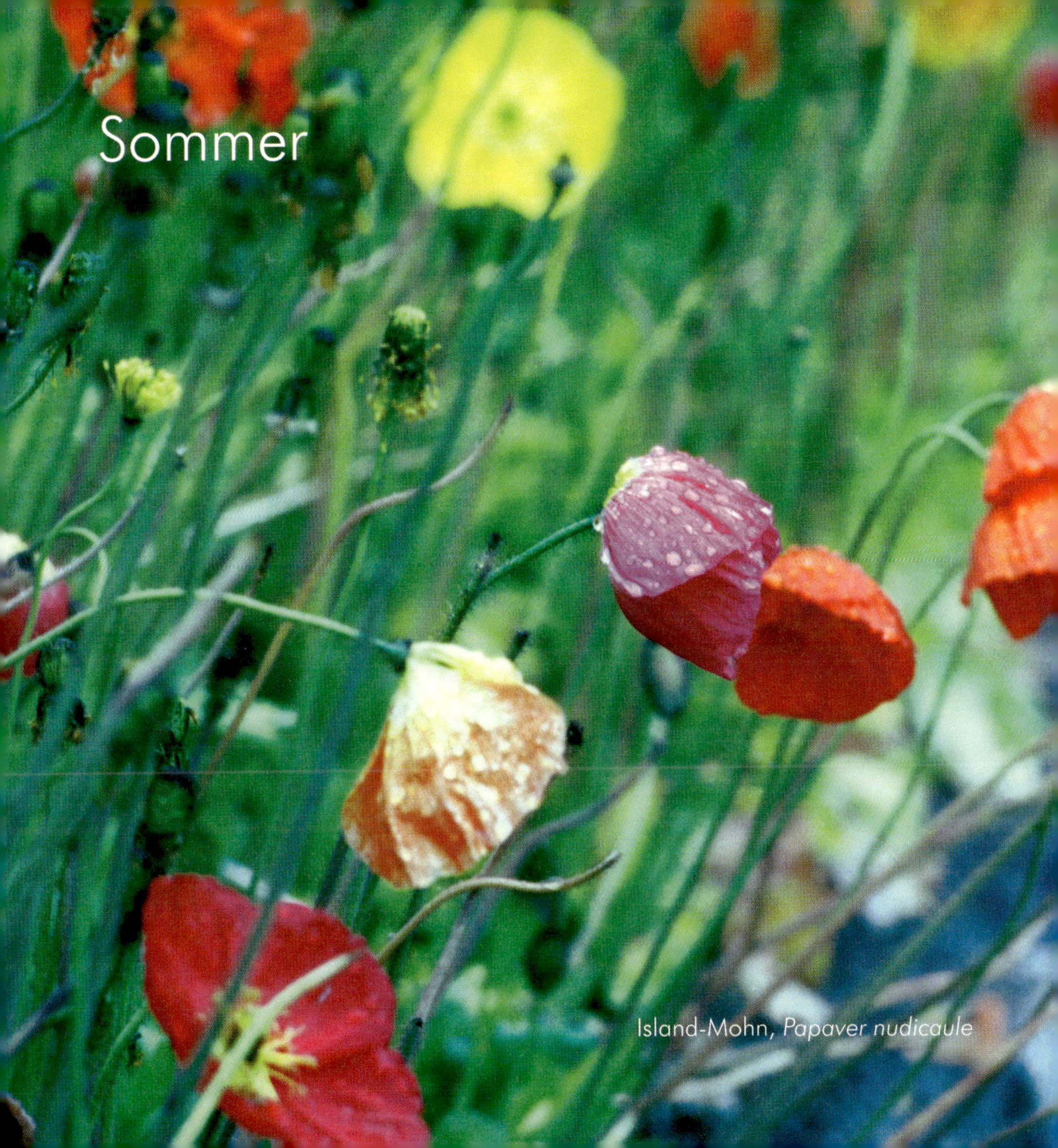

Sommer

Island-Mohn, *Papaver nudicaule*

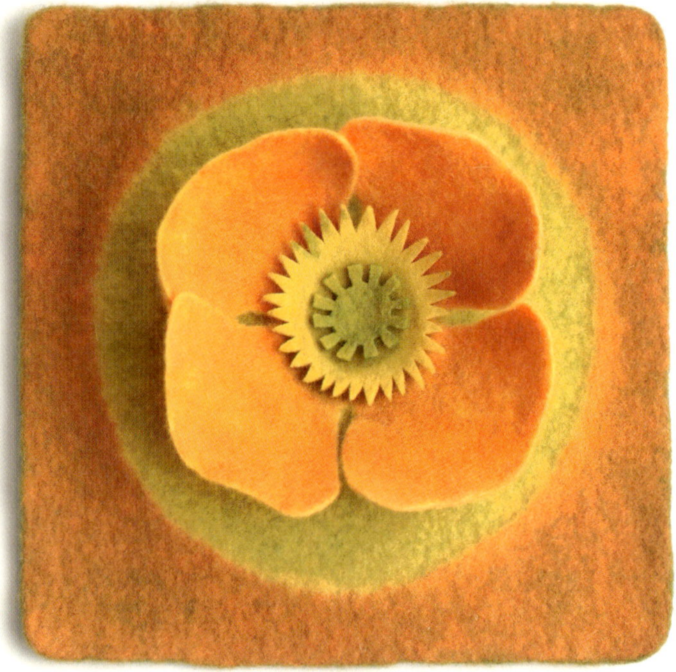

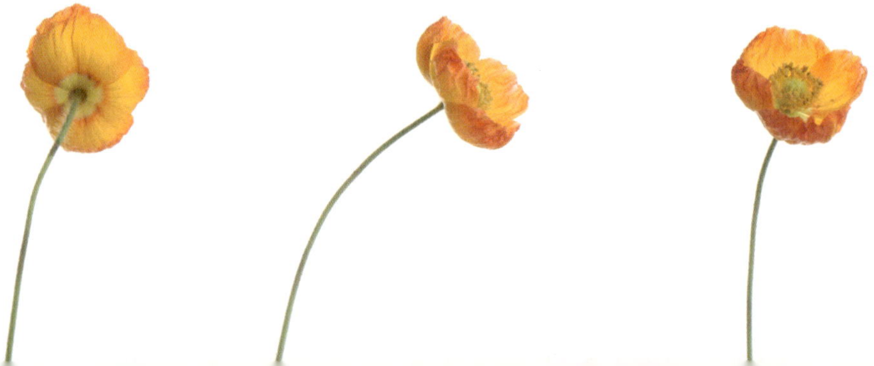

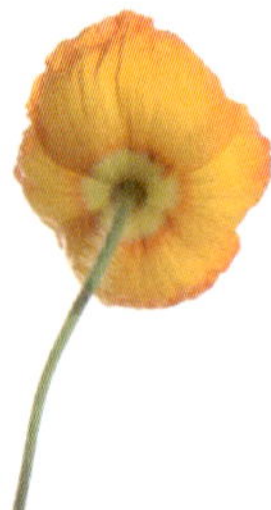
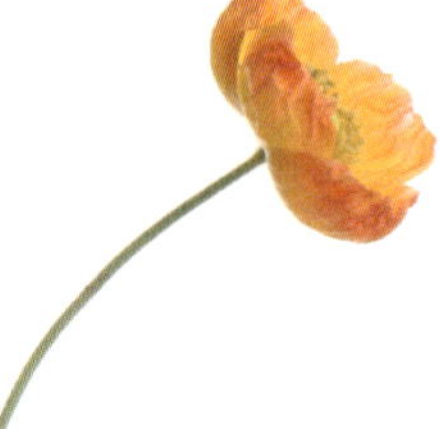
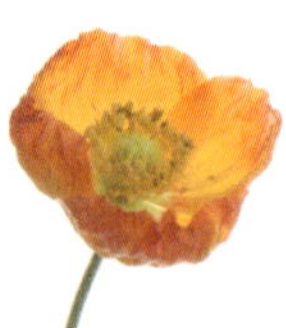

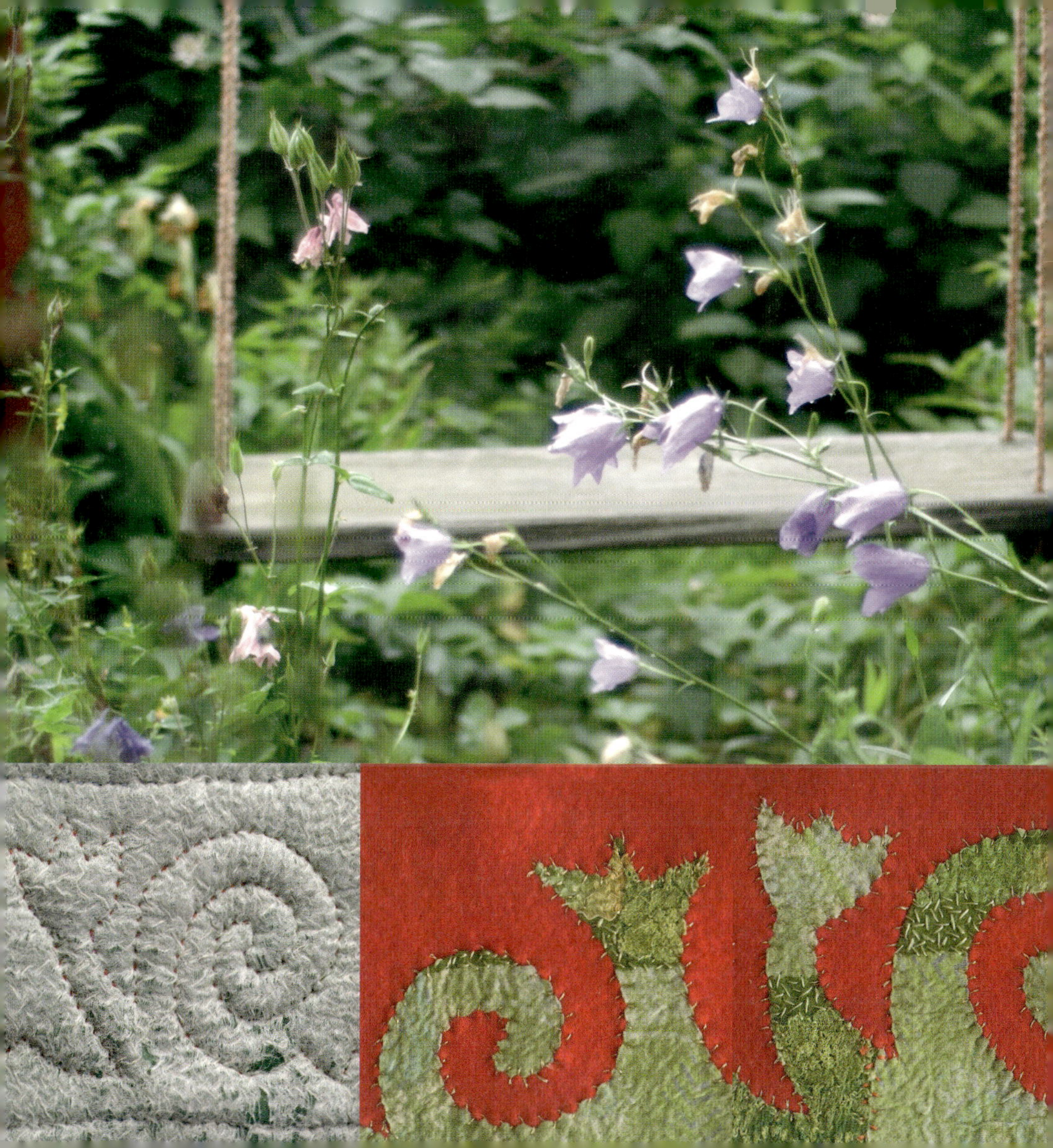

Etwas über Ornamente

„Ornament und Verbrechen" titelte Adolf Loos zu Beginn des letzten Jahrhunderts und wetterte gegen Verzierungen auf Gebrauchsgegenständen. Seitdem und sicher auch vorher schon sind Schmuckformen mal in und mal out. Manche lieben sie und Andere stören sich daran.

Die zentralasiatischen Ornamente sind über diese Diskussion erhaben, die Formen sind Kulturgut der Steppenvölker, von Generation zu Generation weitergegeben. Die Bedeutung hat sich über die Jahrhunderte wahrscheinlich immer wieder verändert, viele Formen sind heute noch fast die gleichen wie auf den historischen Filzen, die man unter anderem in skythischen Grabanlagen gefunden hat.

links: Rundblättrige Glockenblume, *Campanula rotundifolia,* unten: Form Blüte

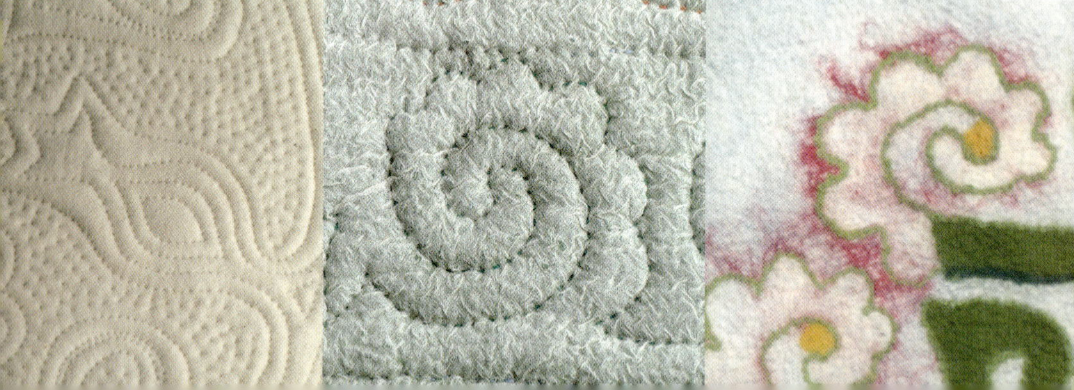

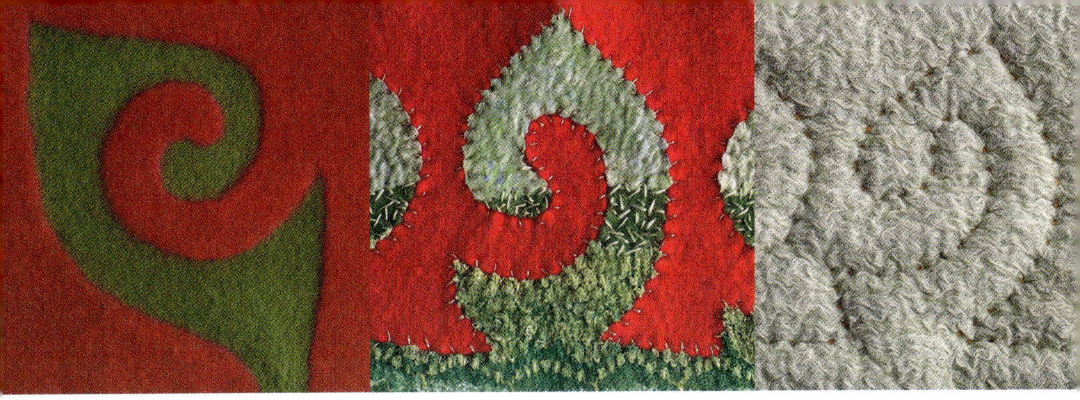

Beim Weltfilzertreffen in Lakitelek/Ungarn 2004 hielt eine kasachische Filzerin einen Vortrag, der mich sehr beeindruckte. Sie interpretierte einen ihrer Filzteppiche für uns. Etwas eingeschüchtert durch die vielen Zuhörer und doch stolz auf ihre Arbeit stand sie auf der Bühne. Durch die doppelte Übersetzung vom Kasachischen ins Englische und dann weiter ins Deutsche sind vielleicht Details auf der Strecke geblieben, doch konnte ich eine Menge von dem verstehen, was dieser Teppich erzählte: Anlass für die Herstellung war die Geburt ihres ersten Enkels. Formen in der Mitte symbolisierten Frauen, die eine Familie mit Kindern („die wie kleine Zicklein sind") haben und die über die Zukunft nachdenken. Die weißen Flächen stellen die Gedanken der Frauen und die Spiele der Kinder dar, Figuren am Rand des Teppichs bedeuten, dass jede Frau für ihre Kinder betet ...
Der Teppich erzählte also kein romantisches Märchen, sondern eine Geschichte direkt aus ihrem Leben, im Hier und Jetzt dieser Frau verwurzelt, ganz bodenständig. In Form dieser Ornamente hat sie ihren Alltag auf einem Teppich (-Bild) festgehalten, der wiederum als Gebrauchsgegenstand selbst Teil des Alltags wird.
Einige der Formen, die ich für mich entdeckt habe, will ich hier zu Wort kommen lassen.

oben: Form Blatt, rechts oben: Form Ranke

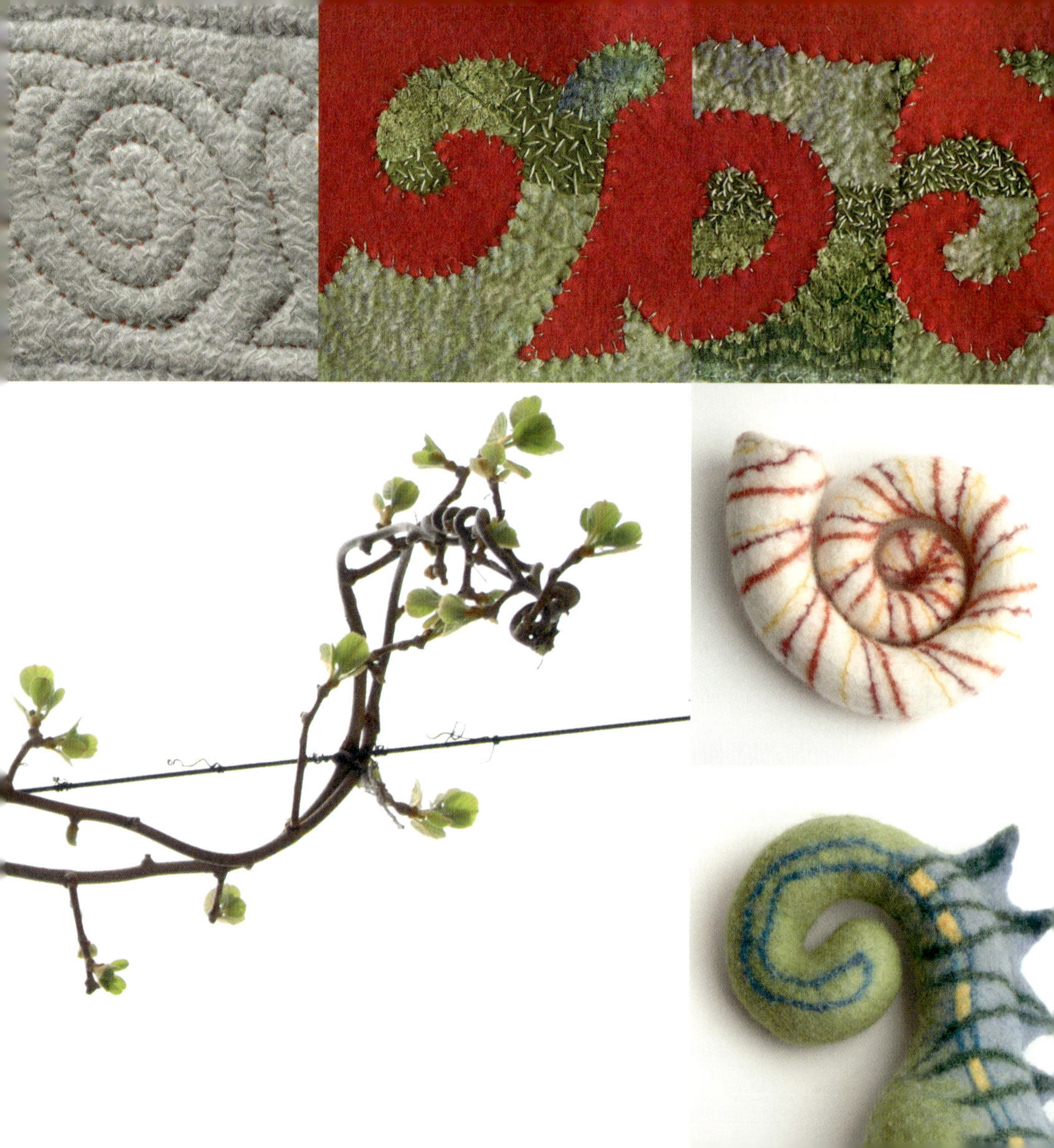

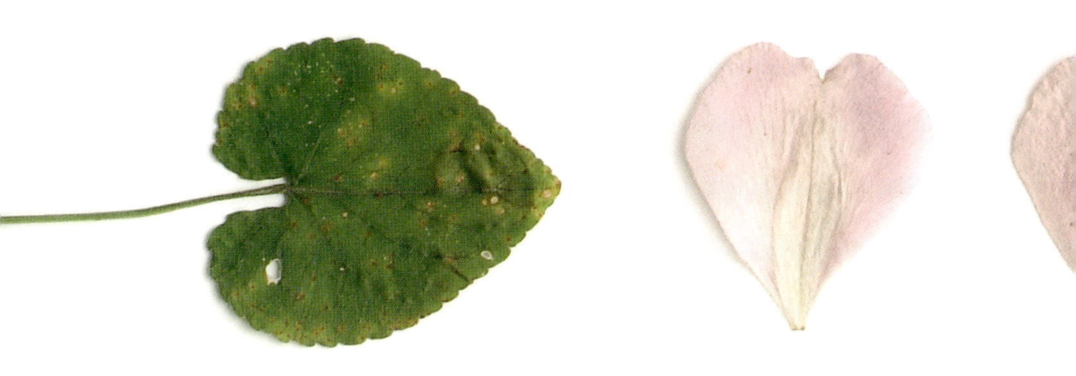

Form Herzblatt

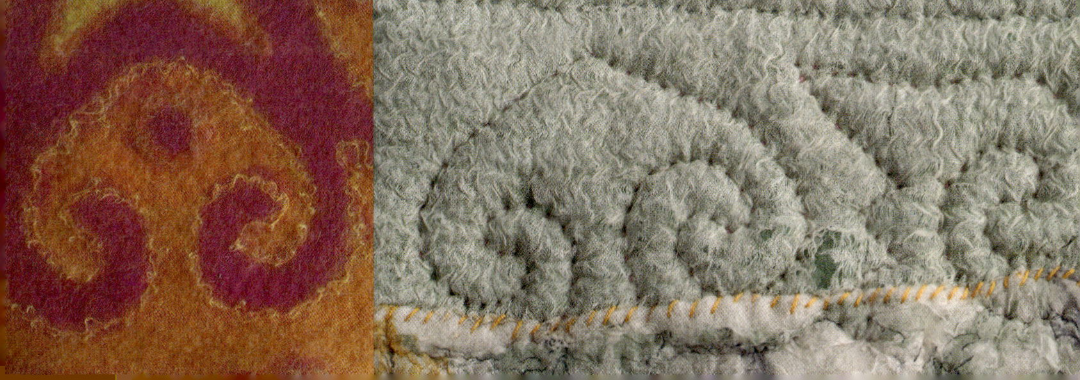

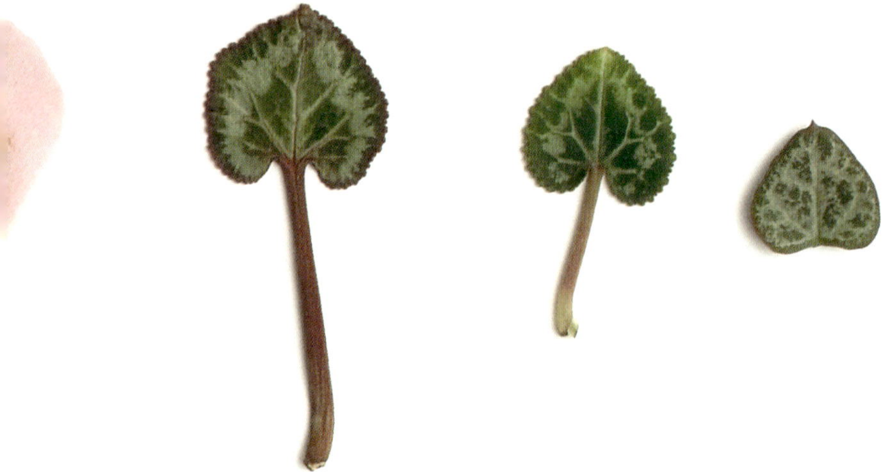

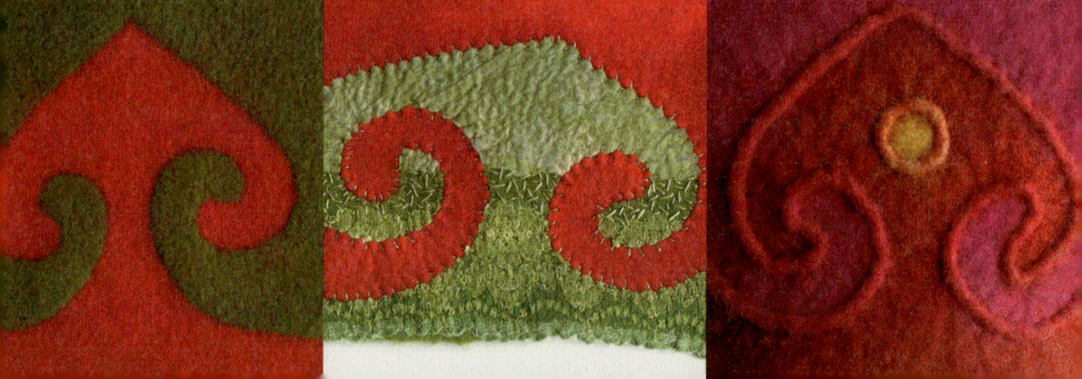

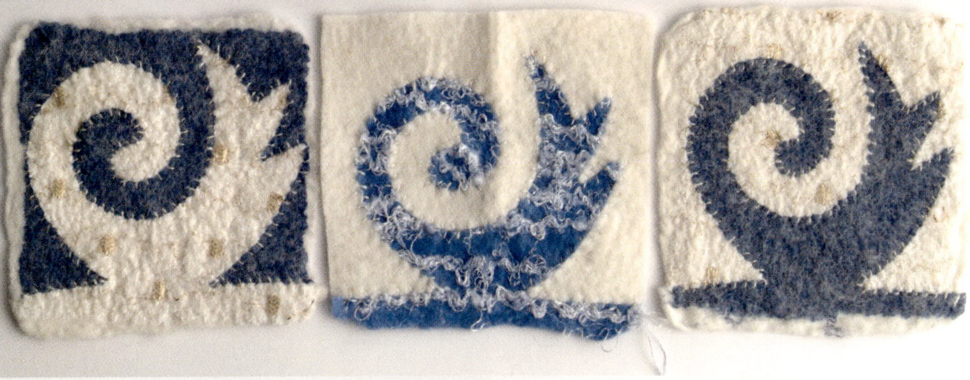

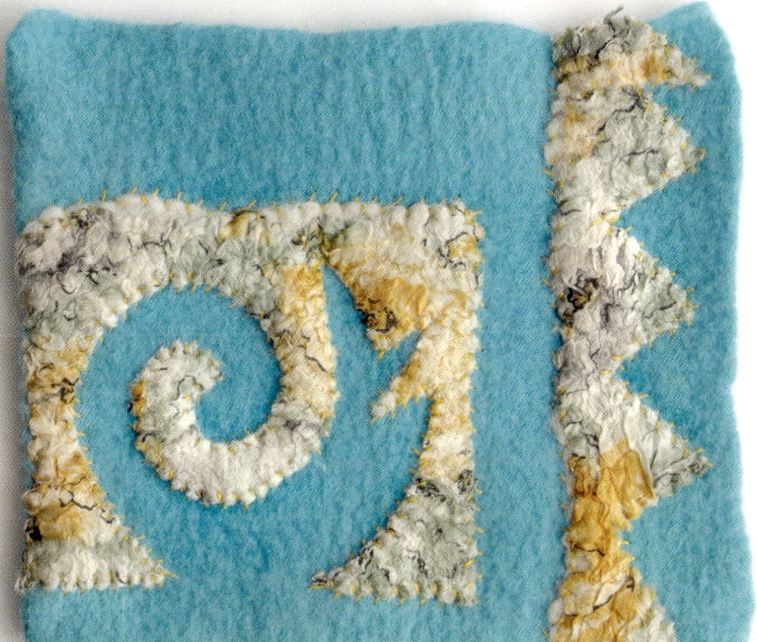

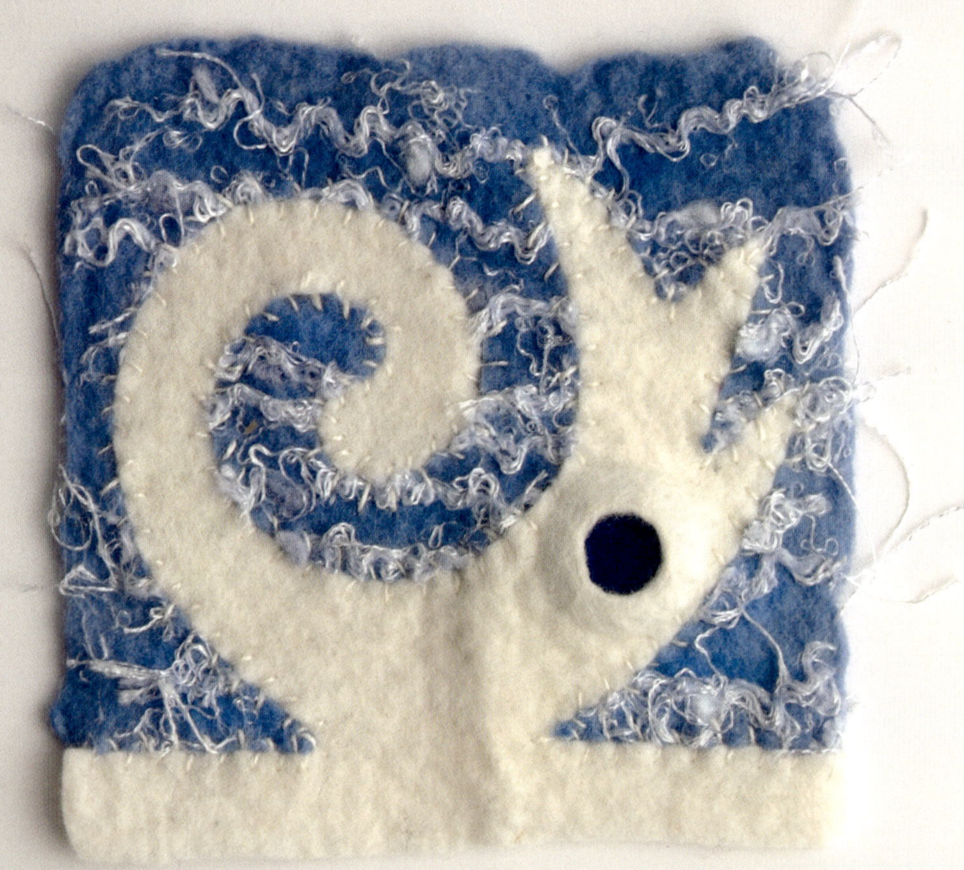

oben: **Nautilus**
links: **Schlafende Taube**

Mein kleines Mädchen
kam auf die Welt,
um wilde Rosen zu pflücken.
Kam auf die Welt,
um mit seinen kleinen Fingern
den wilden Reis
von den Rispen zu schütteln.
Um den Saft
junger Schierlingstannen zu sammeln
im Frühling.
Dieses Mädchenkind
kam auf die Welt,
um Erdbeeren zu sammeln,
Körbchen mit Blaubeeren,
Holunderbeeren und Büffelbeeren zu finden.
Mein kleines Mädchen
kam auf die Welt,
um wilde Rosen zu pflücken.

Wiegenlied der Tsimsh

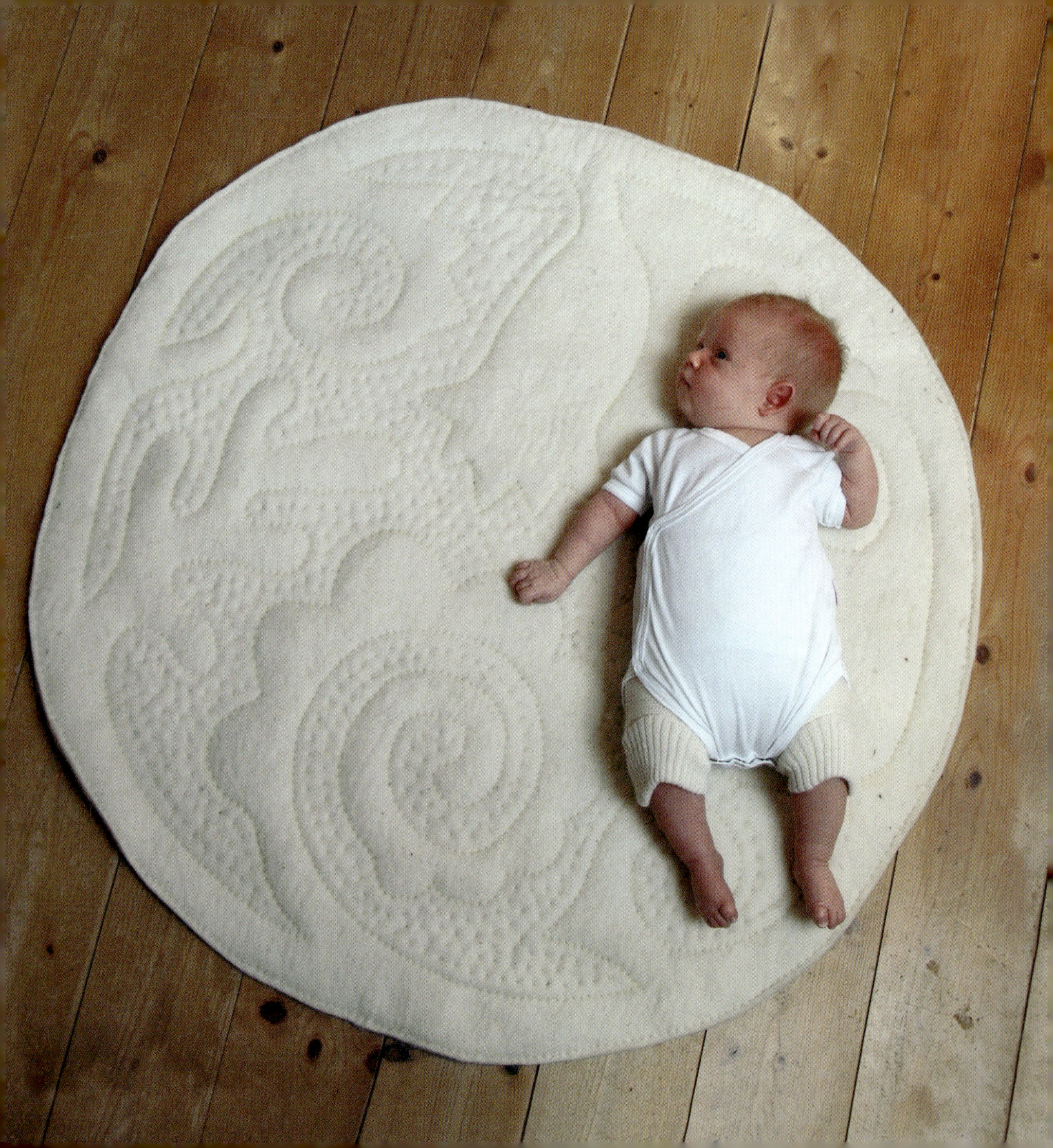

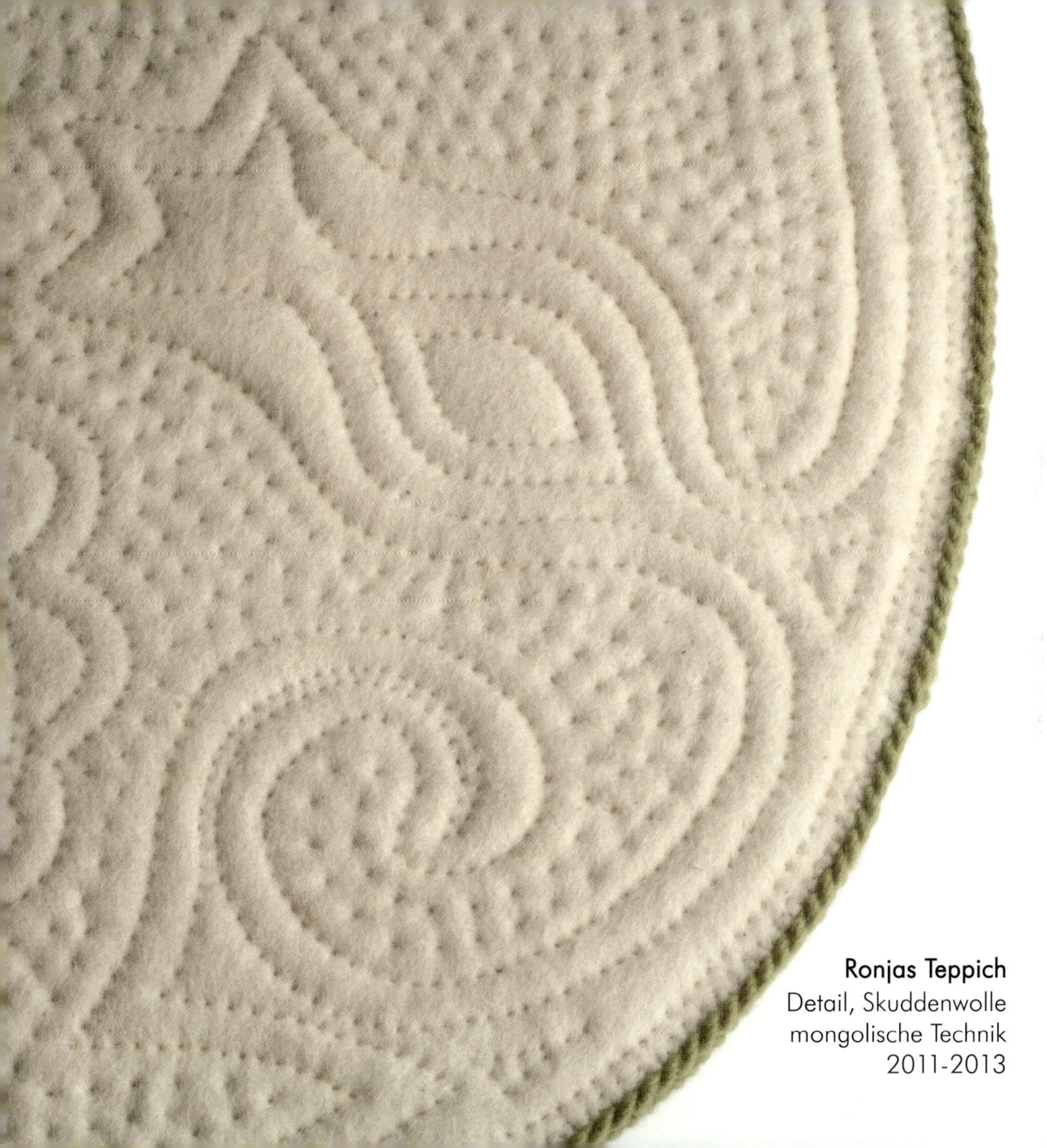

Ronjas Teppich
Detail, Skuddenwolle
mongolische Technik
2011-2013

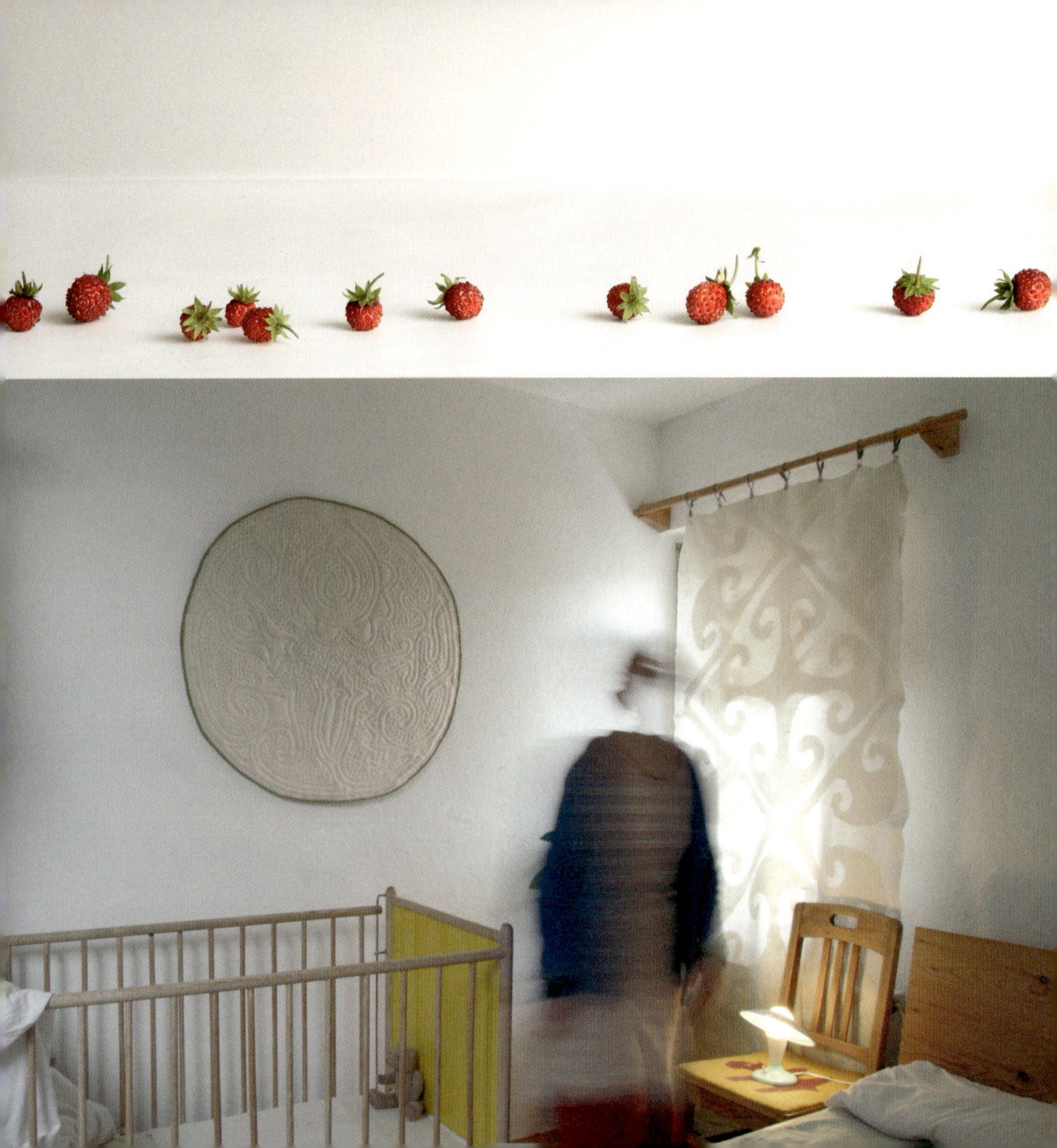

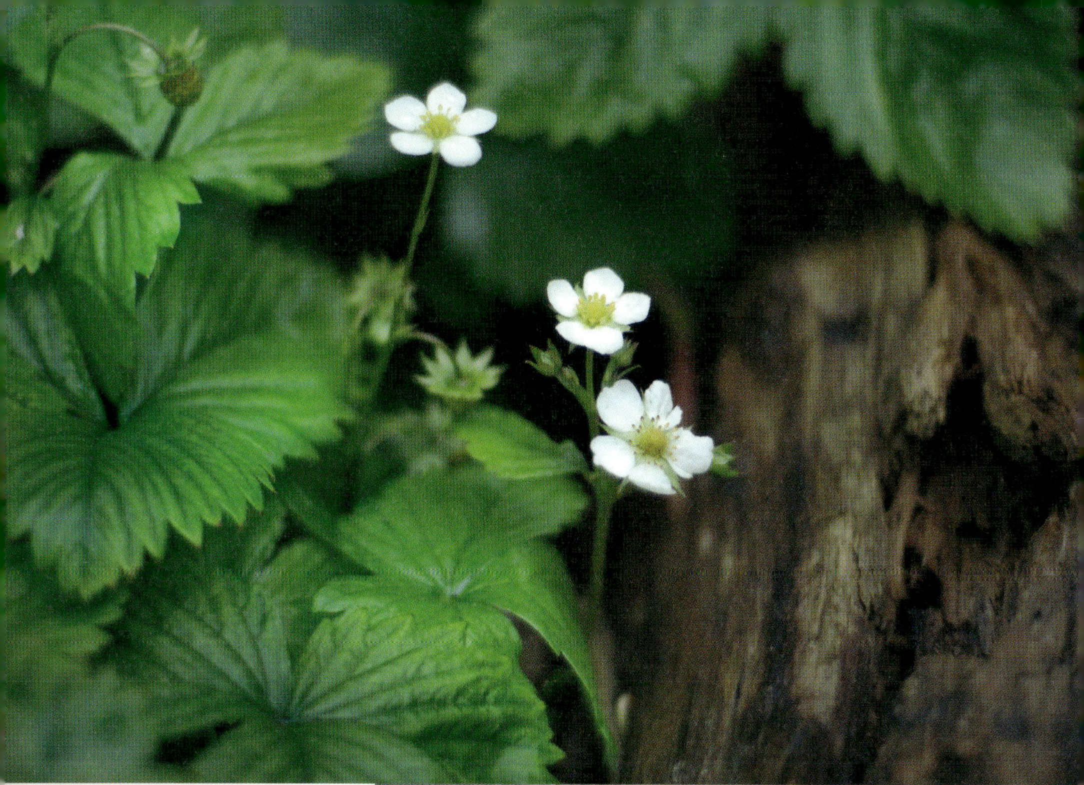

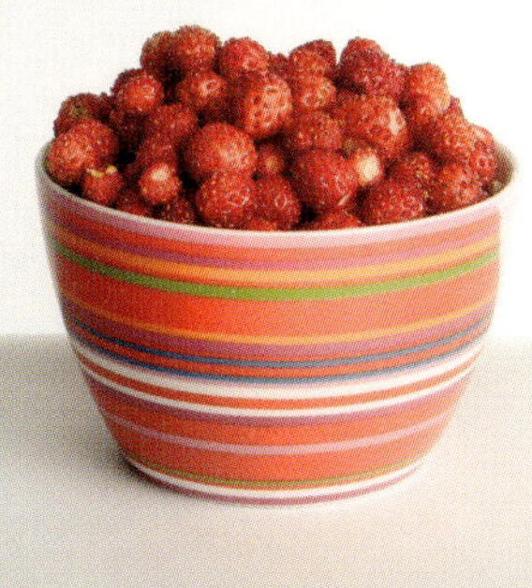

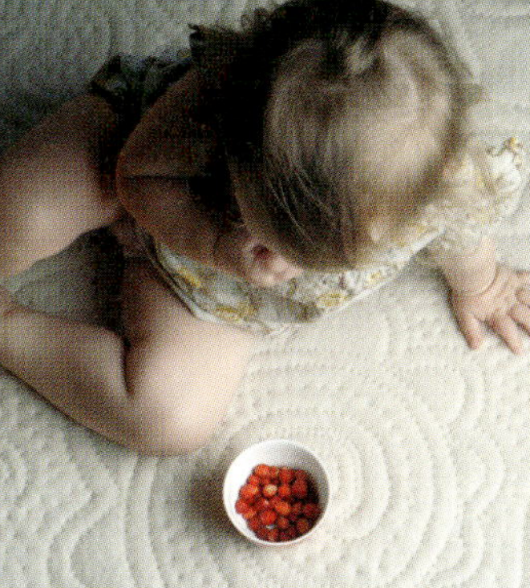

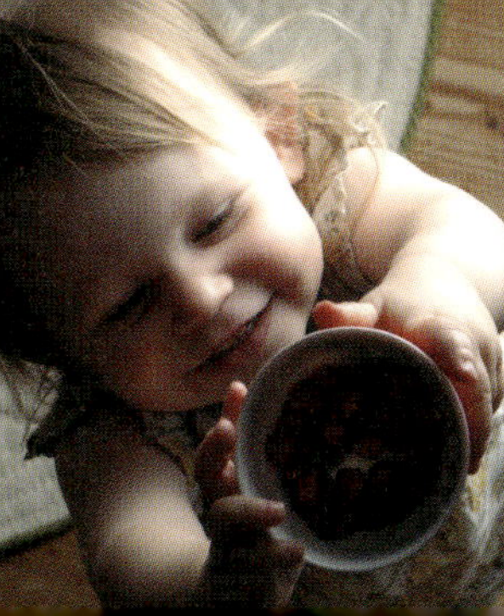

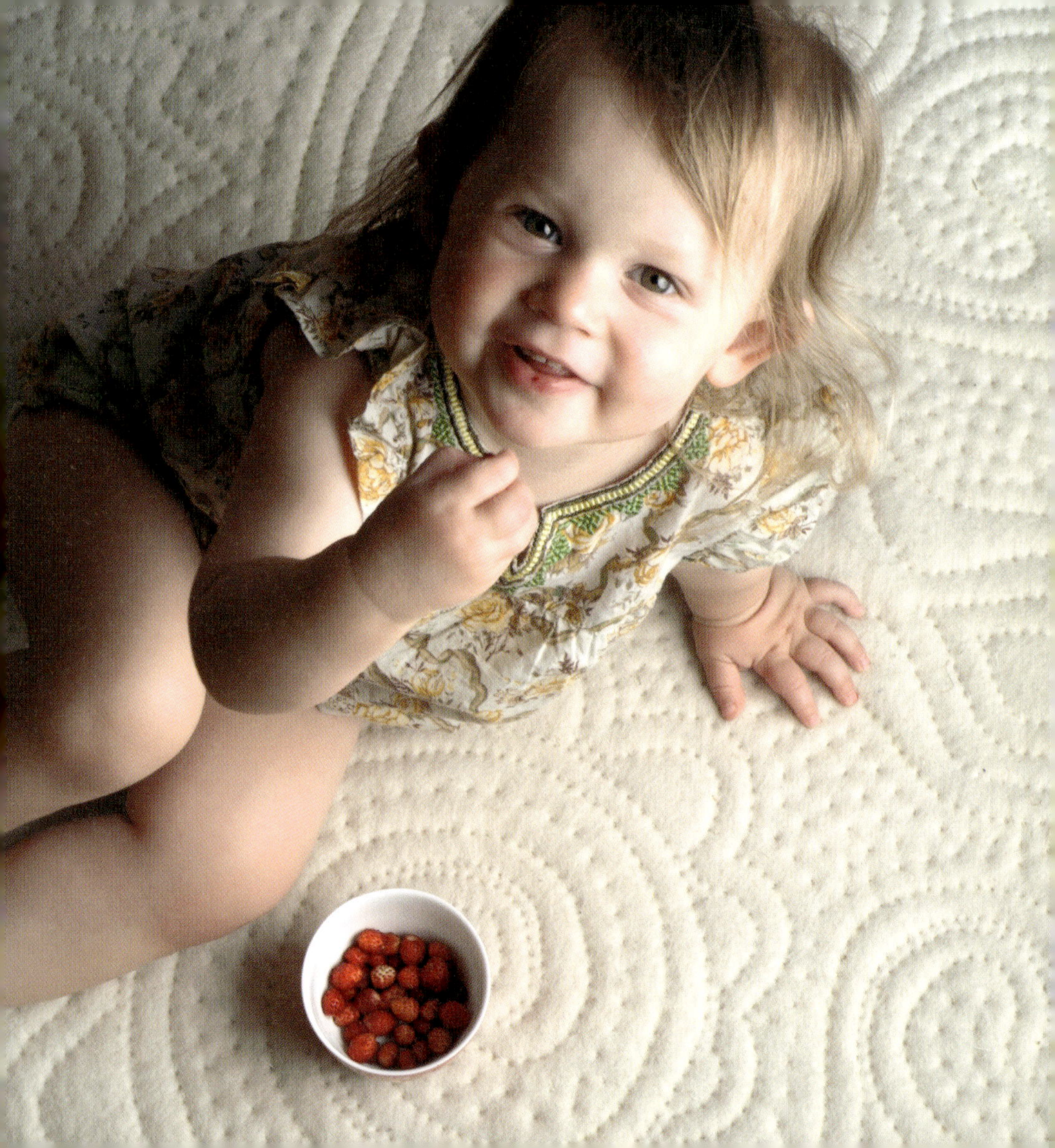

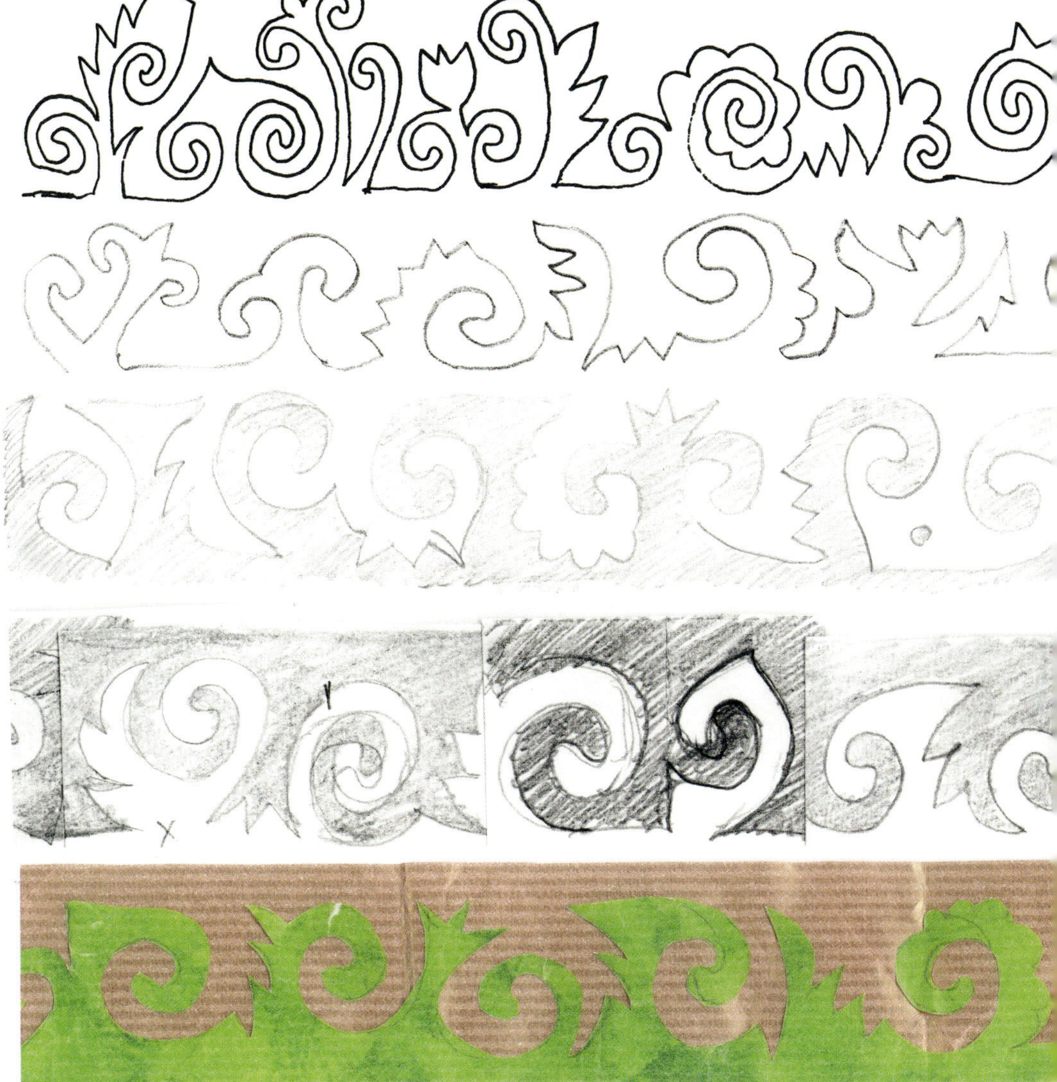

Mantelsaum
Entwürfe, 2012

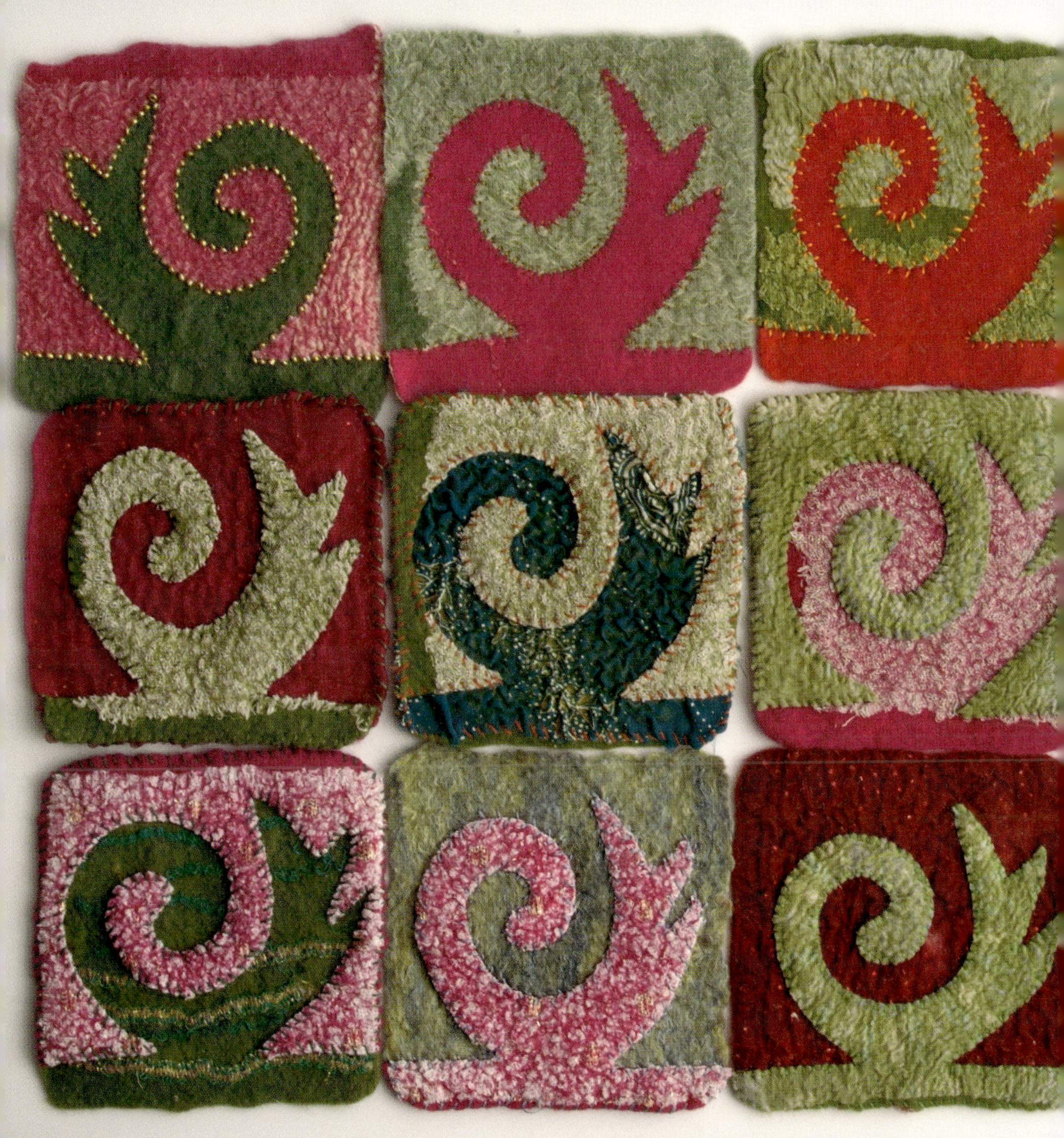

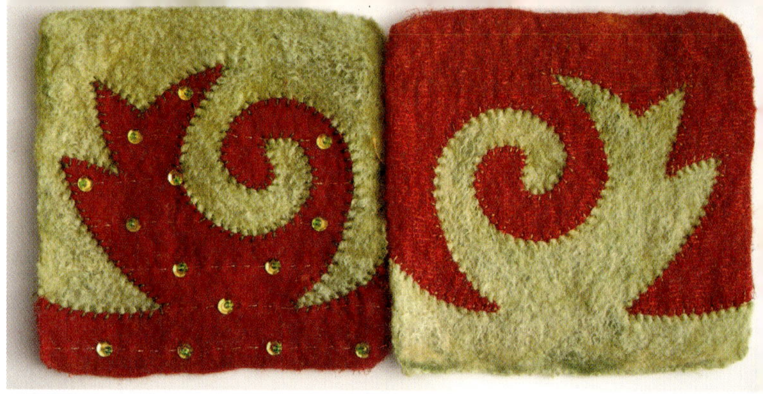

Mantelsaum, Musterstücke: Merinowolle, Baumwolljersey, Spitze, Organzaseide, Leinenbatist, Seidenfasern, Glasperlen, Mosaiktechnik, 2012

Bei der Arbeit am Mantelsaum habe ich ein interessantes Phänomen beobachtet: während ich früher oft mit Blick auf die Uhr gearbeitet habe, so und soviel Minuten für eine Fingermaus, damit es sich lohnt, wollte ich hier nicht fertig werden.
Fast jede Minute Zeichnen, Schneiden, Collagieren, Musterstücke und Proben anfertigen, Messen, Berechnen, Wolle legen, Filzen, Schneiden, Ineinanderfügen und Zusammennähen und Besticken habe ich ausgekostet. Diese genussvolle Zeit steckt nun in diesem Türbogen, durch den ich täglich oft ein- und ausgehe.

Gott du, deines Mantels Saum

Gott du, deines Mantels Saum
möchten wir berühren.
Einen Hauch, ein Wehen kaum
gib uns zu verspüren.

Lass, du Dunkler, der so fern,
Licht ins Dunkel scheinen,
dass sich wie in einem Stern
Erd und Himmel einen.

Sprich, du Naher, unsrem Leid
nur ein Wort zu, leise,
heilend, das in Angst und Not
uns den Frieden weise.

Eins in dir sind Zeit und Raum,
eins sind Not und Fülle.
Gott, in deines Mantels Saum
unsre Armut hülle.

Text: Jörg Zink
Musik: Hans-Jürgen Hufeisen

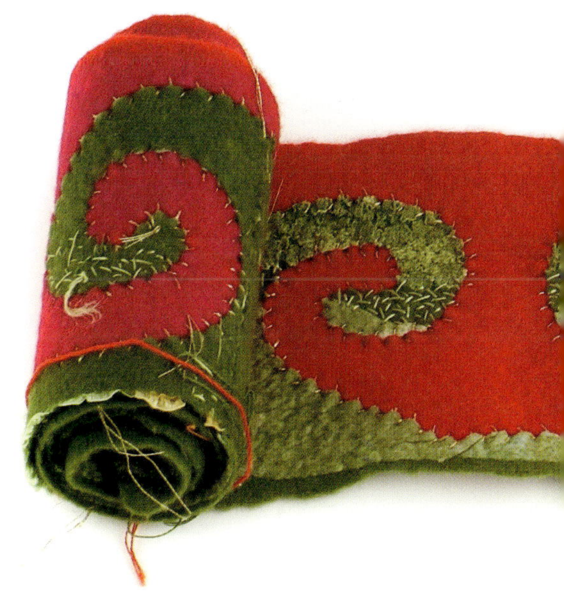

Das Lied (in einer Vertonung von Hans-Jürgen Hufeisen) begleitet mich seit einigen Jahren. So stelle ich ihn mir vor, den Mantelsaum Gottes, zugleich ein Rosenbogen, der sich über eine Gartenpforte rankt, die Eingangstür nach Eden.

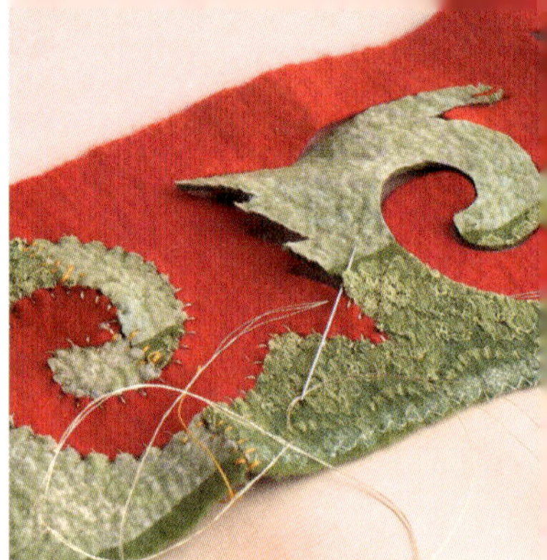

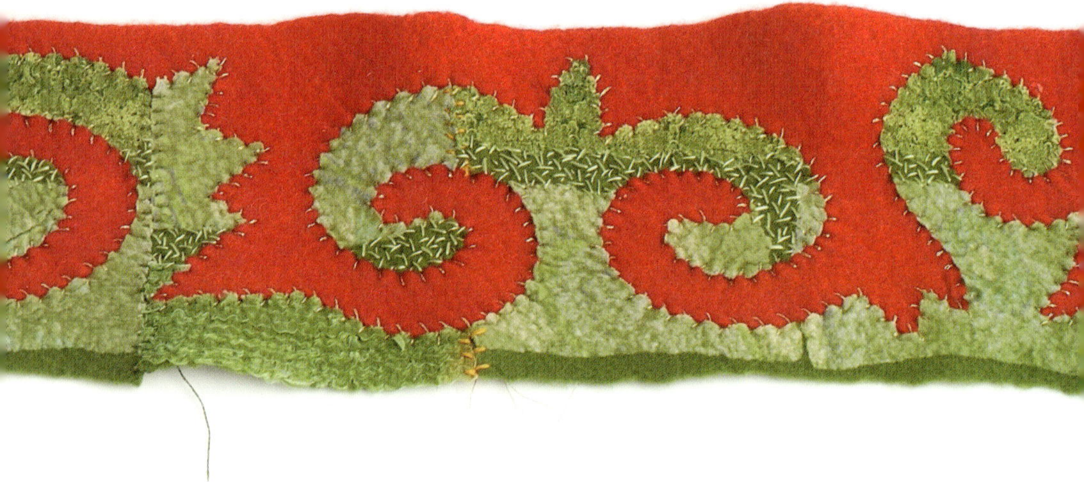

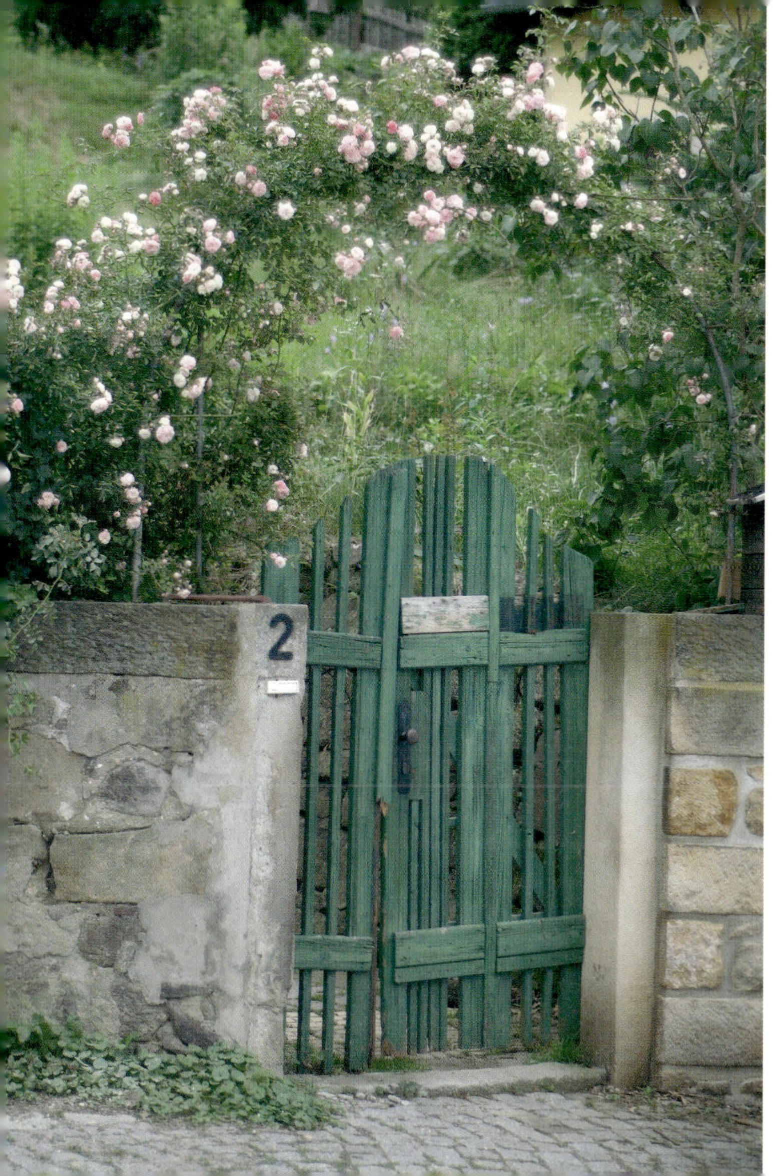

Gartentor
in Dresden
Altwachwitz

Mantelsaum
Merinowolle
Baumwolljersey
Spitze
Nylongarn
Stickseide

Sommerbaum
Glas

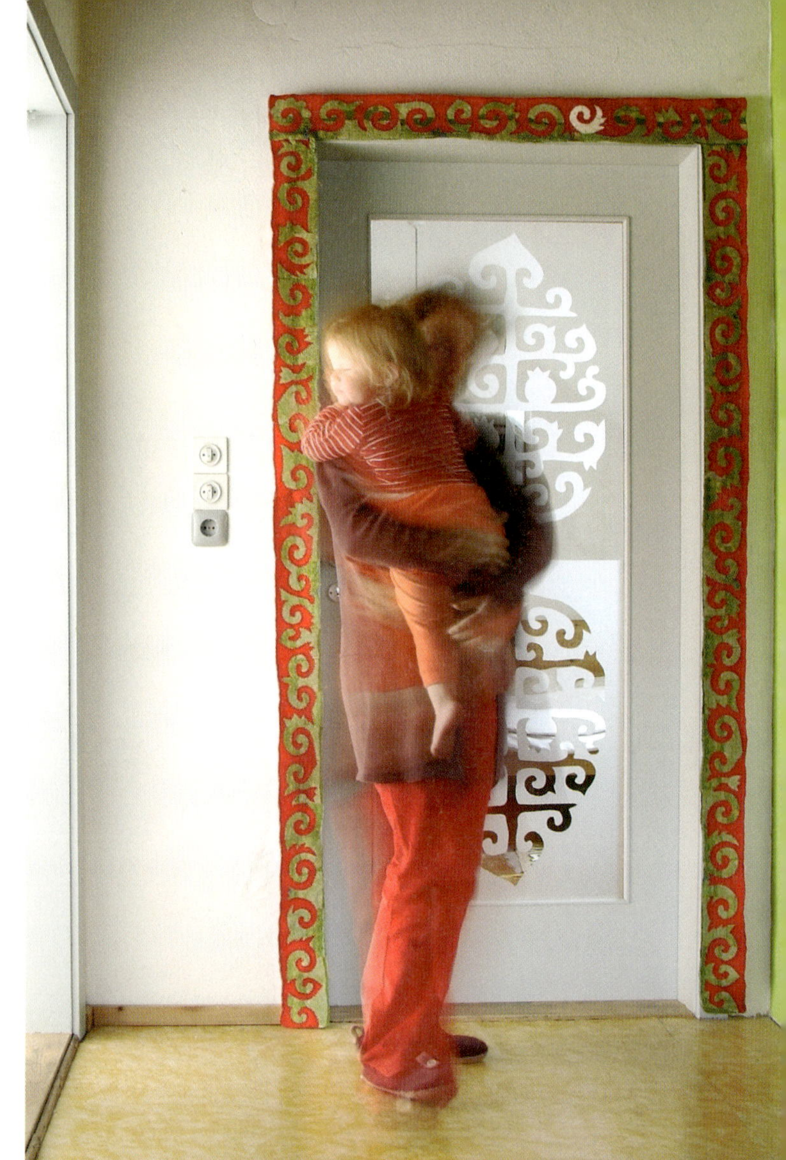

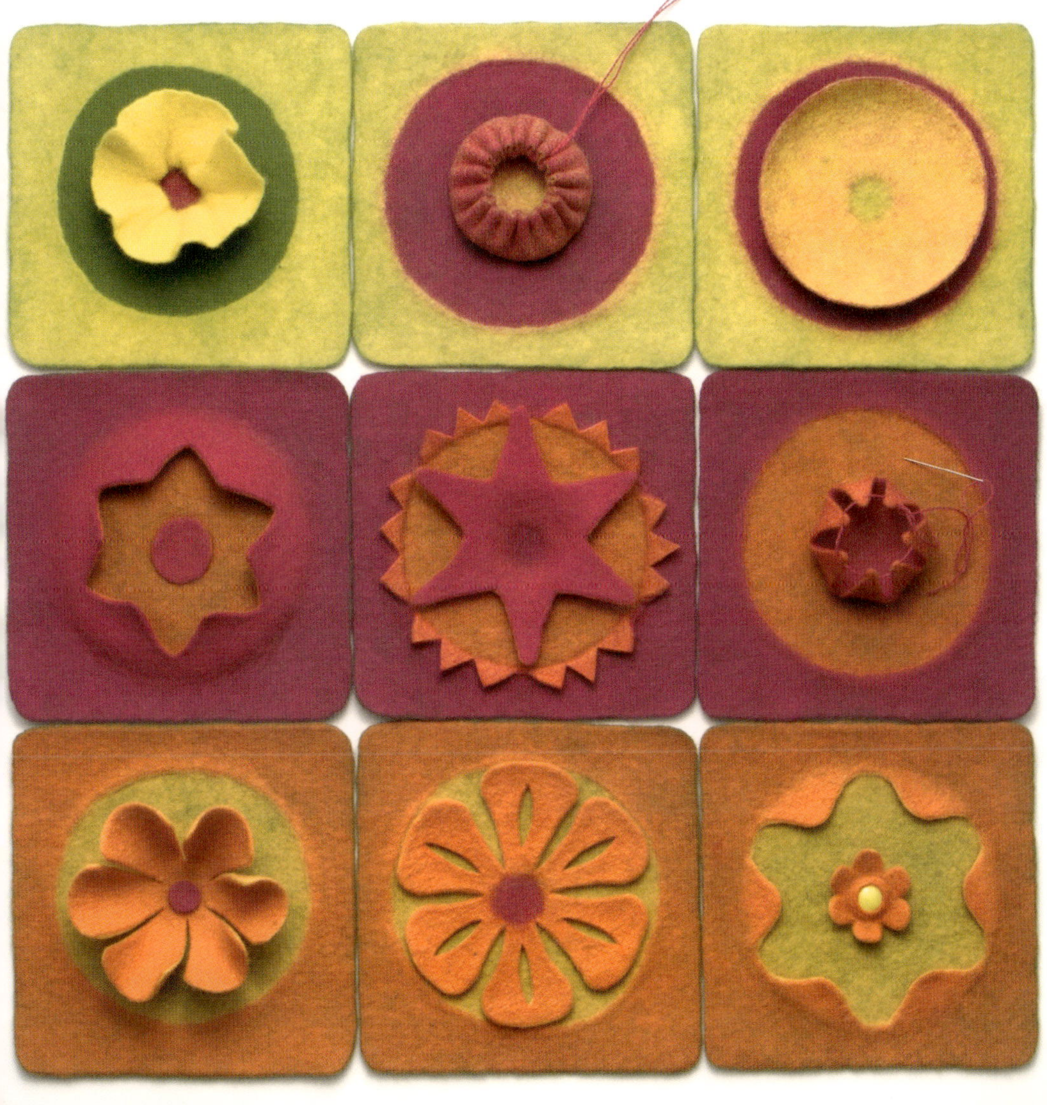

Mangold –
Sommergemüse
in Bonbonfarben

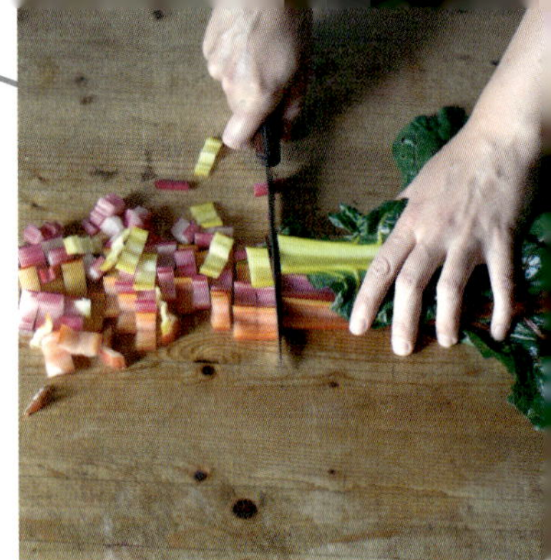

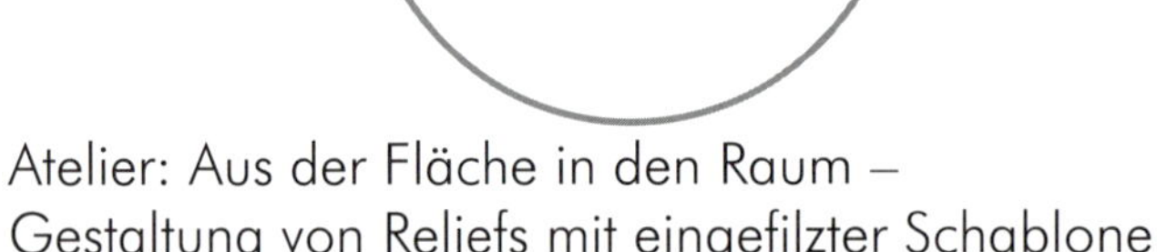

Atelier: Aus der Fläche in den Raum – Gestaltung von Reliefs mit eingefilzter Schablone

Alle neun Varianten sind mit der gleichen ringförmigen Schablone (Durchmesser: außen 15 cm, innen: 4 cm) entstanden. Die ausgelegte Fläche hat die Maße 20 x 20 cm, gewalkt wird auf 15 x 15 cm.

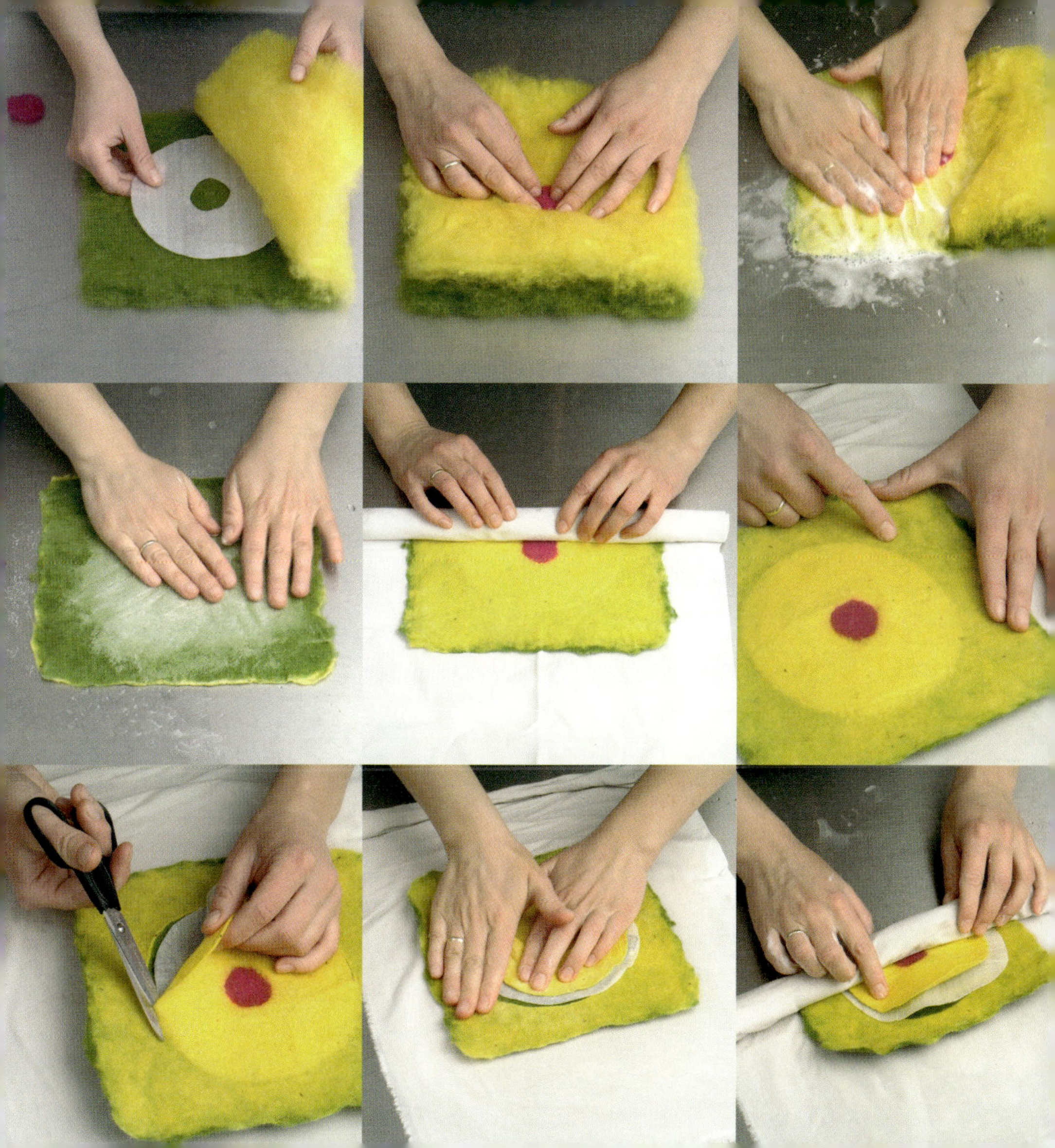

Für das erste Muster wird die Schablone zwischen jeweils drei grüne und drei gelbe Schichten Merinowolle gelegt. In die Mitte (das Loch lässt sich ertasten) kommt obenauf ein Tupfen pinkfarbene Wolle. Wenn alles von beiden Seiten gut angefilzt ist, wird gewalkt, bis sich die Schablone deutlich abzeichnet: am Rand mischt sich das Gelb der oberen Schichten mit dem Grün darunter, dort wo die Schablone dazwischenliegt, bleibt es reines Gelb. Dann wird vorsichtig am äußeren Rand der Schablone aufgeschnitten, ohne in die untere (grüne) Filzschicht zu schneiden.
Die Schnittkanten werden mit der Hand nachgefilzt. Die Schablone wird erst nach nochmaligem Walken vorsichtig entfernt.

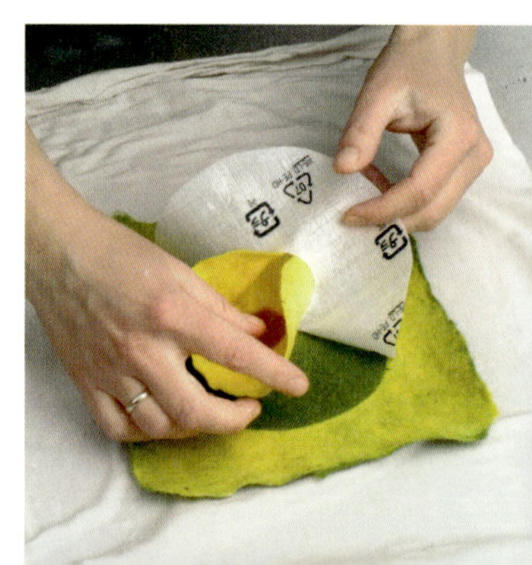

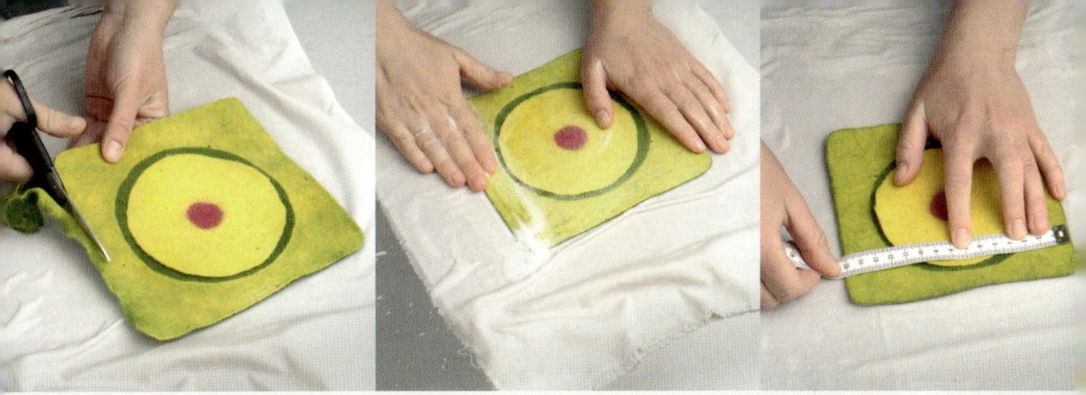

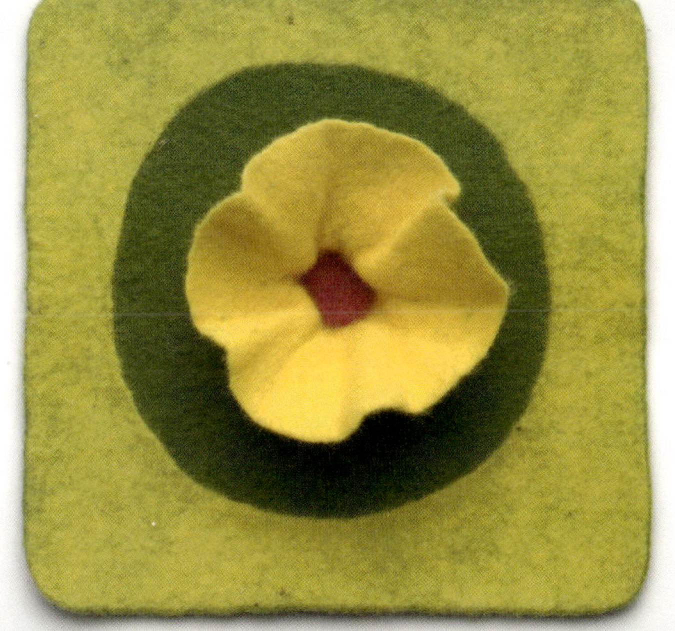

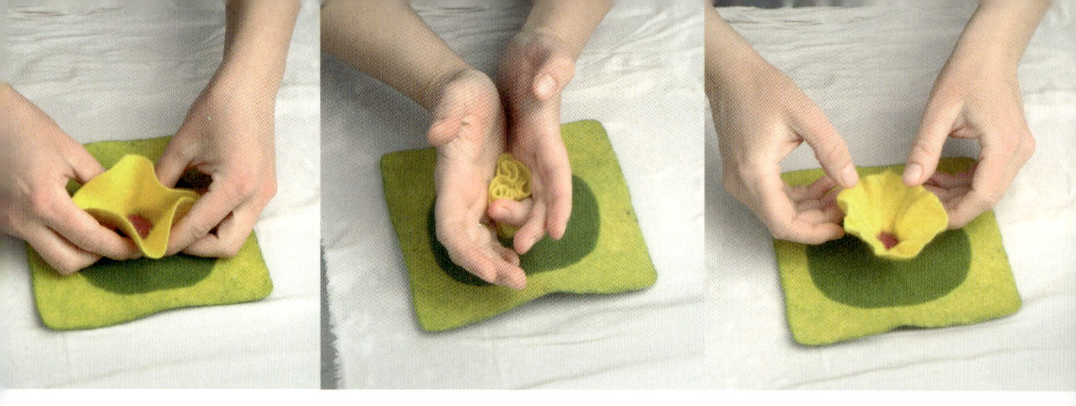

Da Ober- und Unterseite des Musters verschiedenfarbig sind, wird hier der Rand gerade geschnitten und dann von Hand nachgefilzt, bevor das Arbeitsstück auf 15 x 15 cm fertig gewalkt wird (dabei die Ränder zwischendurch immer wieder in Form ziehen). Zuletzt wird die Blüte zwischen den Händen gefaltet und gewalkt. Nach dem Ausspülen wird die Fläche in Form gezogen, die Blüte nochmals zwischen den Händen gerollt und zurechtgezupft, bevor das Arbeitsstück getrocknet wird.

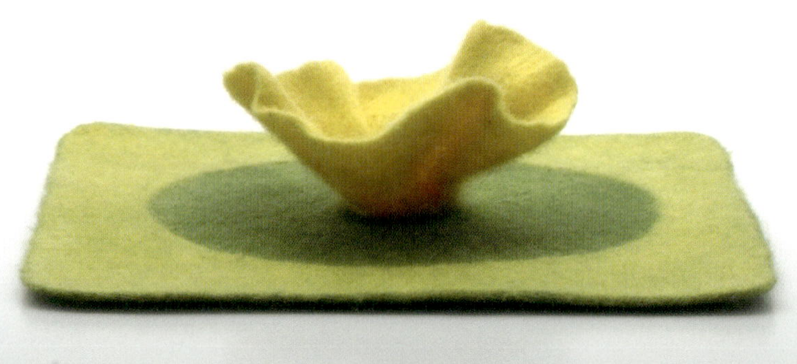

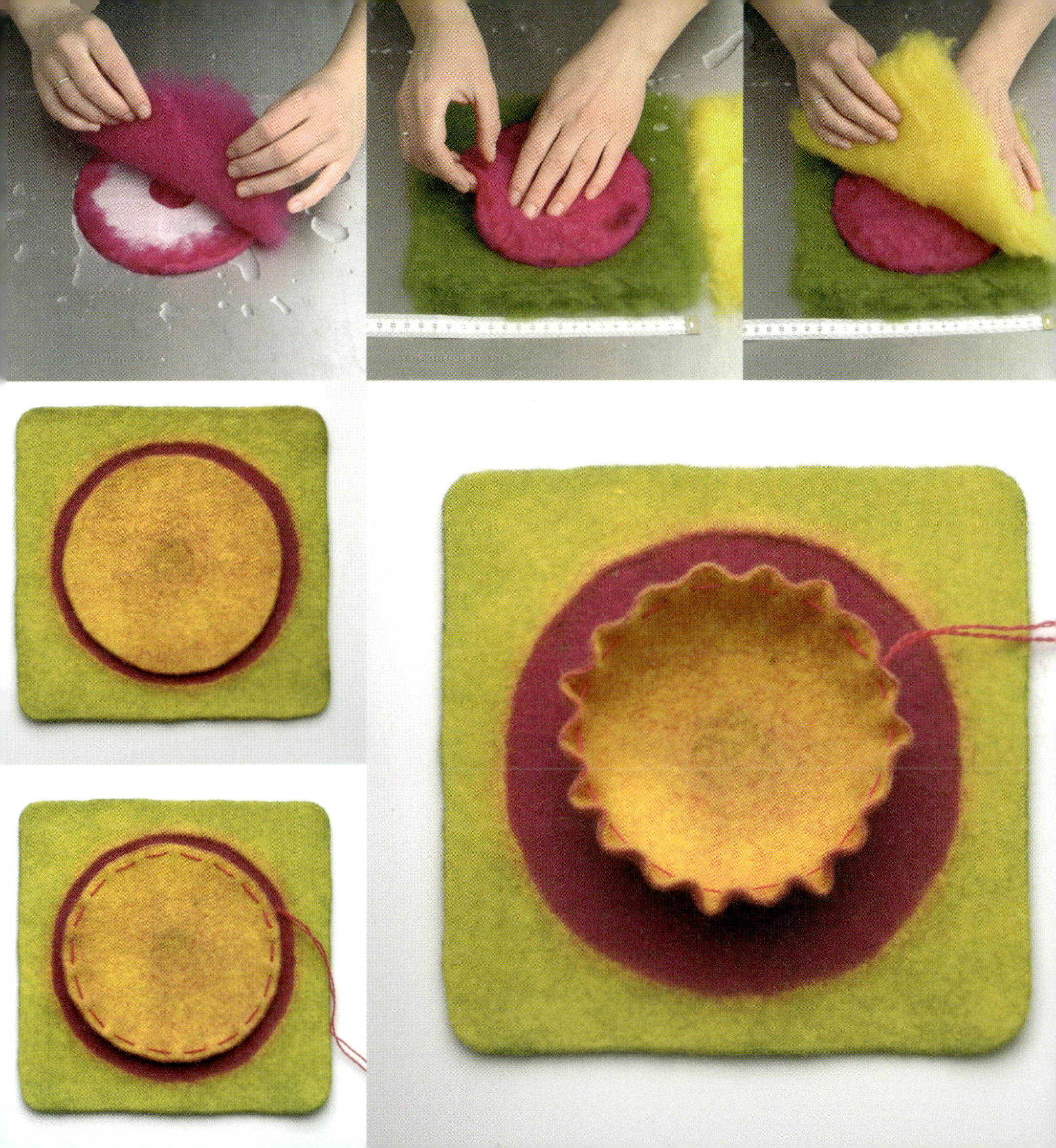

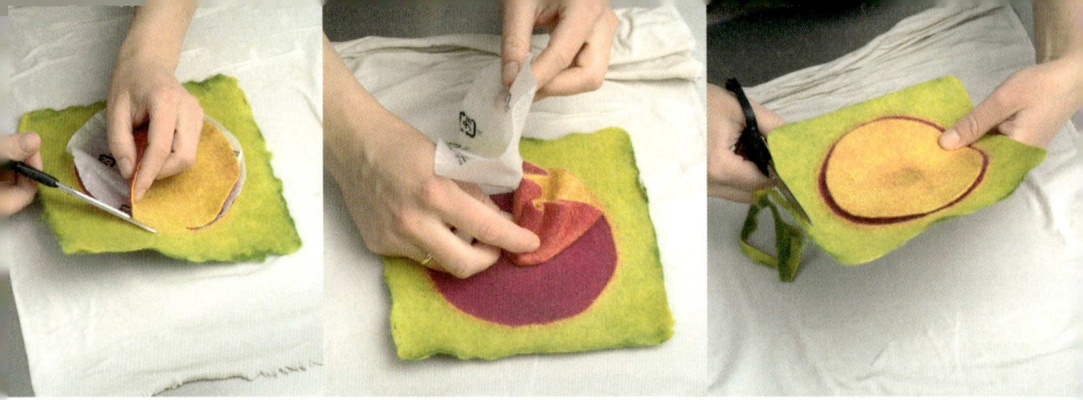

Für alle anderen Muster wird zuerst die Schablone in zwei Wollschichten einer zusätzlichen Farbe eingepackt (das Grün der unteren drei Schichten ist auf der Oberseite dann nur noch als Mischfarbton zu sehen).
Gearbeitet wird wie beim ersten Muster. Die entstandene Kreisfläche, die in der Mitte mit der Grundfläche verbunden ist, wird nach dem Ausspülen und Trocknen des Filzes entlang des Randes mit einem farblich passenden Garn geheftet. Durch das Anziehen des Garns entsteht aus der Fläche eine Schalenform mit gewelltem Rand.

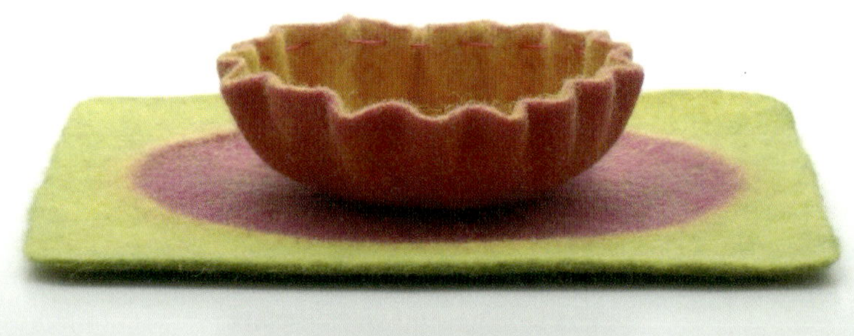

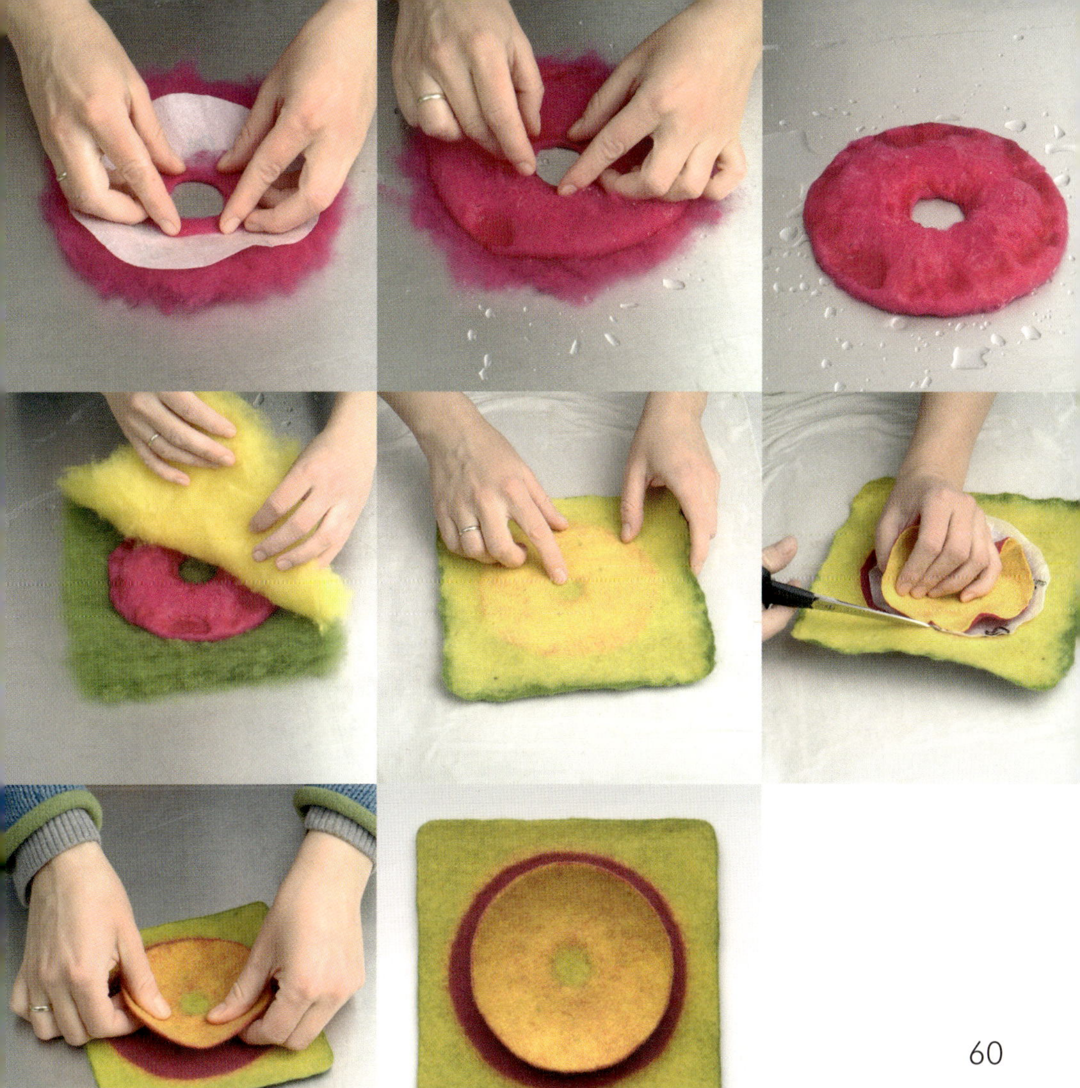

Beim dritten Beispiel wird die Schablone als Ring eingepackt und ebenso gearbeitet wie die ersten beiden Muster. Das Loch in der Mitte (gelb-grün) zeichnet sich farblich vom Ring (gelb-pink) ab. Die fertig gewalkte Kreisfläche wird rings um die Mitte vorsichtig gedehnt, wodurch sich die Ränder nach oben wölben:
eine flache Schale entsteht.

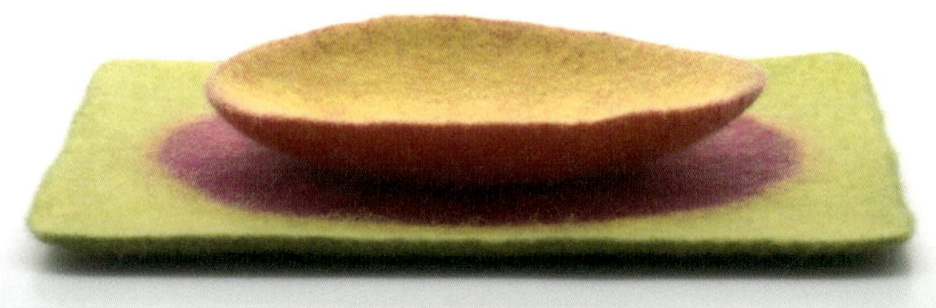

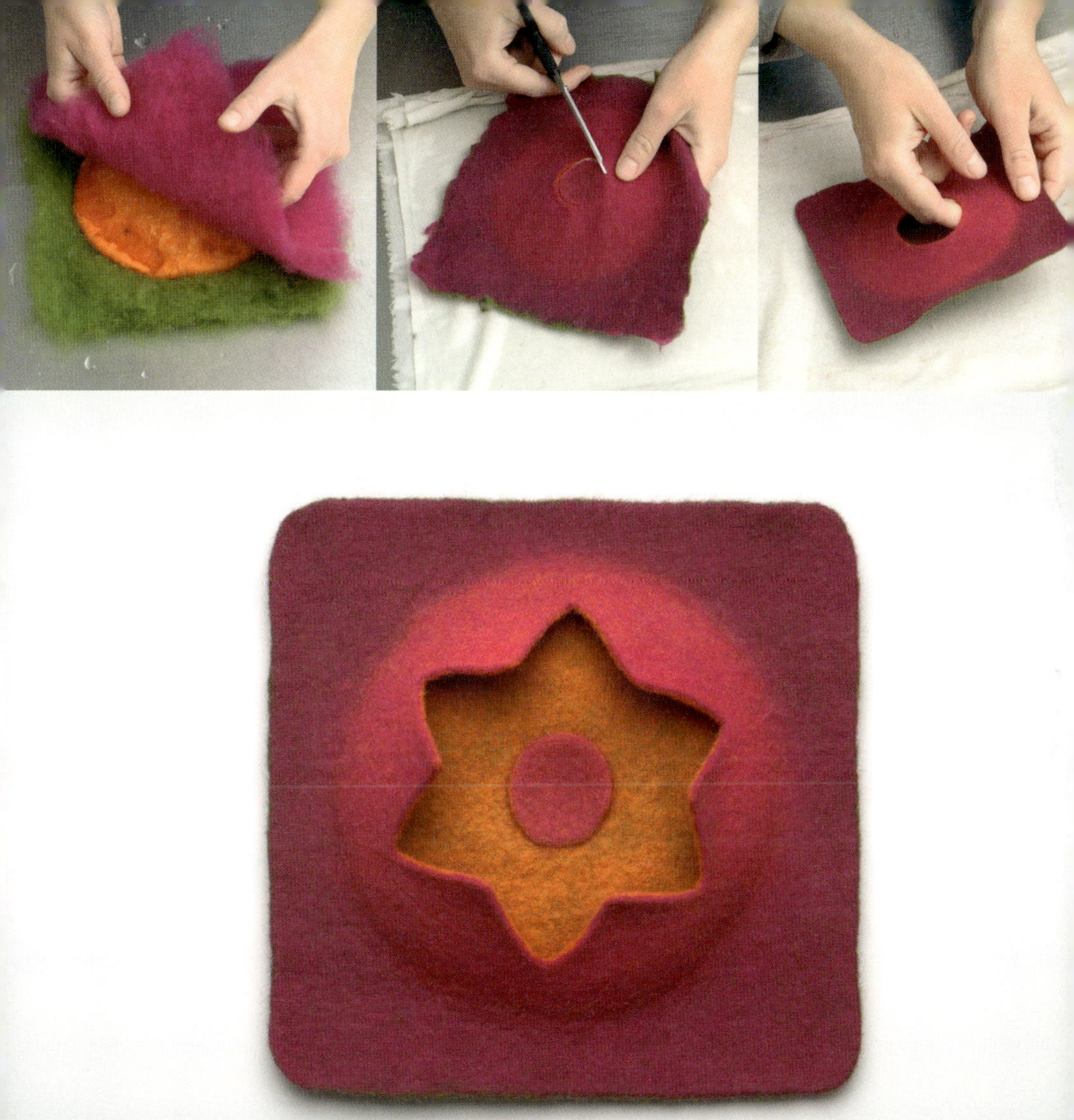

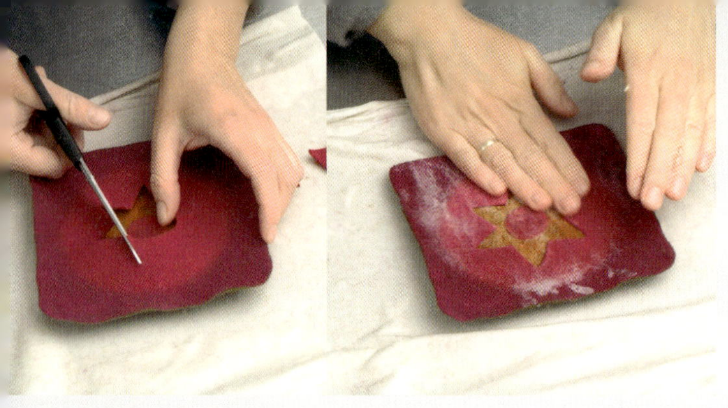

Für die folgenden drei Beispiele wird die Schablone in orangefarbene Wolle eingeschlagen, die oberen drei Schichten sind pinkfarben.
Beim vierten Muster wird der Filz in der Mitte, rings um den inneren Ring der Schablone, aufgeschnitten. In das fast fertige Werkstück werden von der Mitte aus die Zacken der Blütenform geschnitten, die Schnittkanten mit der Hand nachgefilzt und anschließend noch einmal gewalkt.

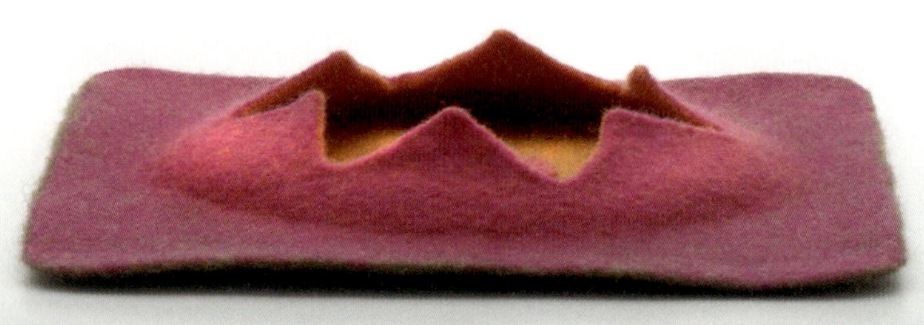

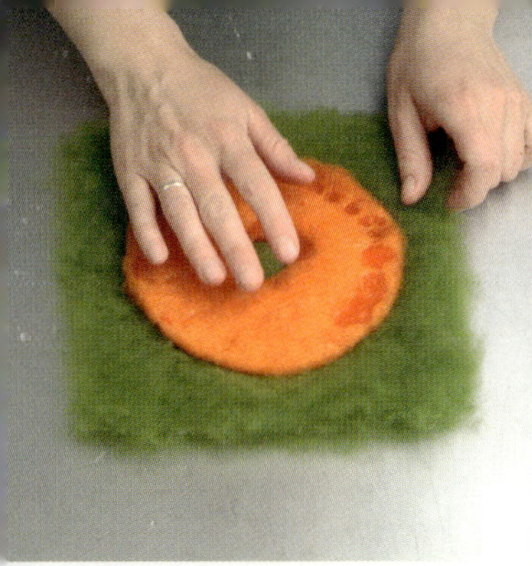

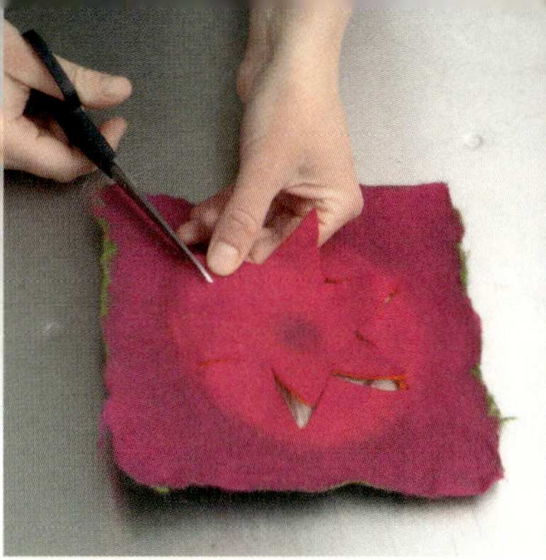

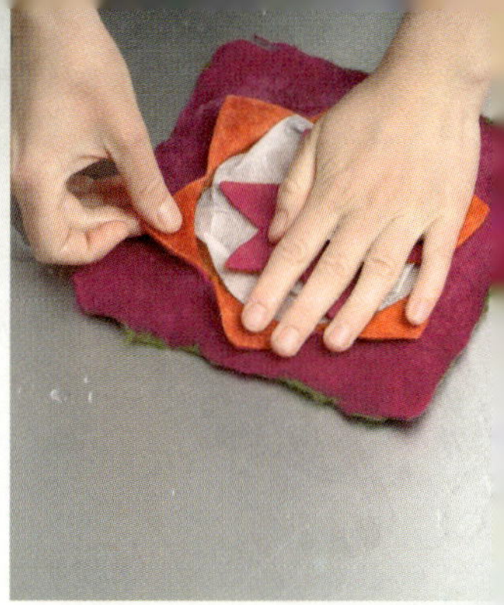

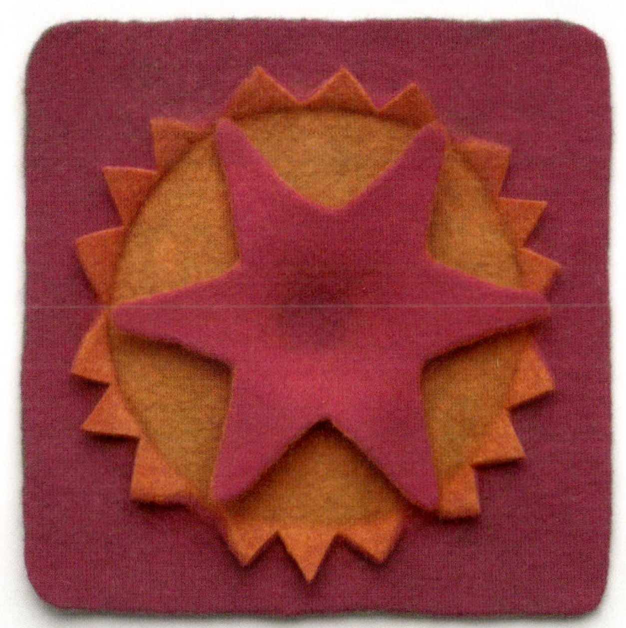

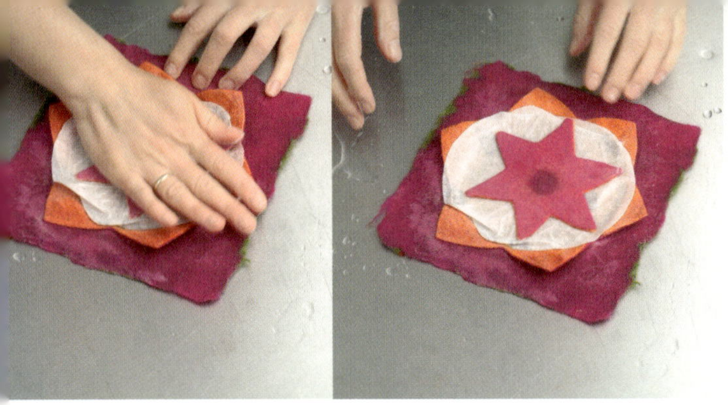

Das fünfte Muster wird nach dem Anfilzen und erstem Walken sternförmig aufgeschnitten, die Zacken vom äußeren Rand nach außen geklappt und zuletzt in jeweils drei kleine Zacken geschnitten.

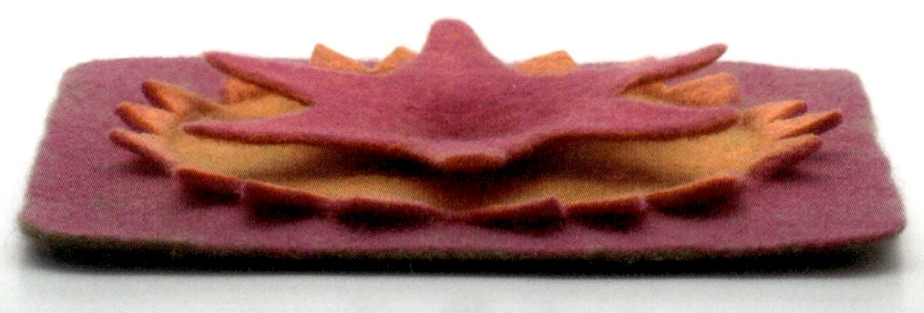

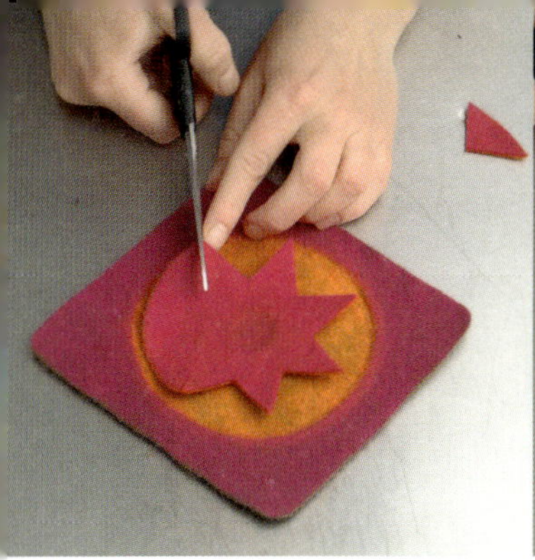

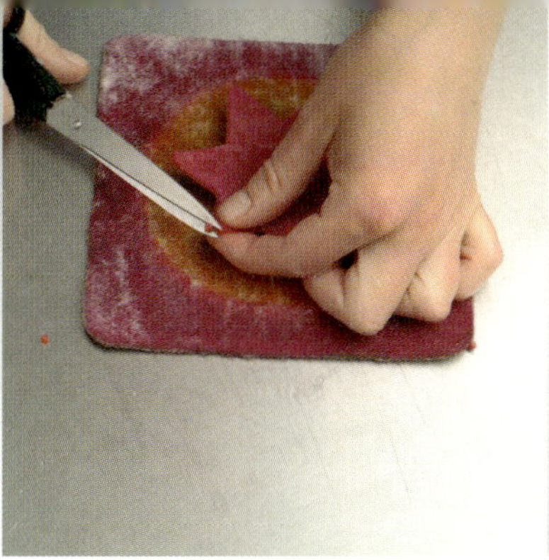

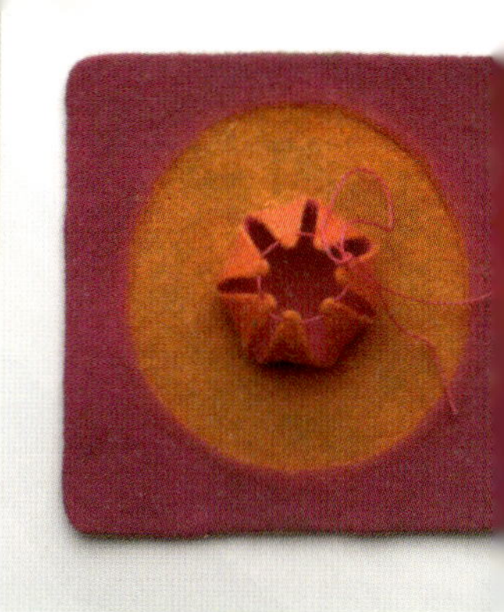

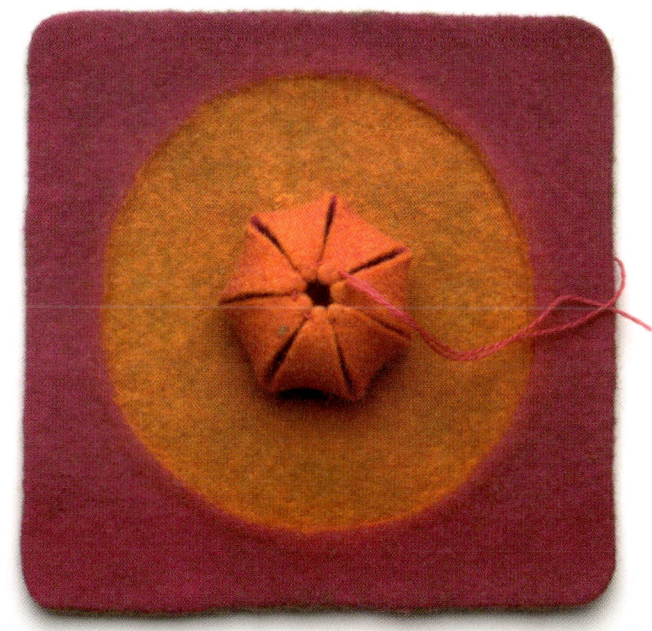

Beim sechsten Muster wird wieder am äußeren Schablonenrand aufgeschnitten und die entstandene runde Fläche vor dem letzten Walken sternförmig eingeschnitten, dabei die Spitzen der Zacken knapp abschneiden. Heftet man die Spitzen der Zacken mit einem farblich passenden Garn zusammen, entsteht eine Kronenform oder eine runde Kapsel.

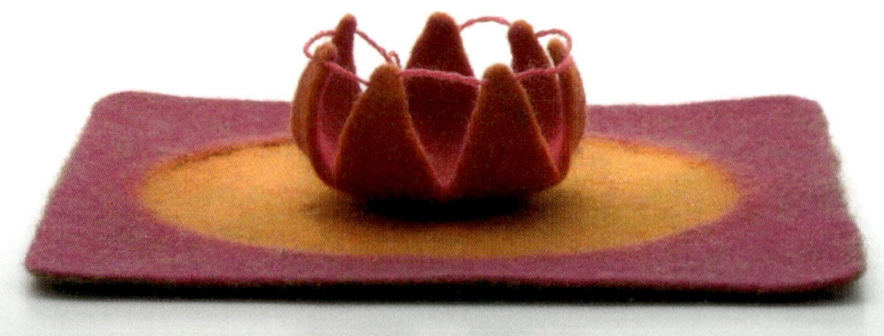

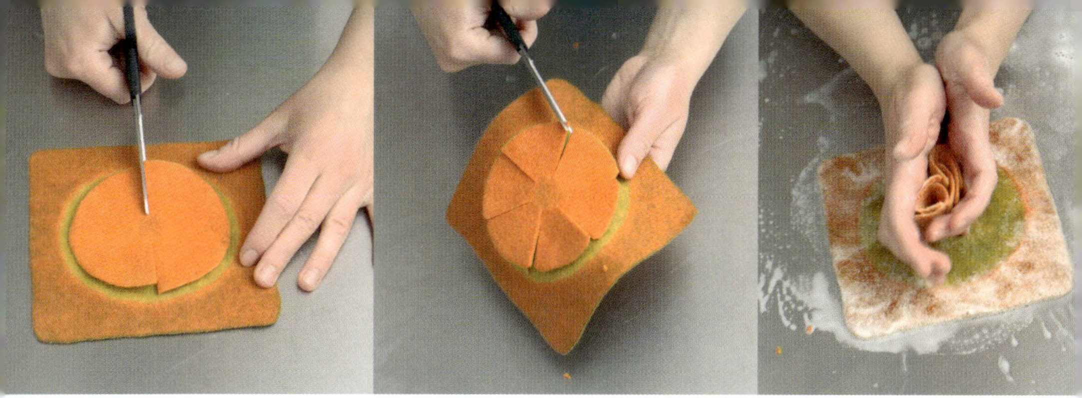

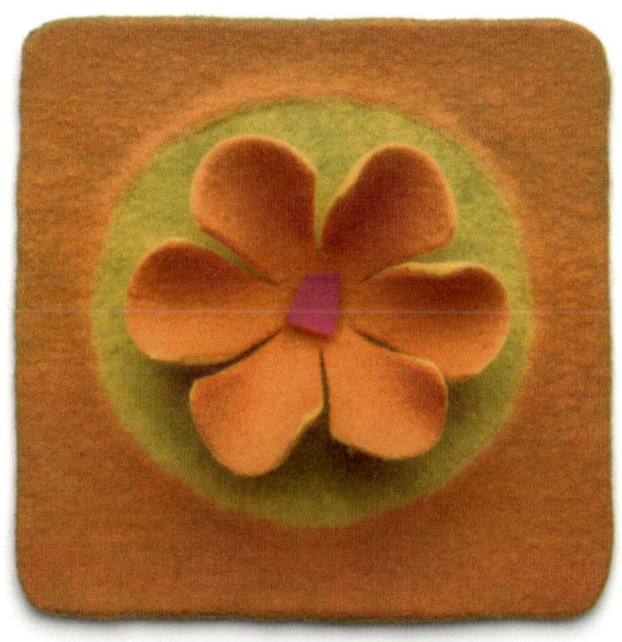

Für die letzten drei Beispiele wird die Schablone in zwei dünne Schichten gelbe Wolle gepackt, die oberen drei Deckschichten sind orangefarben.

Beim siebten Muster wird die Scheibe in sechs gleich große Abschnitte geteilt, die Ecken knapp abgeschnitten und die entstandenen Blütenblätter wie bei Muster Nummer drei zwischen den Händen in Form gewalkt.

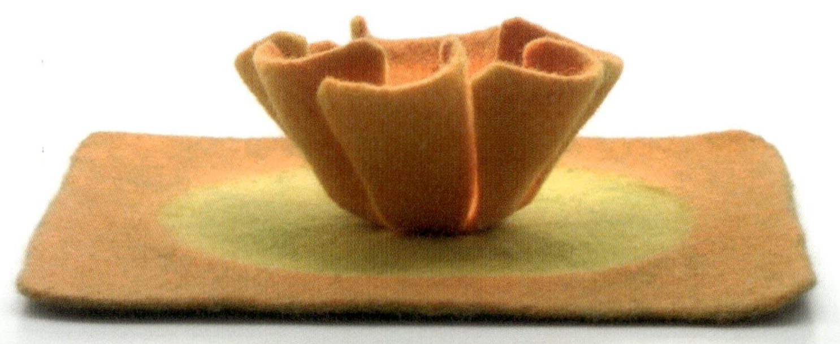

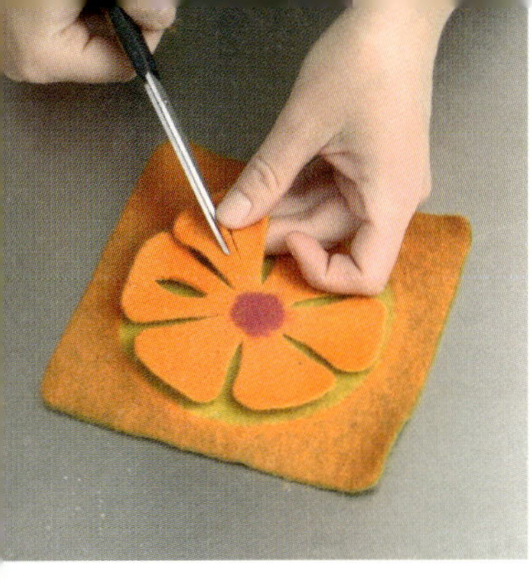

Das achte Muster wird gearbeitet wie Nummer sieben, auf die drei orangefarbenen Deckschichten kommt hier noch ein pinkfarbener Tupfen in die Mitte.

Die Blüte bleibt flach und zuletzt wird jedes Blatt noch in der Mitte eingeschnitten.

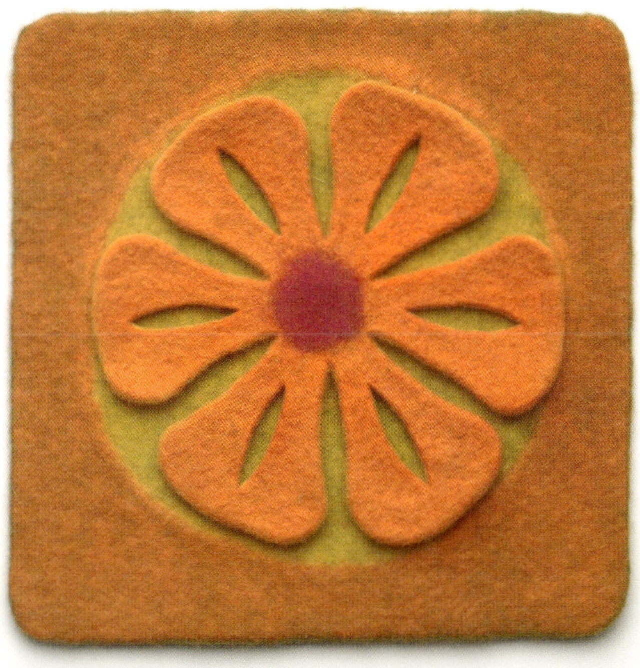

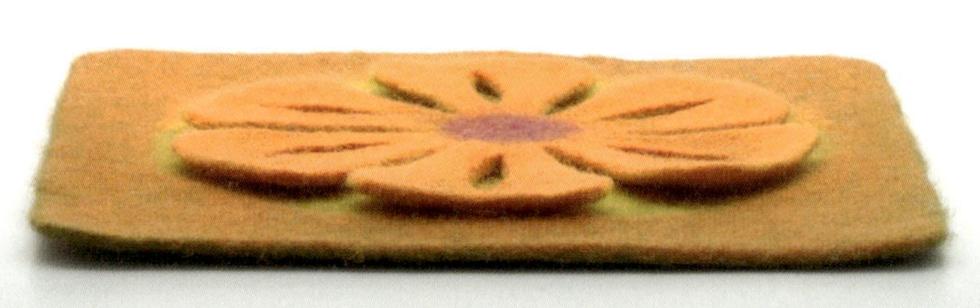

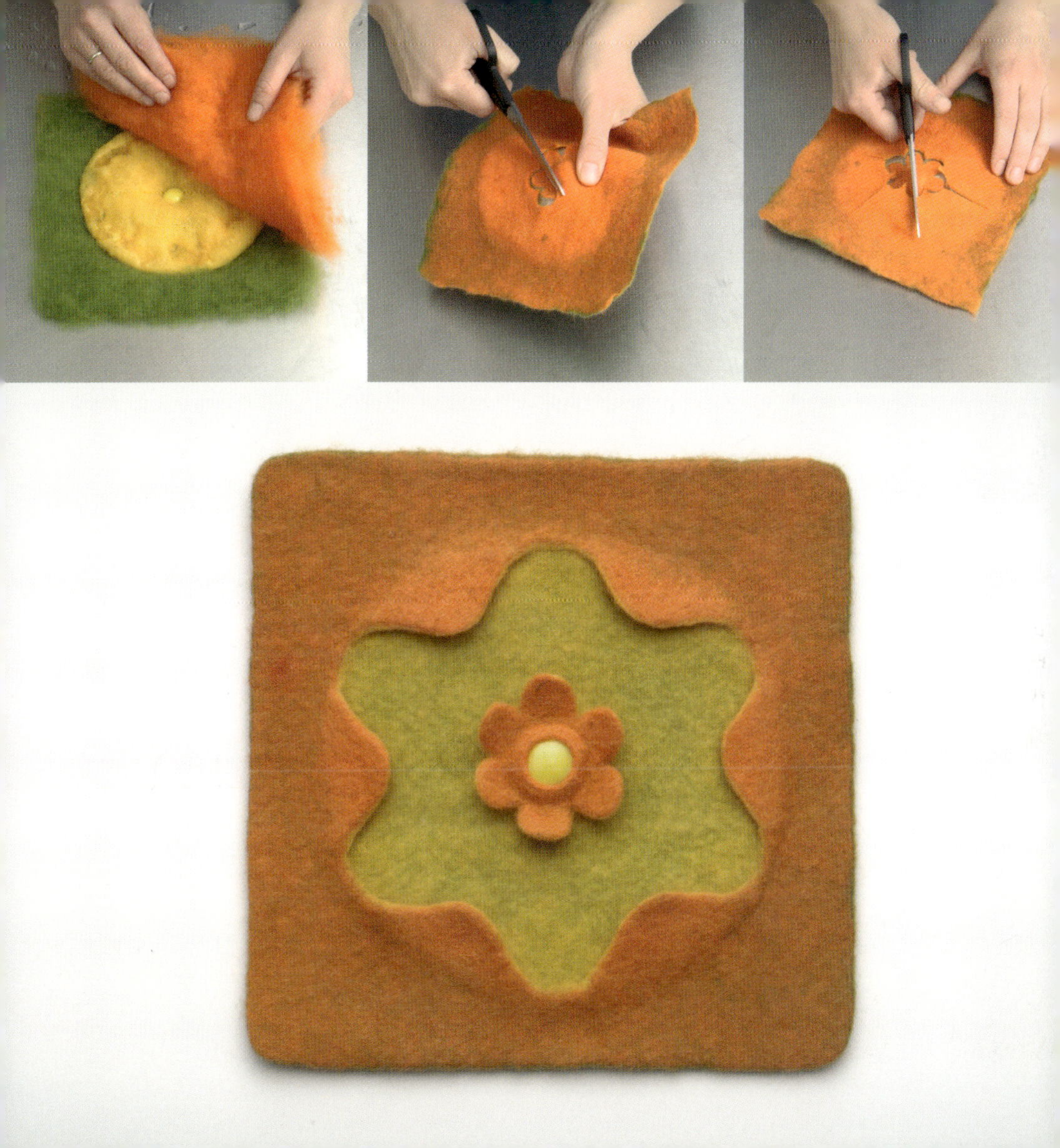

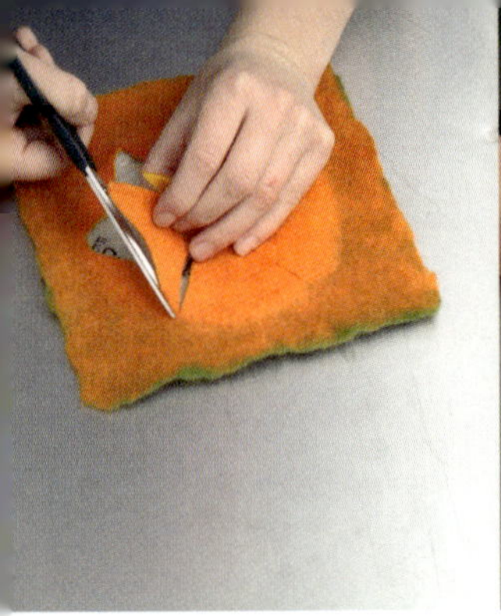

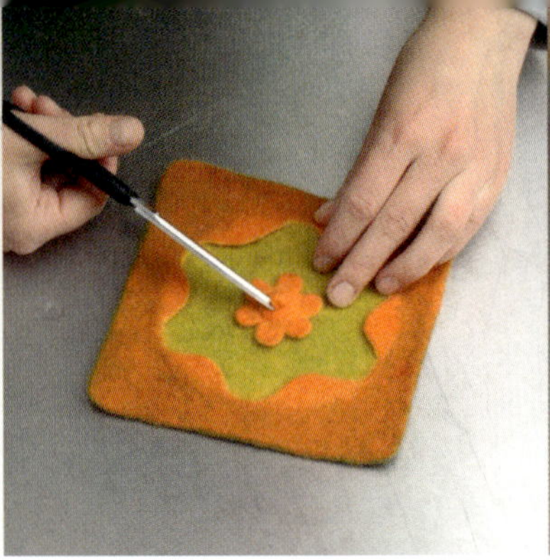

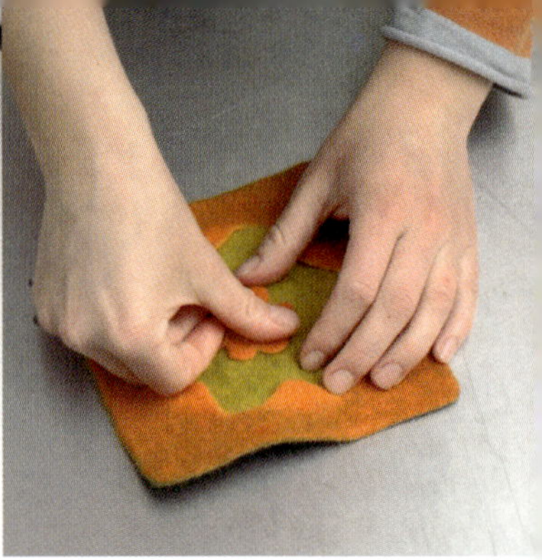

Für das letzte Beispiel wird in die Mitte der Schablone unter die drei Deckschichten ein Glasstein gelegt. Rings um den Glasstein muss besonders sorgfältig angefilzt werden, damit er beim Walken nicht wegrutscht. Rings um die Mitte wird die Blütenform ausgeschnitten und der verbleibende Rand in sechs gleiche Abschnitte geteilt, die bogenförmig geschnitten werden. Zuletzt kommt in die Mitte des eingefilzten Glassteins ein kleines Loch, das dann beim Überfilzen mit den Fingern etwas größer wird. (Schneidet man das Loch zu groß, fällt der Glasstein schnell heraus.)

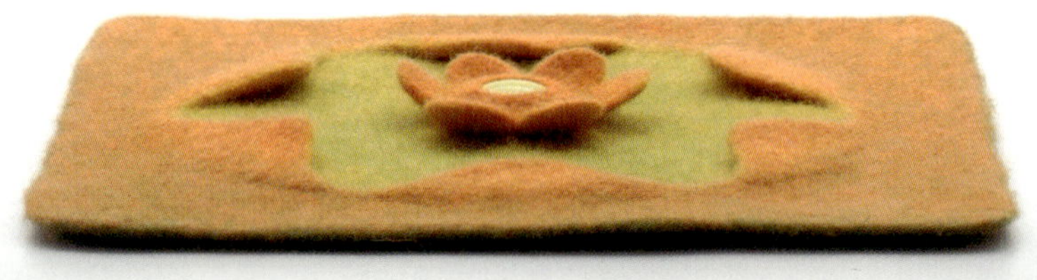

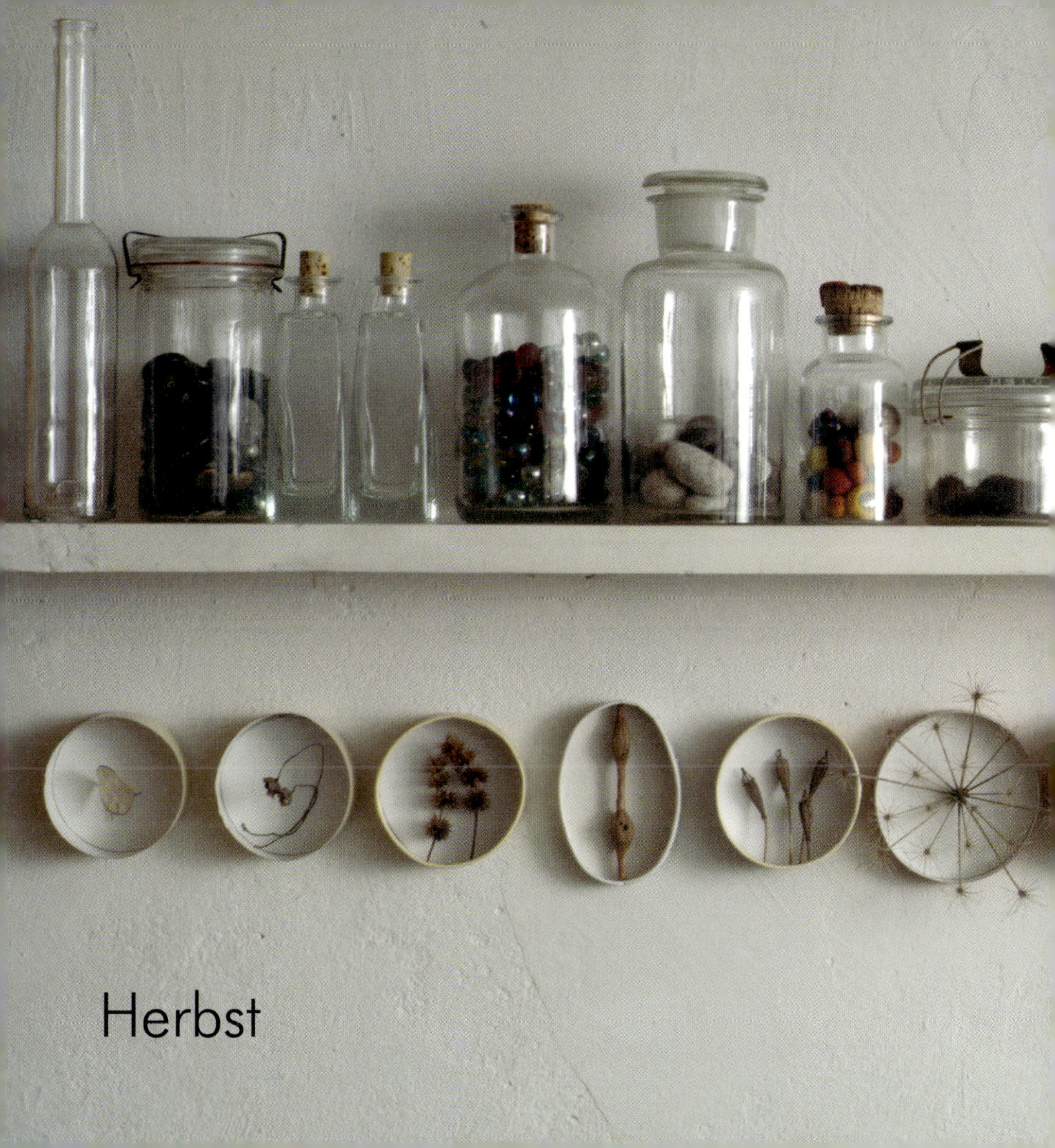

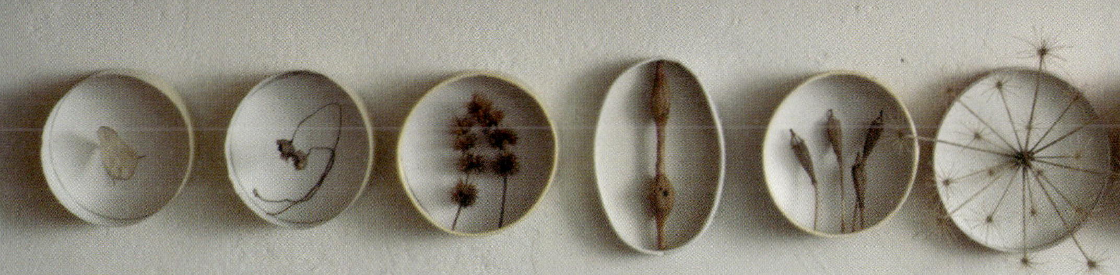

Herbst

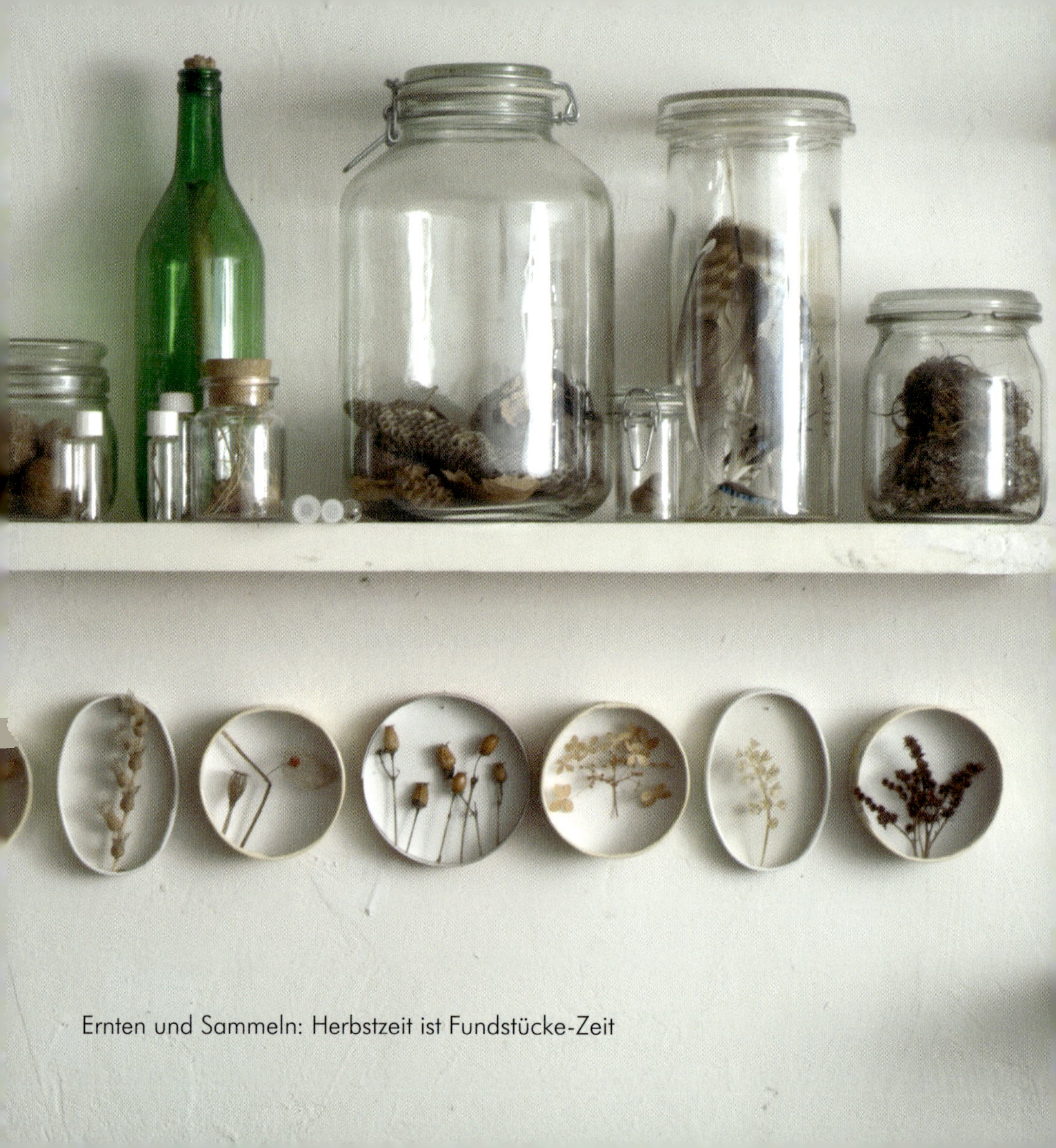

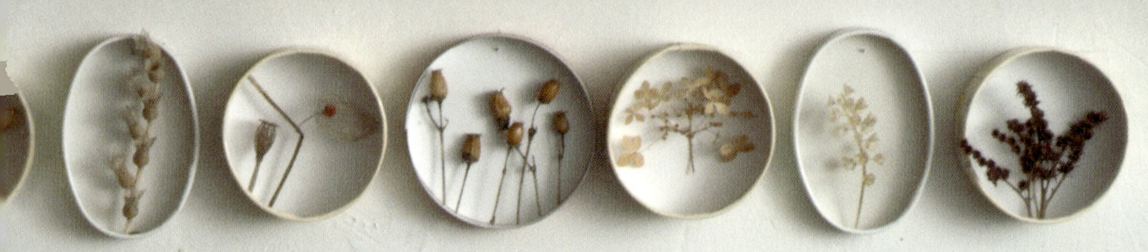

Ernten und Sammeln: Herbstzeit ist Fundstücke-Zeit

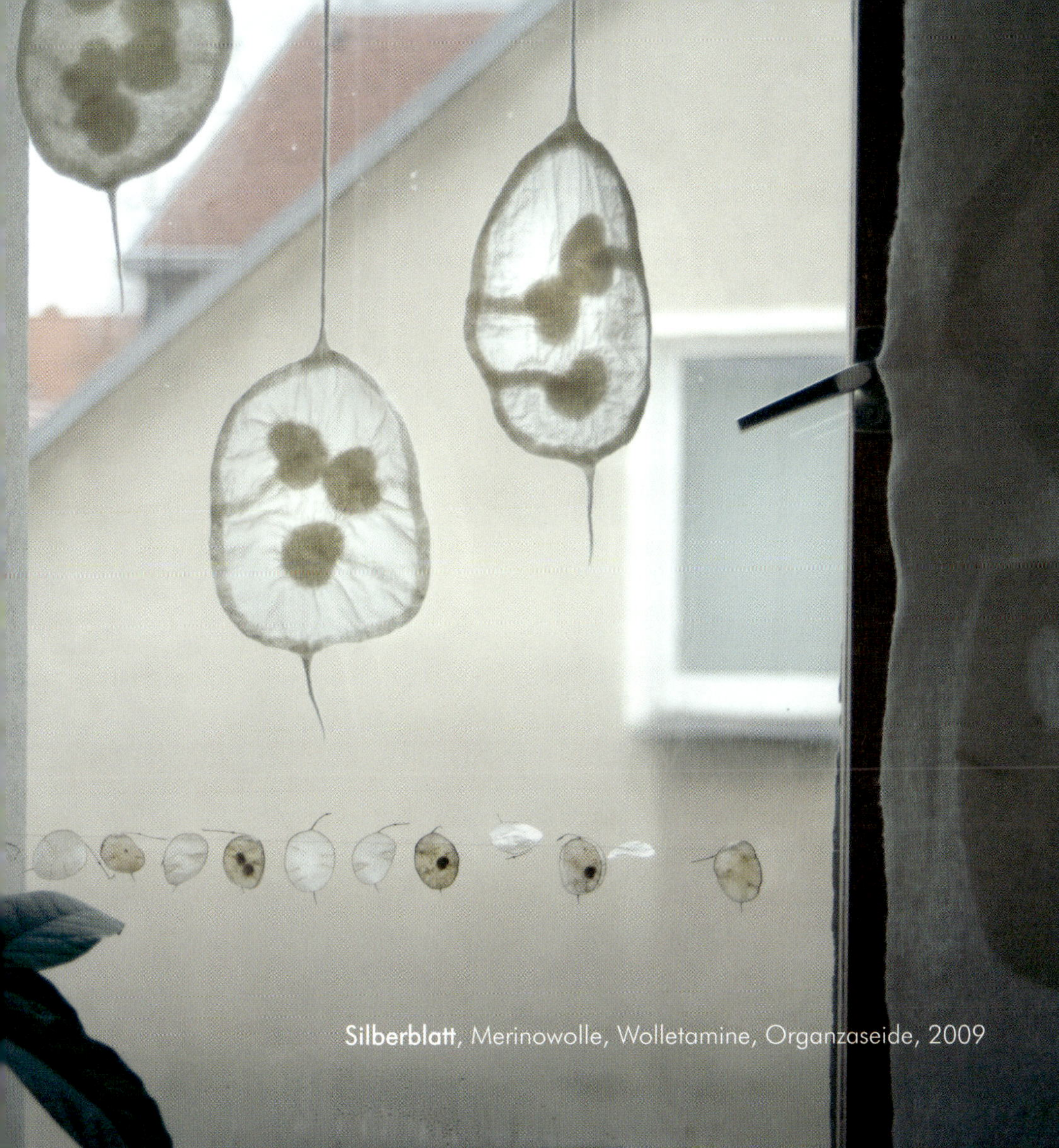

Silberblatt, Merinowolle, Wolletamine, Organzaseide, 2009

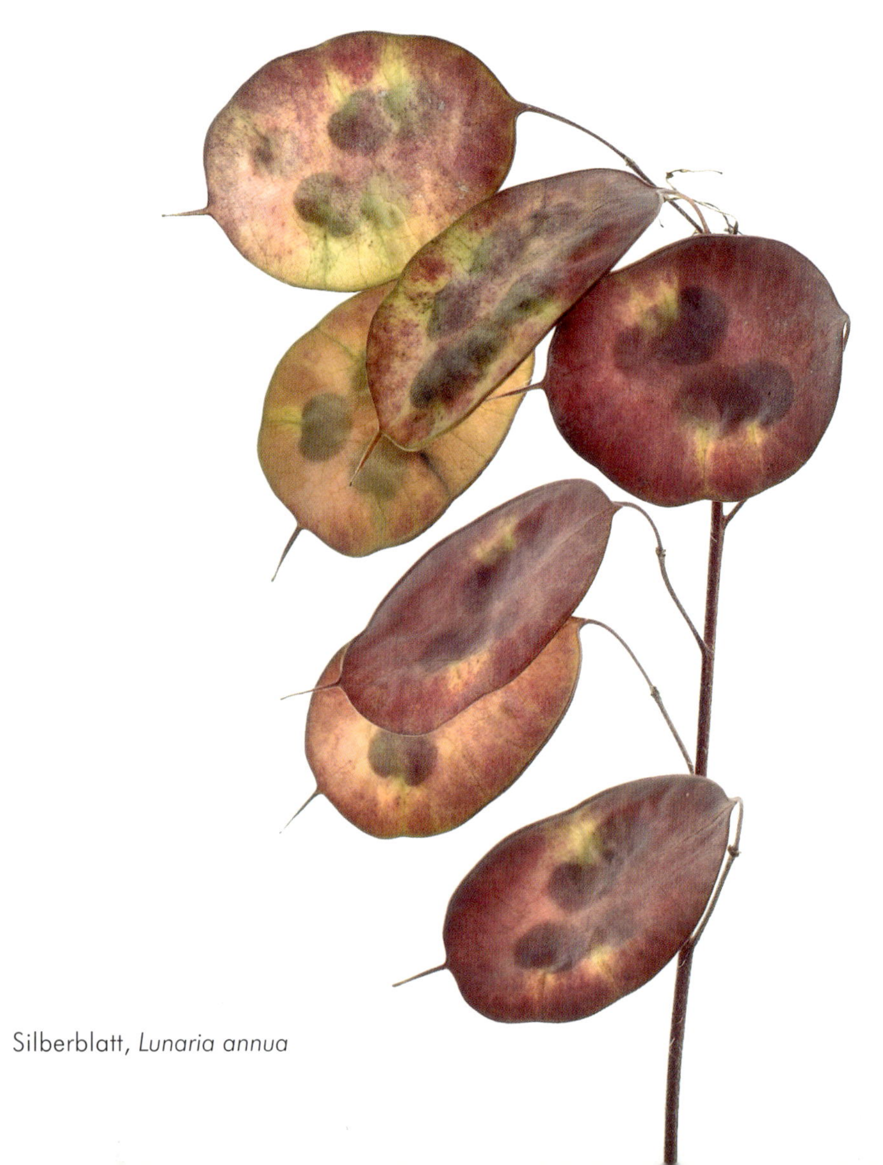

Silberblatt, *Lunaria annua*

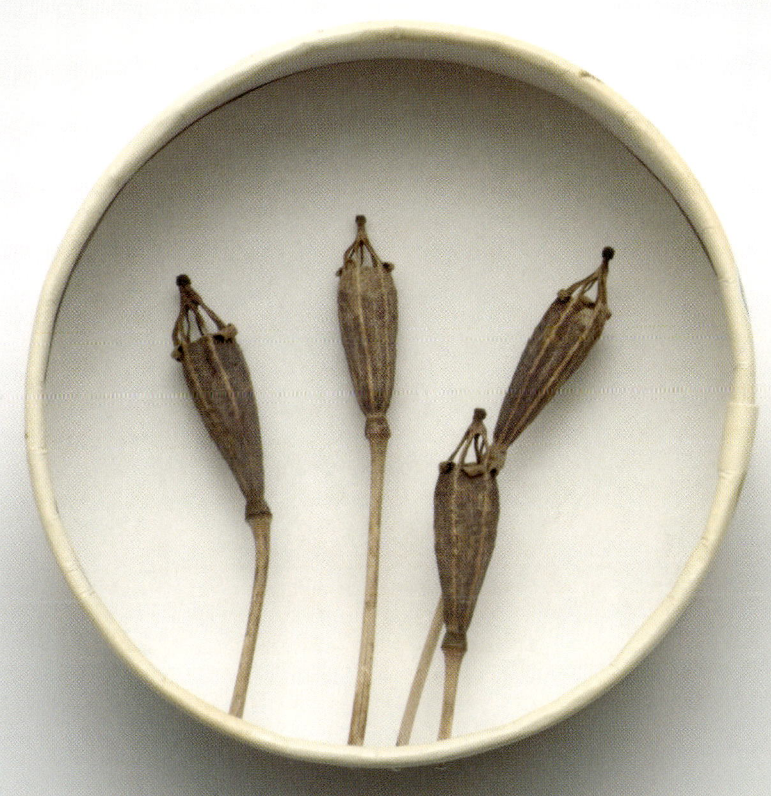

Waldscheinmohn, *Meconopsis cambrica*

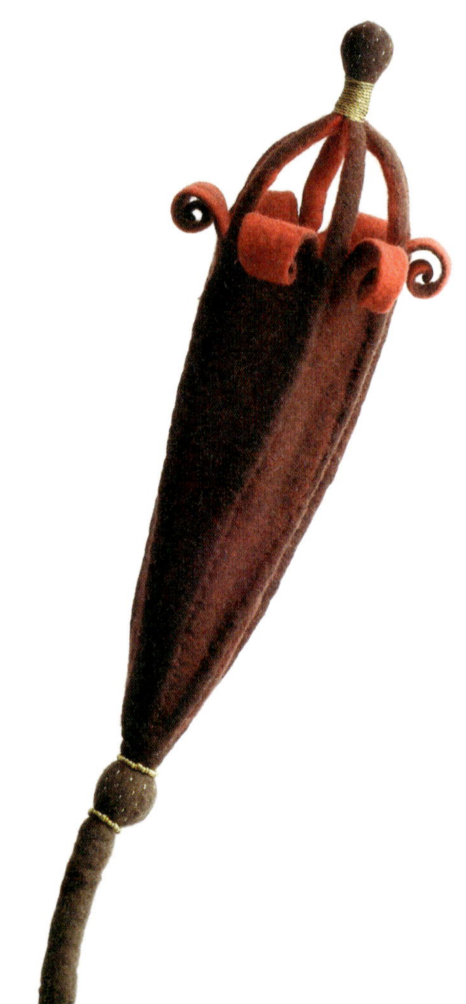

Waldscheinmohn
Merinowolle
Goldkordel
Glasperlen
Stickseide
2009

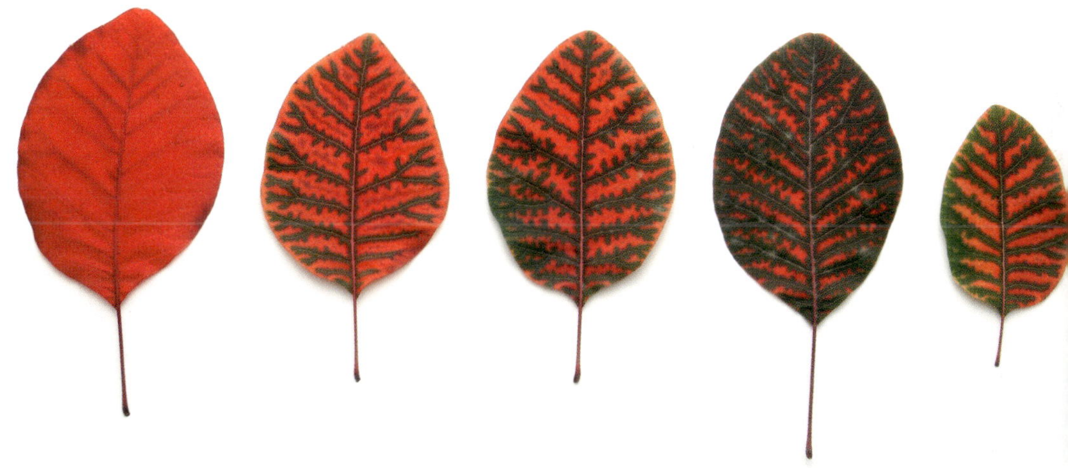

Perückenstrauch, *Cotinus coggygria*

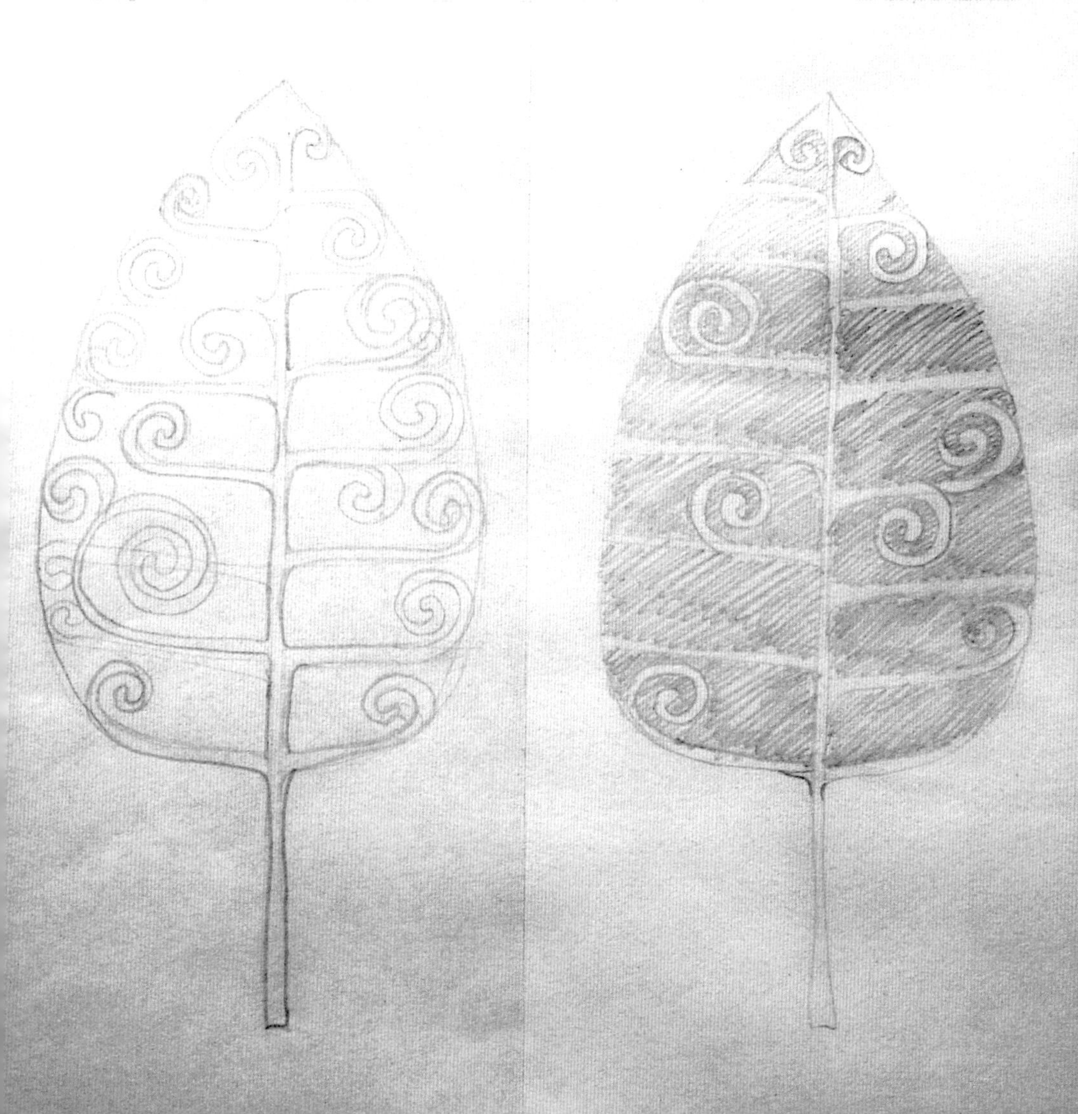

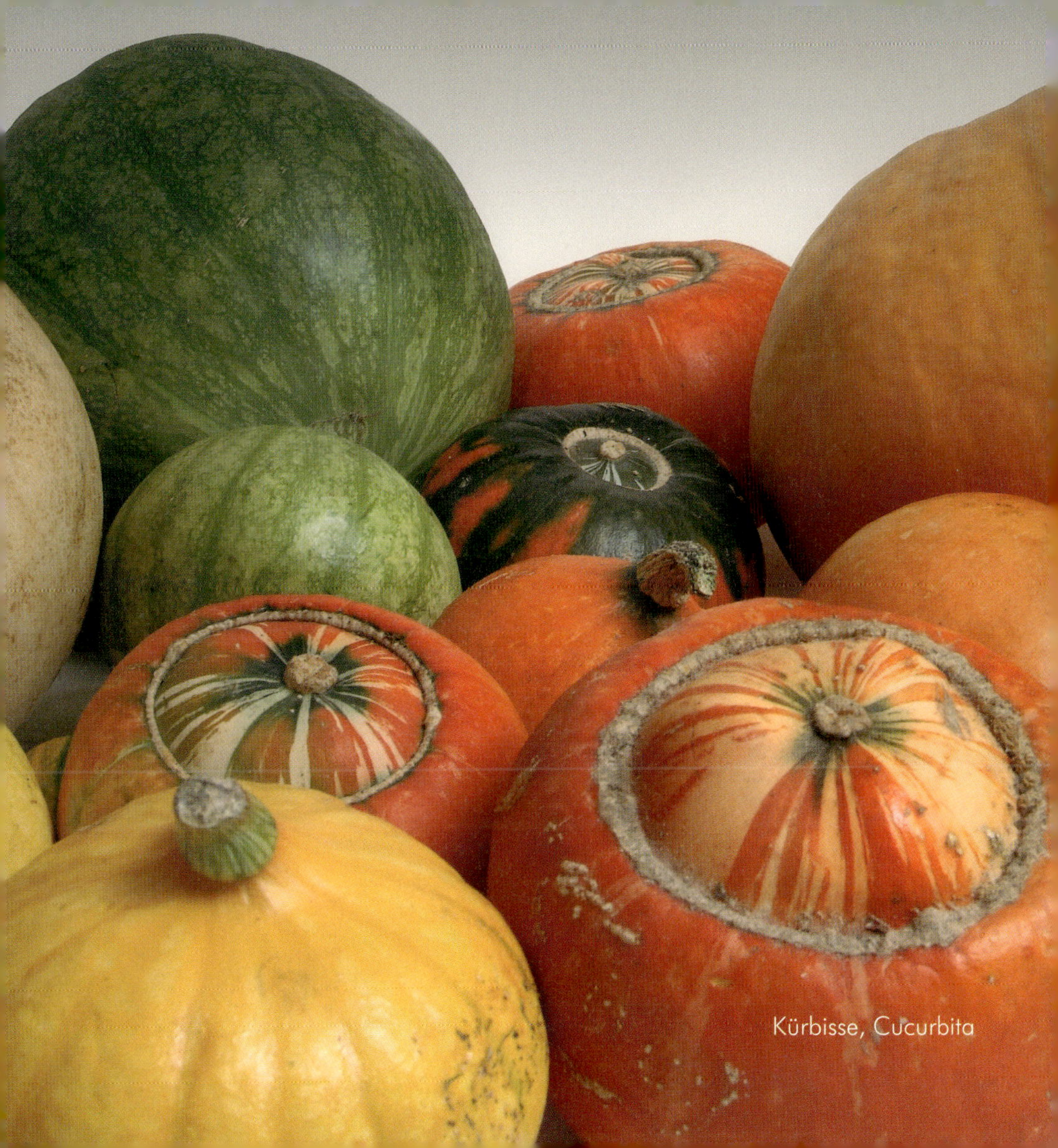

Kürbisse, Cucurbita

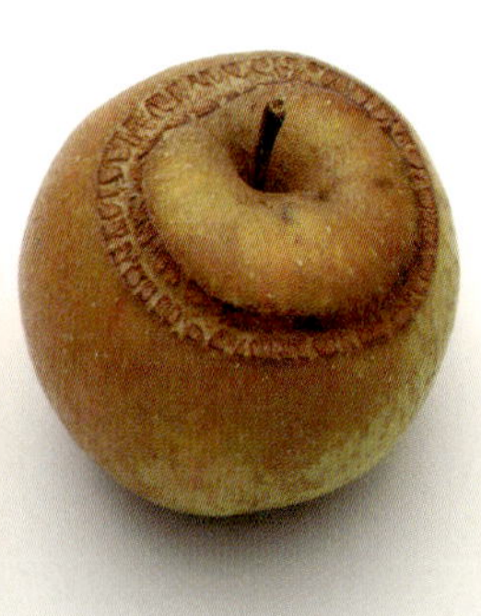

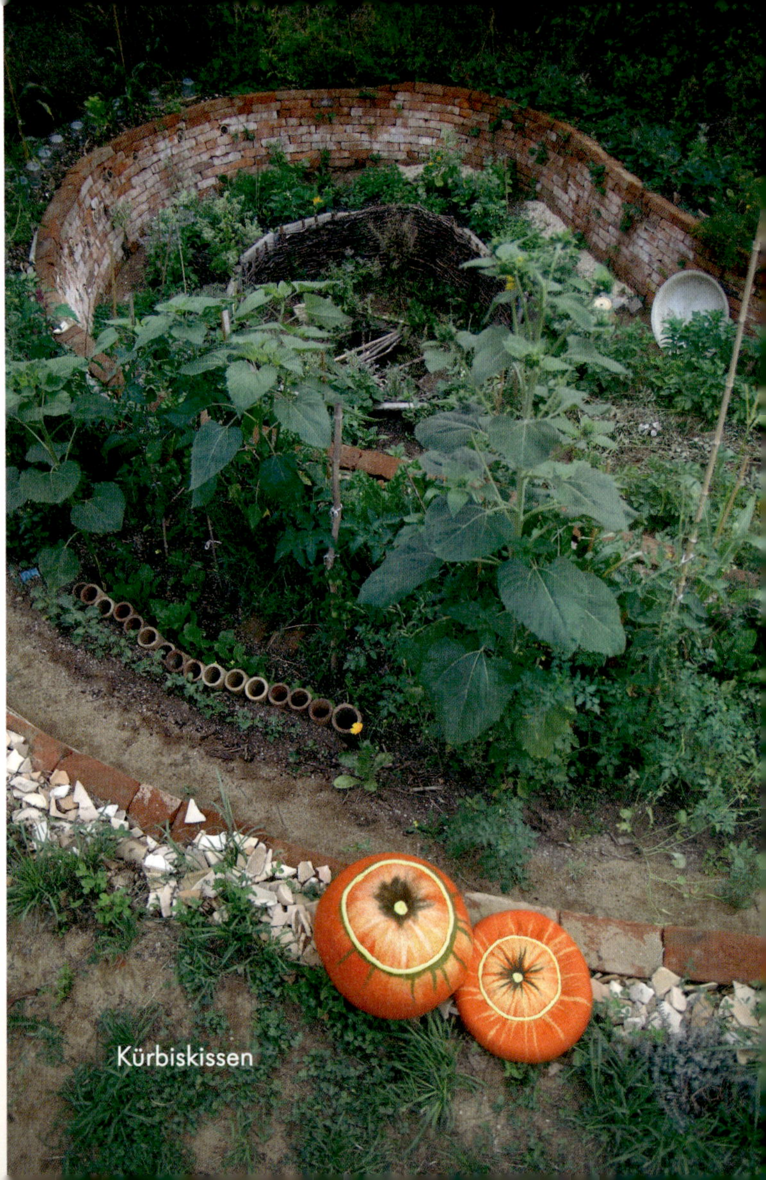

Kürbiskissen

Übung für Geduldige: Schneckenhäuser

Mit den Schnecken hatte ich es schon immer. Nach einer Anekdote soll ich sie als Zweijährige sogar roh gegessen haben, um festzustellen: „die Schnecken schmekken nicht …" Ich sammelte sie im Garten ein und ließ die Tierchen auf großen Steinen herumkriechen: „die Schnecken gehen in der Sächsischen Schweiz wandern." Manche mussten auch in Sandförmchen in einer Pfütze Boot fahren.
Frau Sammler, von der wir unser Haus gekauft hatten und die dann noch einige Jahre im Obergeschoss wohnte, bevor sie ins Stift zog, zertrat jede Schnirkelschnecke, die ihr im Garten über den Weg kroch. Ich schockte sie mit der Bitte, die Schnecken doch ganz zu lassen, Vati würde sie für mich kochen. Tatsächlich hat mein Vater mir einmal einen ganzen Topf voll ausgekocht (es stank fürchterlich in der Werkstatt), aus denen ich mir dann schöne Ketten fädelte.
Die großen Weinbergschnecken bekamen sogar einen Namen, der mit Filzstift auf das Schneckenhaus geschrieben wurde: „ich hab Otto im Steingarten gefunden!"
In diesem nassen Frühjahr, als ich mich zum ersten Mal mit den Nacktschnecken um meine Gemüsepflanzen im Garten streiten musste und jeden Morgen 5.30 Uhr aufstand, um sie abzusammeln und in einen anderen Teil des Gartens umzusiedeln, fiel mir das wieder ein. Gehäuseschnecken haben nämlich weniger Appetit auf frisches Grün und verdrängen die Nackten.

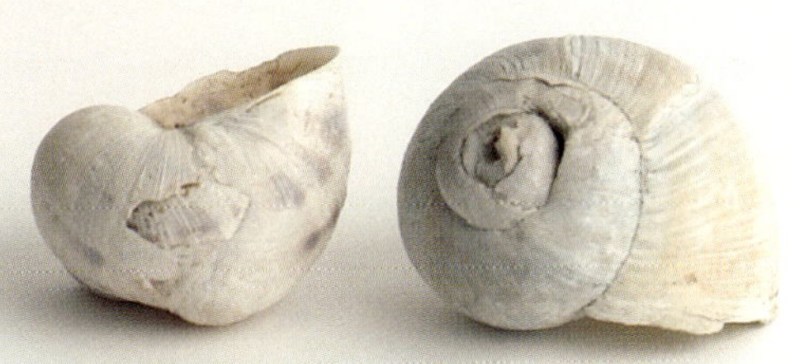

Für einen Filzkurs zum Thema Fundstücke habe ich mir vorgenommen, das Thema Schneckenhäuser noch einmal zu vertiefen. Dabei sind mir die beiden Weinbergschnecken in die Hände gefallen, die zertreten wurden und trotzdem weitergewachsen sind. Es ist den Schnecken gelungen, ihr Haus zu reparieren. Und so ähnlich ist es auch beim Filzen: ich musste öfter ausbessern oder sogar von vorn beginnen. Im Bild unten sind einige Papiermodelle aus meiner Studienzeit.

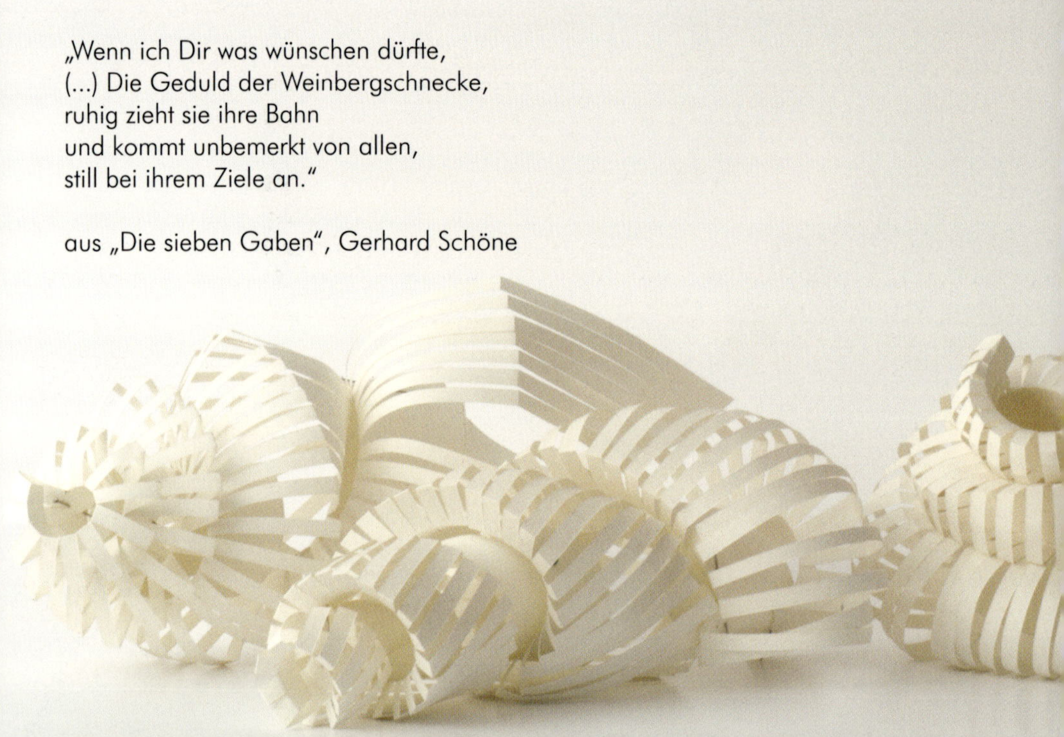

„Wenn ich Dir was wünschen dürfte,
(...) Die Geduld der Weinbergschnecke,
ruhig zieht sie ihre Bahn
und kommt unbemerkt von allen,
still bei ihrem Ziele an."

aus „Die sieben Gaben", Gerhard Schöne

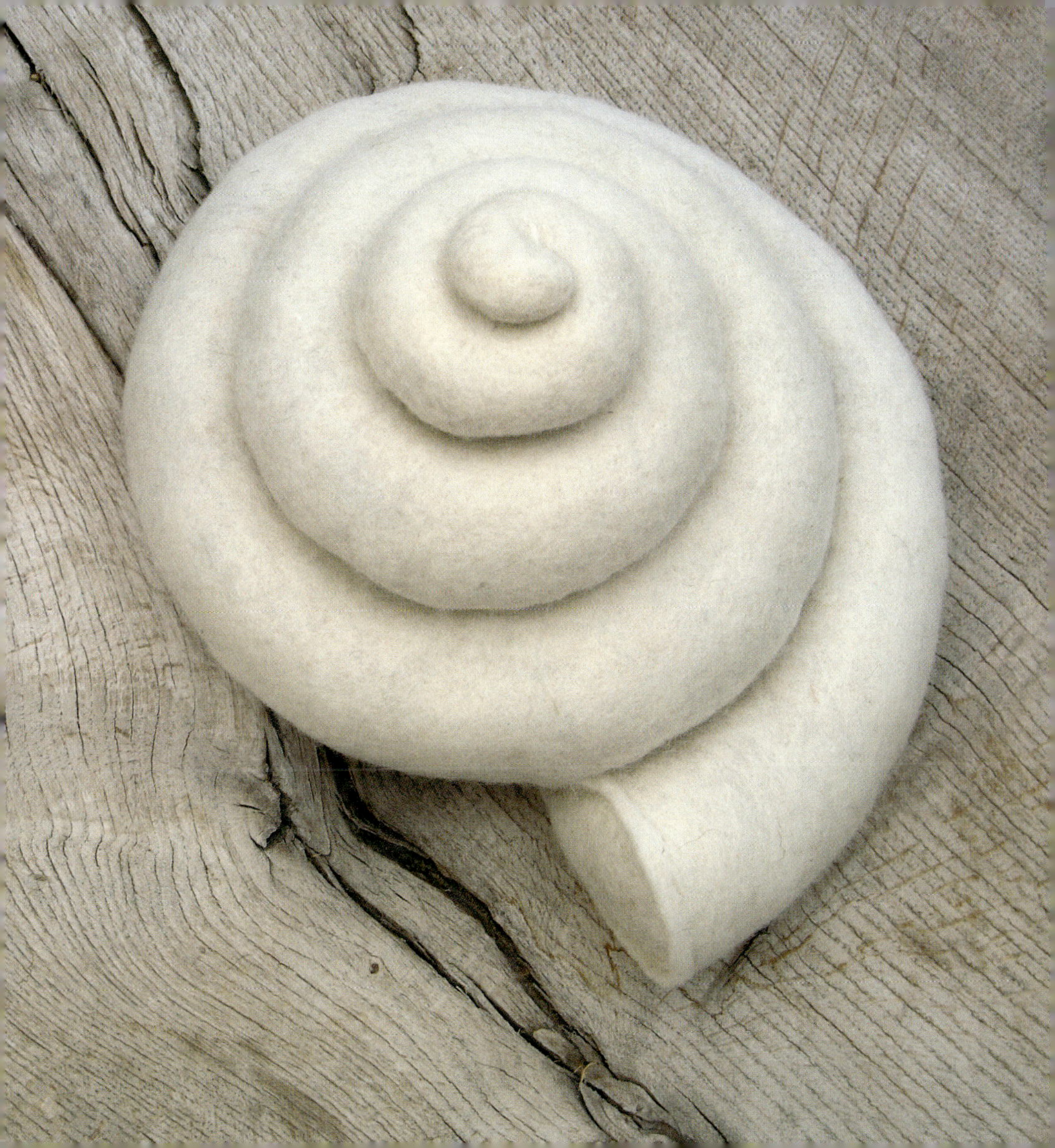

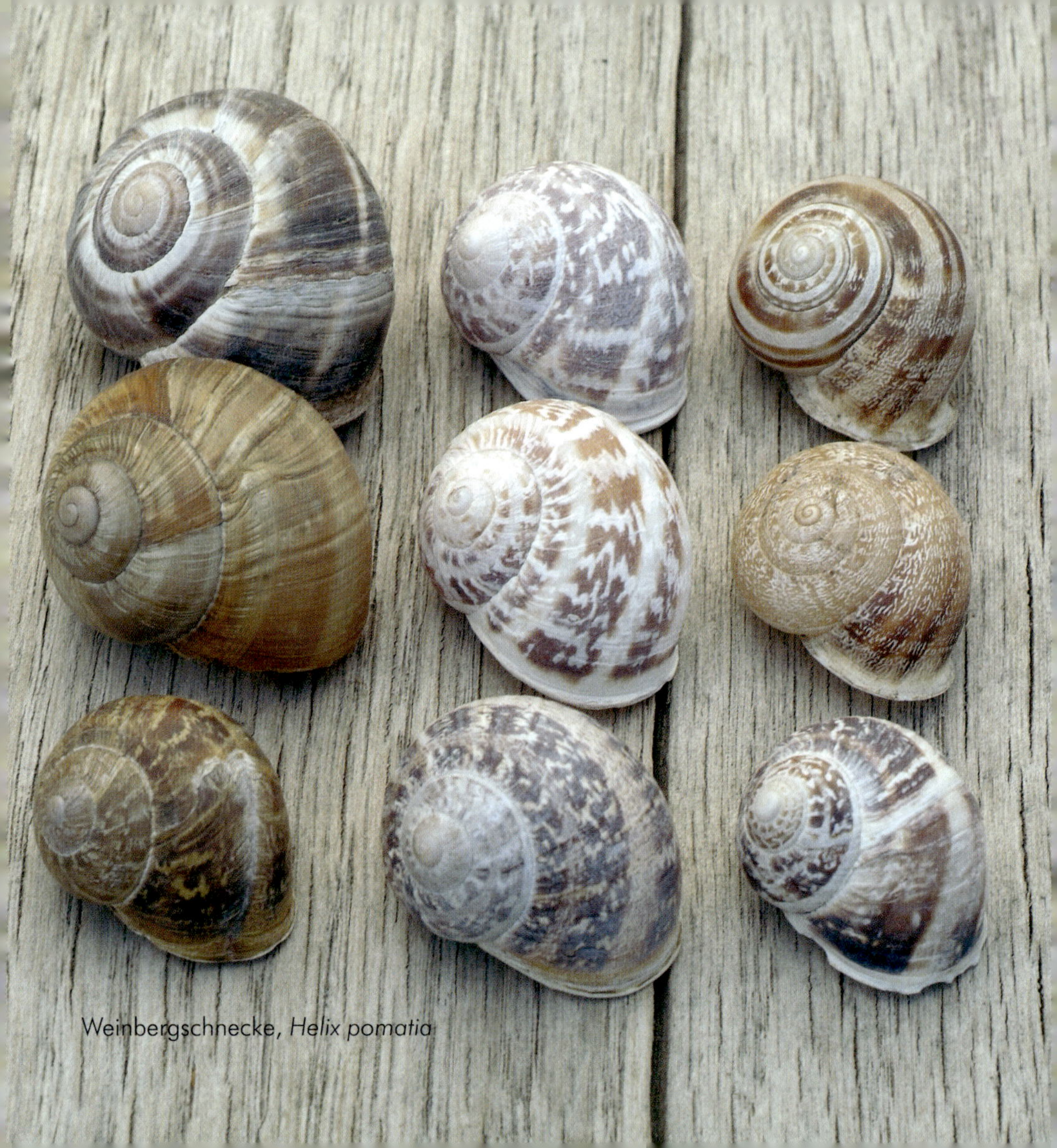

Weinbergschnecke, *Helix pomatia*

In jeder Jeans ein Schneckenhaus

Eines dieser Schneckenhäuser aus meiner Sammlung (im Bild unten links) fand sich in der Hosentasche einer Jeans, die mit einem Westpaket in den 80er Jahren bei uns ankam. Wahrscheinlich ist es bei einer Urlaubsreise da hineingeraten und dann vergessen worden, ich glaubte allerdings, so ist das im Westen, wenn man eine Hose kauft, bekommt man ein schönes Schneckenhaus dazu. An der Ostsee hatte ich bis dahin nur Herzmuscheln gefunden und meine Schneckensammlung bestand hauptsächlich aus Weinberg-, Gartenschnirkel- und Süßwasserschnecken. 1988 kamen dann noch ein paar schöne Stachelschnecken hinzu, als wir zwei Wochen in Sarafovo an der bulgarischen Schwarzmeerküste verbrachten. In den 90er Jahren konnte ich dann auch Strände in Skandinavien, Frankreich und auf den britischen Inseln erkunden. Wie herrlich, ein paar Stunden Zeit zu haben, das Rauschen der Wellen im Ohr, jeden Stein umzudrehen und fündig zu werden, jedes Schneckenhaus ein Stück Glück, um noch einmal Gerhard Schöne zu zitieren:

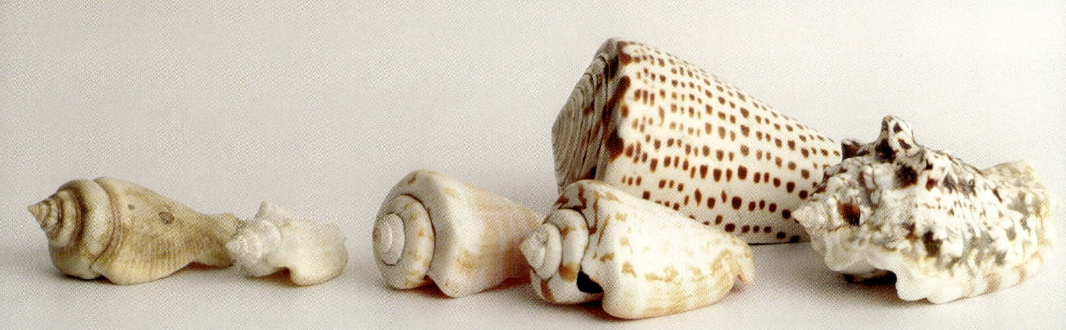

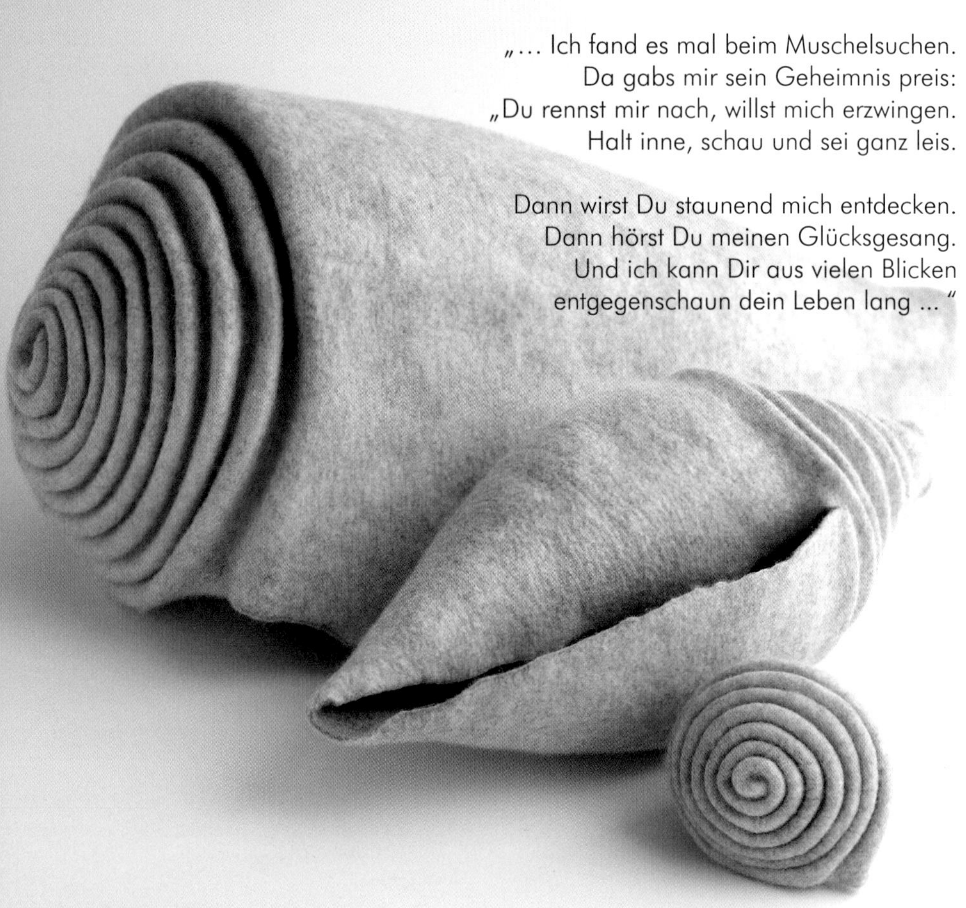

„… Ich fand es mal beim Muschelsuchen.
Da gabs mir sein Geheimnis preis:
„Du rennst mir nach, willst mich erzwingen.
Halt inne, schau und sei ganz leis.

Dann wirst Du staunend mich entdecken.
Dann hörst Du meinen Glücksgesang.
Und ich kann Dir aus vielen Blicken
entgegenschaun dein Leben lang …"

beide Texte von Gerhard Schöne aus:
Die sieben Gaben – Lieder im Märchenmantel, Buschfunk-Vertrieb, Berlin

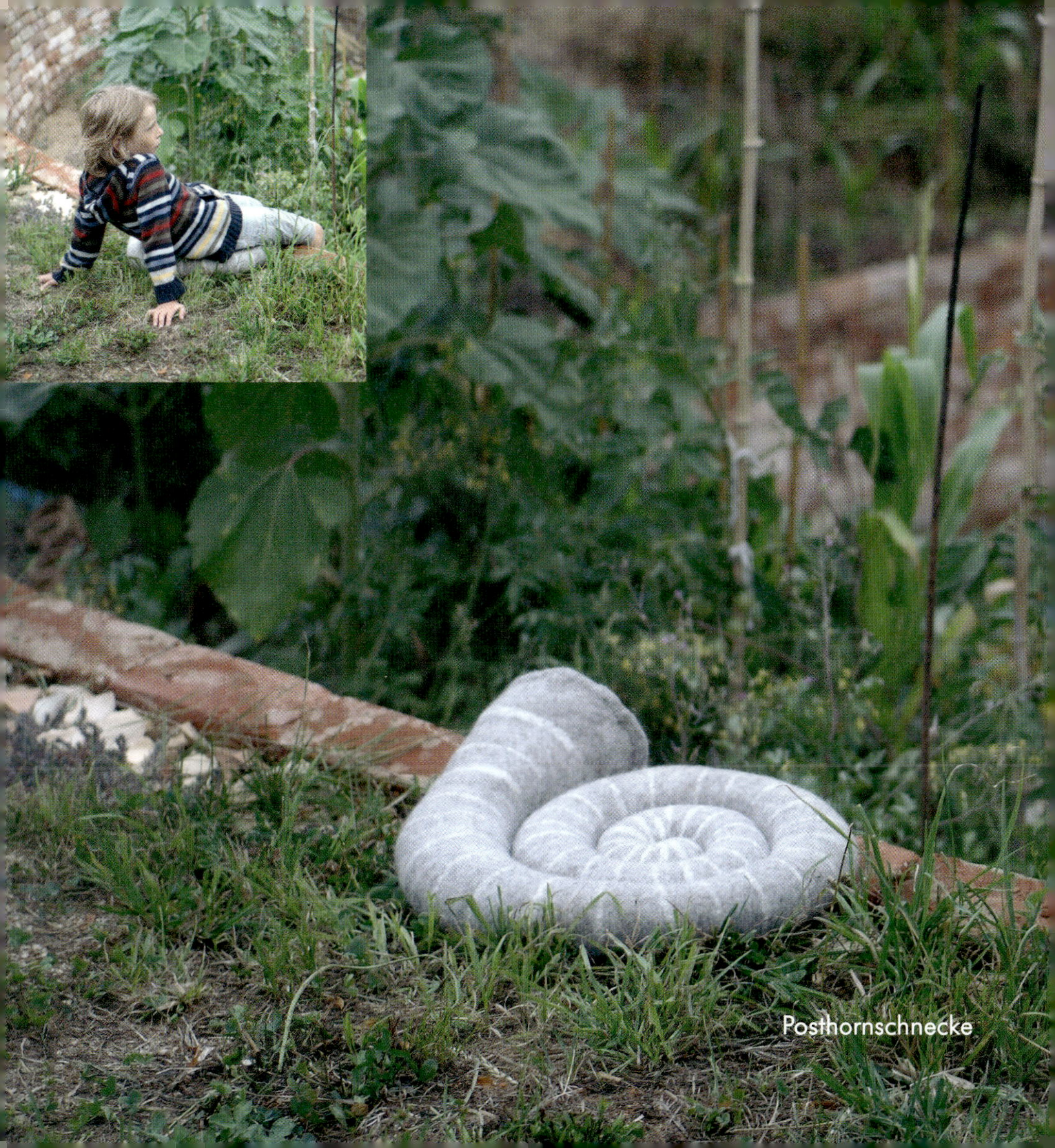

Posthornschnecke

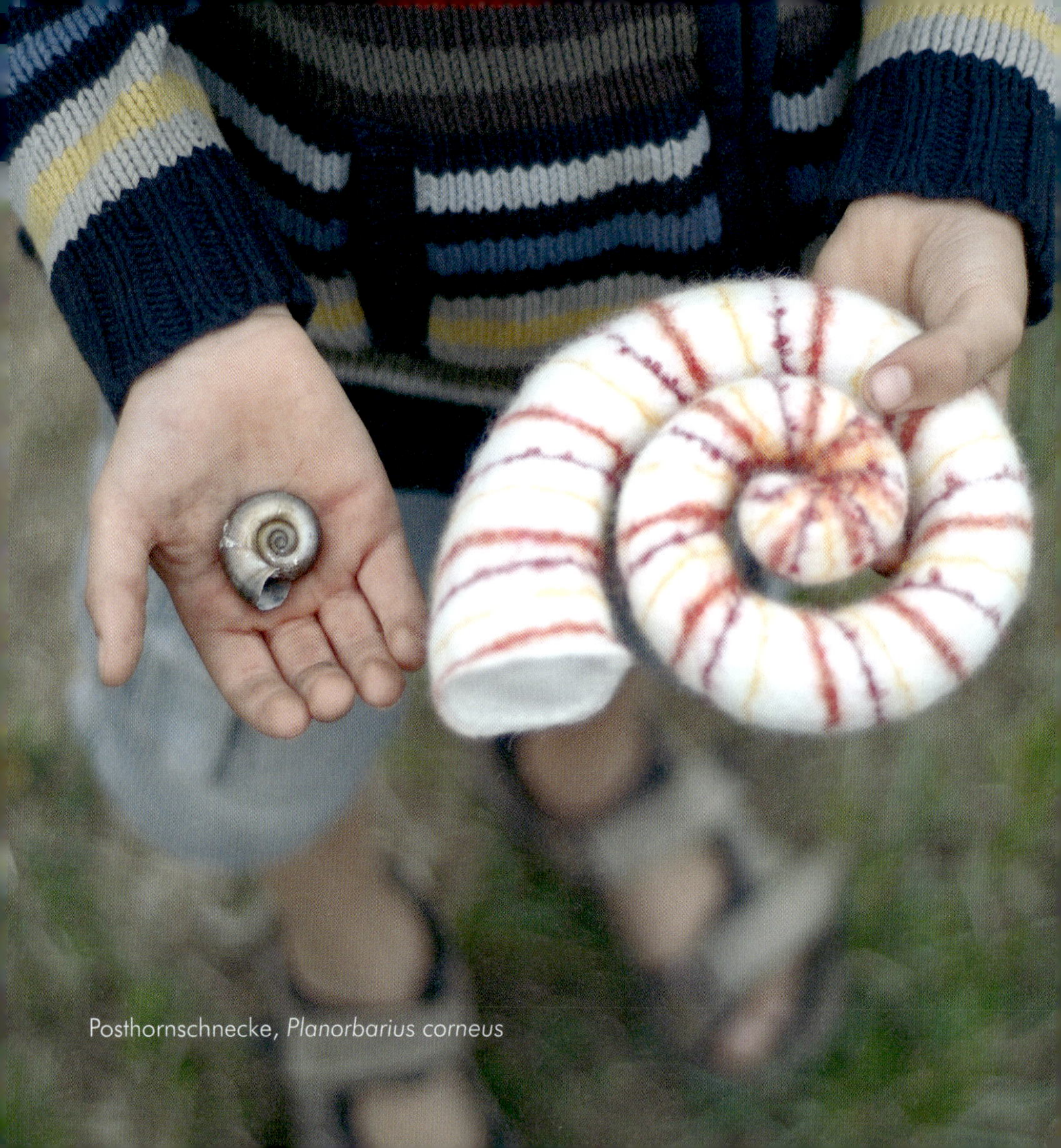

Posthornschnecke, *Planorbarius corneus*

Atelier: Formentwicklung aus einer runden Schablone

Alle acht Objekte sind mit der gleichen kreisförmigen Schablone (Durchmesser: 20 cm) gefilzt.

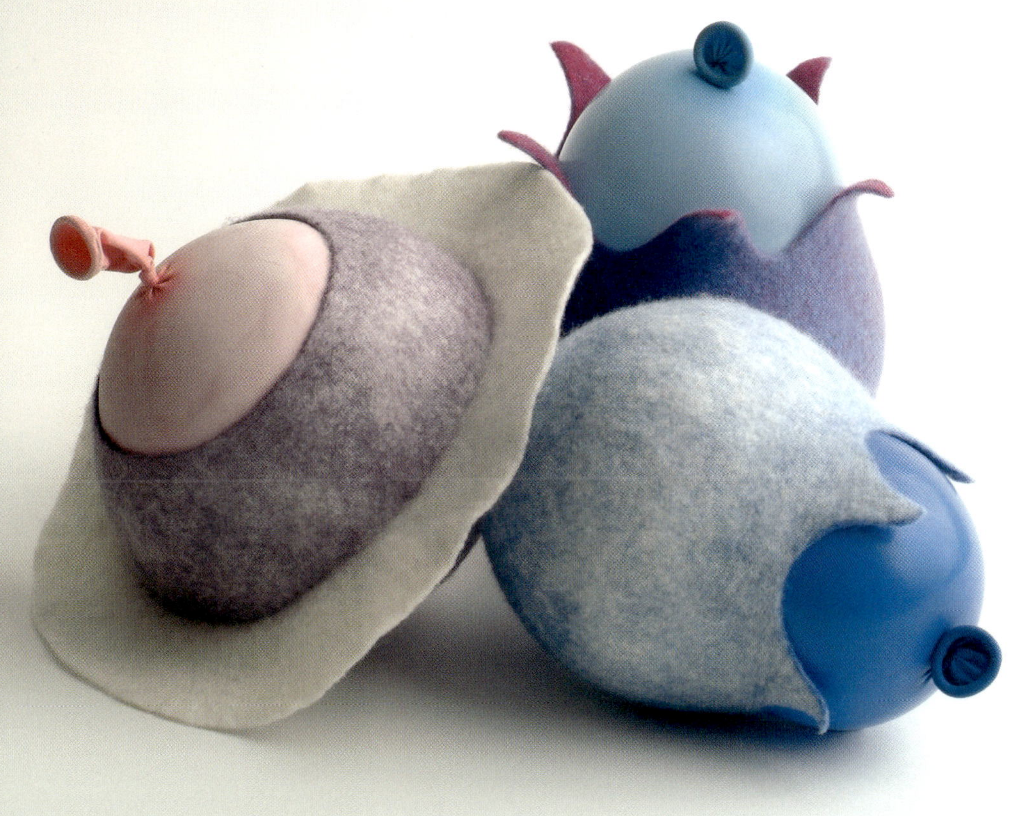

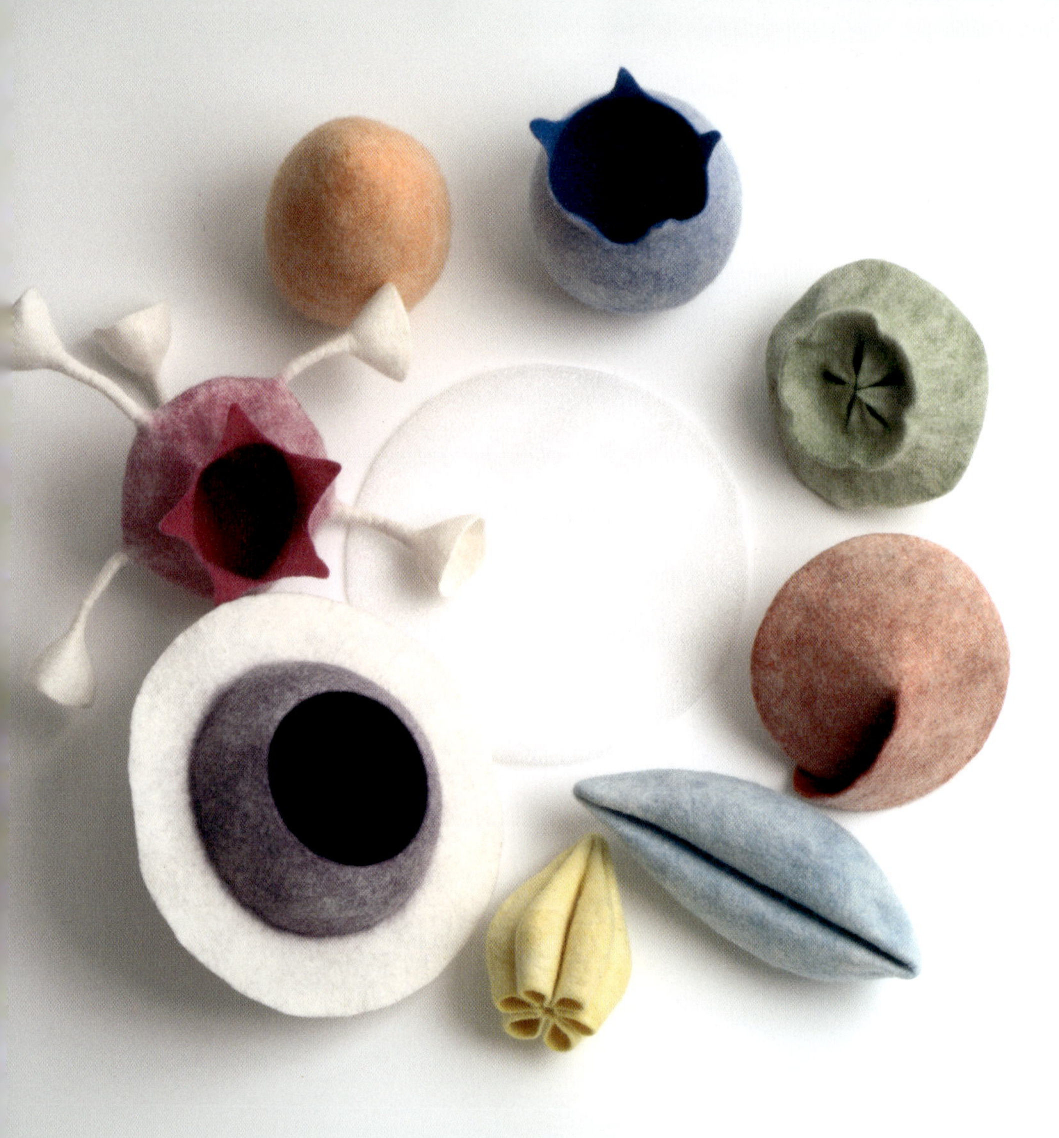

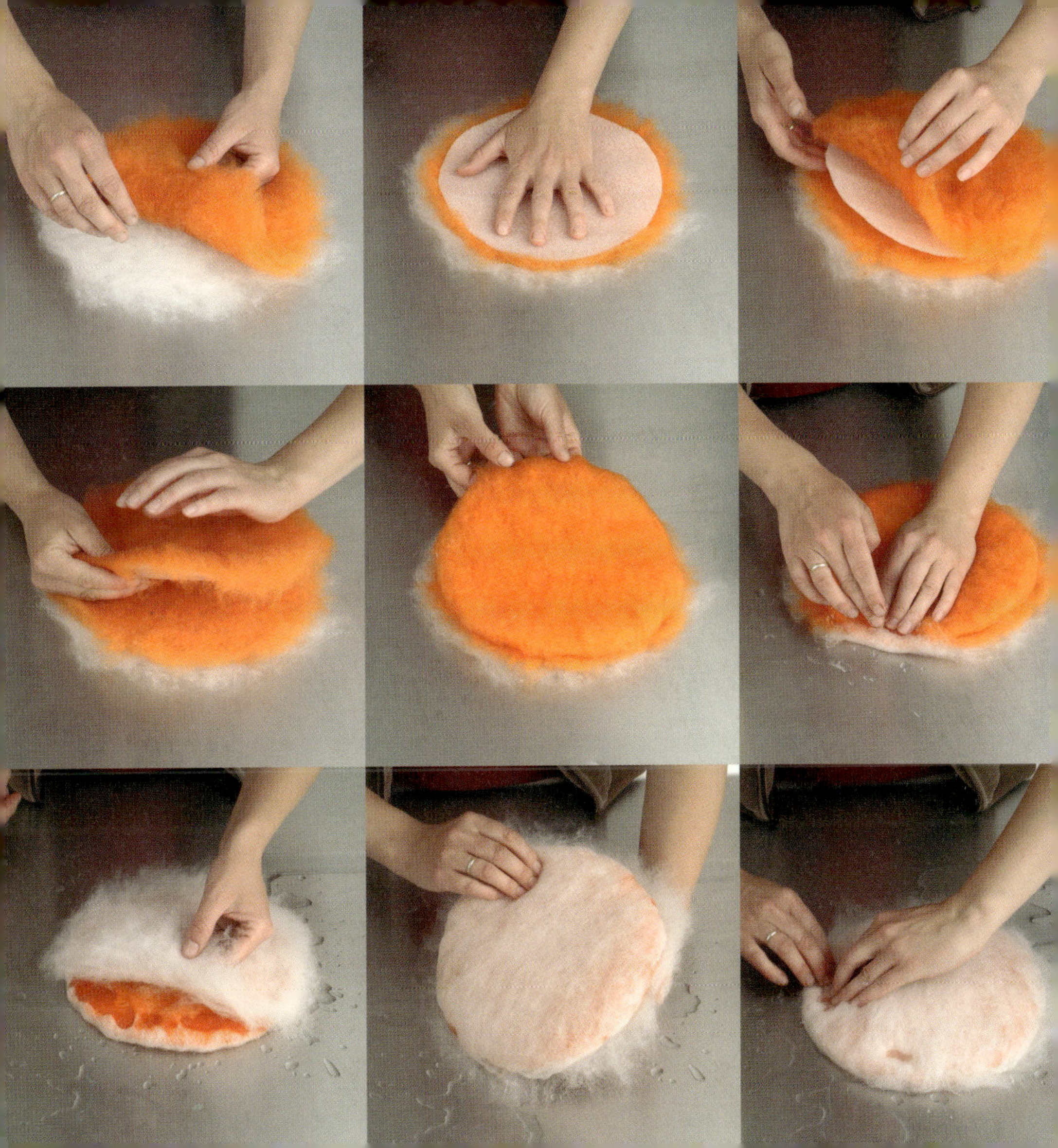

Beispiel Nummer eins: das Ei

Für Beispiel Nummer eins werden jeweils zwei dünne Lagen weiße und orangefarbene Wolle ausgelegt, davon je eine Lage in Größe der Schablone und die zweite etwa 1-2 cm größer. Dann kommt die Schablone darauf und zwei weitere Schichten orangefarbene Wolle. Die überstehenden Ränder der oberen orangefarbenen Schichten werden nun um den Schablonenrand nach unten umgeschlagen. Danach werden die beiden unteren Farbschichten nach oben geschlagen und angefeuchtet, bevor die letzten oberen beiden weißen Wollschichten aufgelegt, das Werkstück gewendet und die überstehenden Ränder wiederum nach oben geschlagen und angefeuchtet werden.

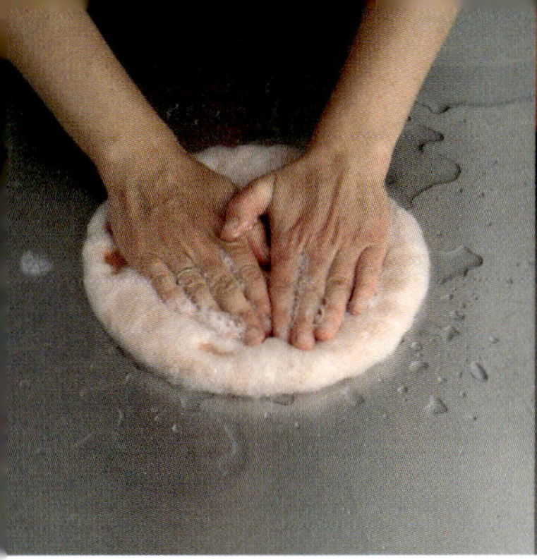

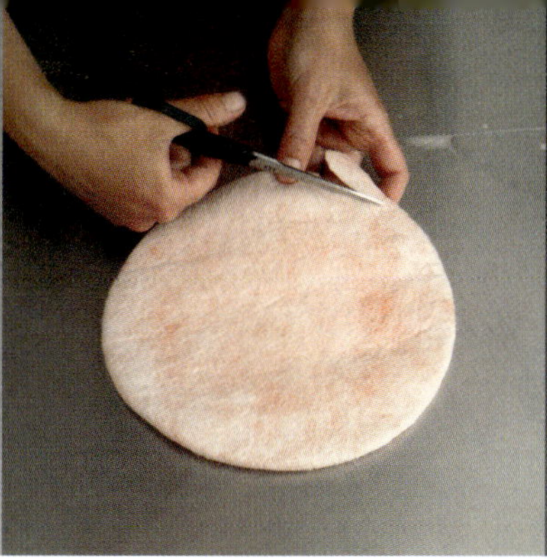

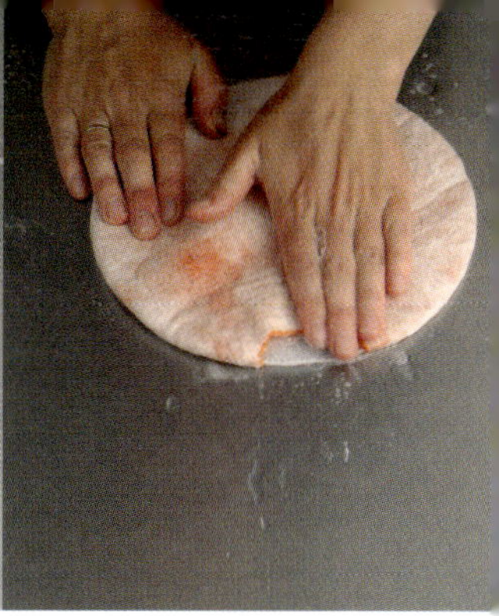

Alles wird vorsichtig von beiden Seiten angefilzt, wobei darauf zu achten ist, dass die Schablone bis zum Rand zwischen den Wollschichten bleibt, damit sich kein Wulst bildet.

Am Schablonenrand wird ein kleines Loch in den Filz geschnitten und die Schnittkante nochmals mit der Hand überfilzt, bevor die Schablone herausgezogen wird. Um die Kanten zu kontrollieren, kann dann vorsichtig umgekrempelt werden.

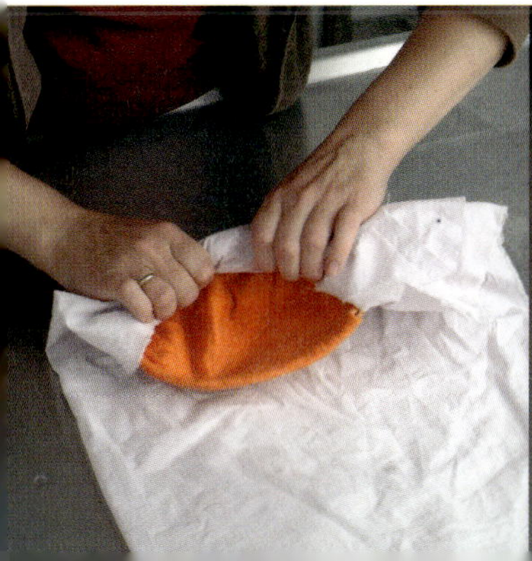

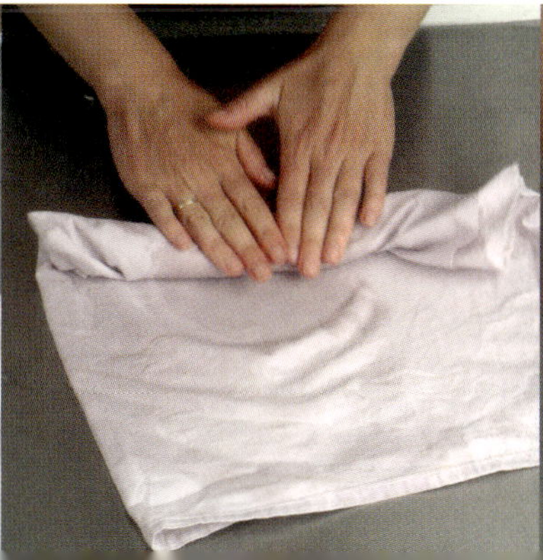

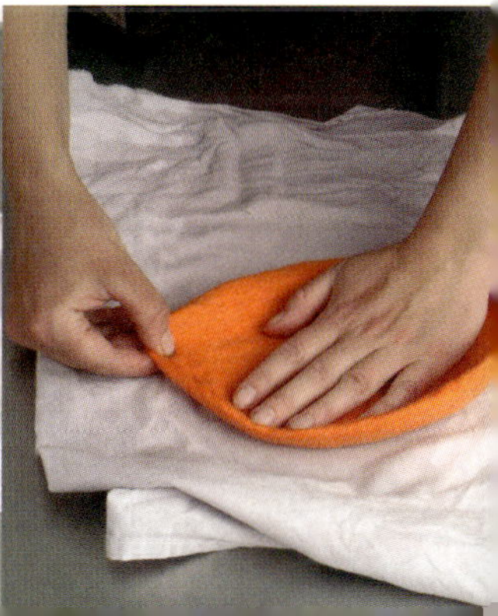

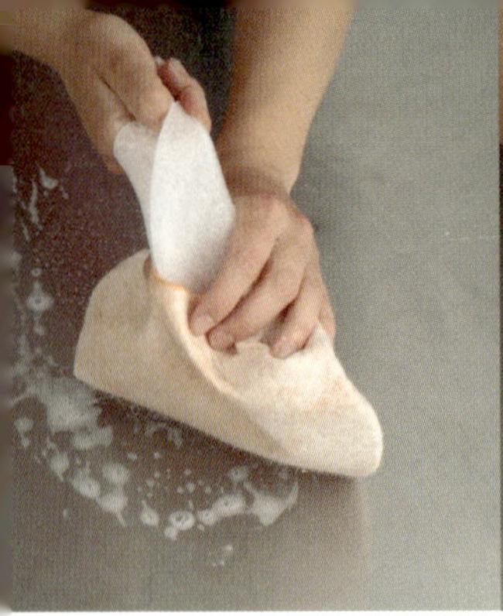

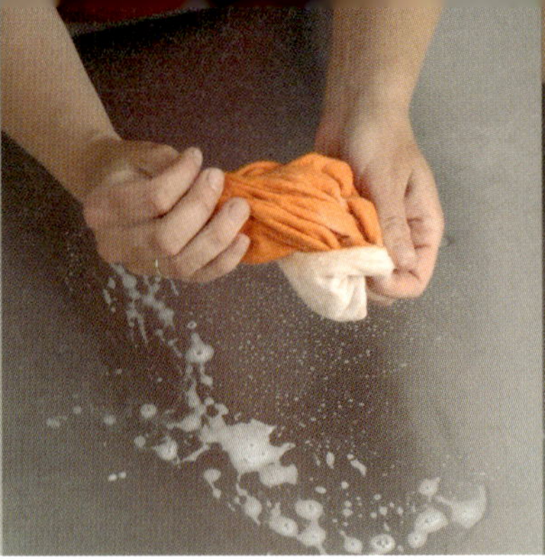

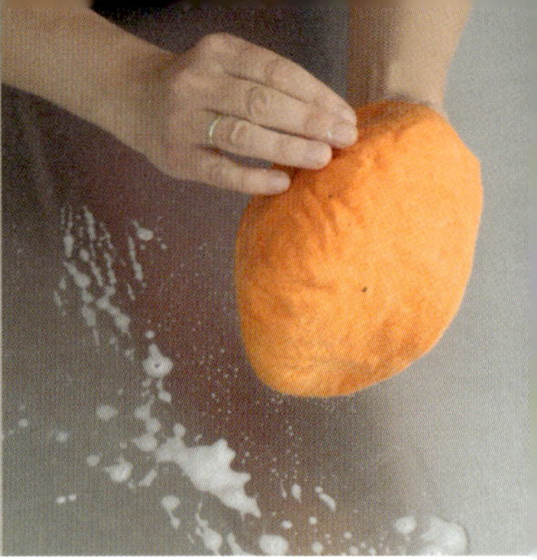

Danach werden diese zwischen den Händen nachgefilzt, dann wird gewalkt, wobei die Öffnung zur Seite zeigt und die Kanten immer ein Stück weiter gedreht werden, damit sie sich nicht als Knick im Filz einprägen. Die Spitze des Eies wird gezogen. Ist der Filz fertig gewalkt, wird erneut umgekrempelt und das Ei in Form gedehnt.

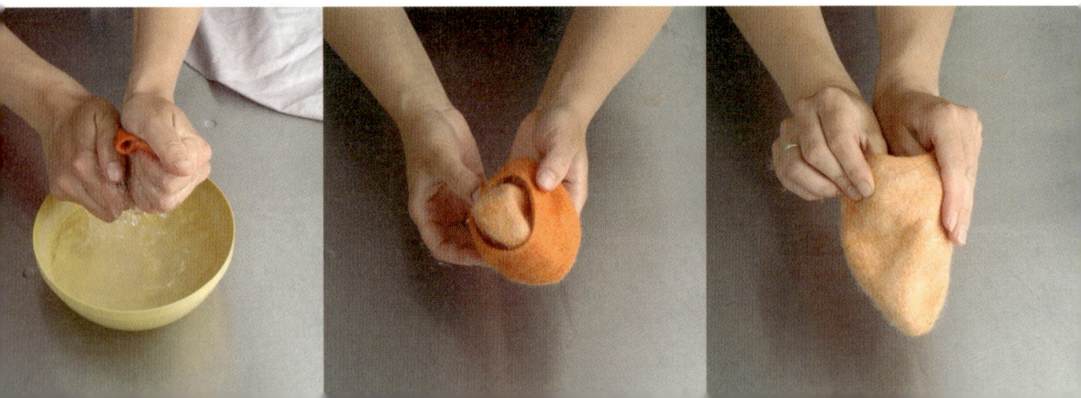

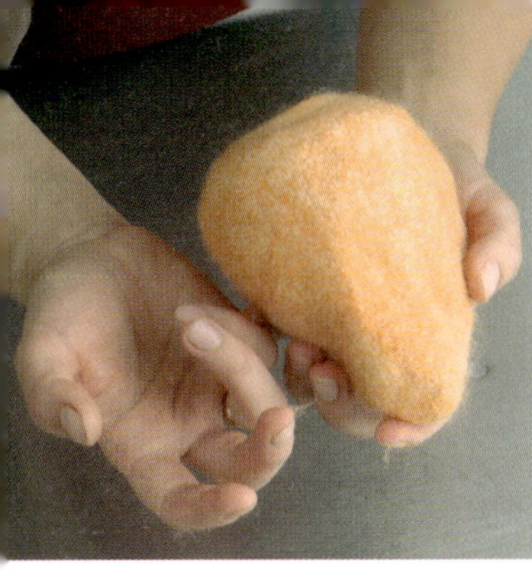

Dazu kann von innen „an den Wänden gekratzt“ werden (Abb. oben). Zur Stabilisierung und Glättung der Form wird zuletzt ein Luftballon hineingeblasen. Dies muss nach dem Ausspülen nochmals wiederholt werden, dabei mit dem Ballon das Ei in Form drücken (Abb. unten mitte).

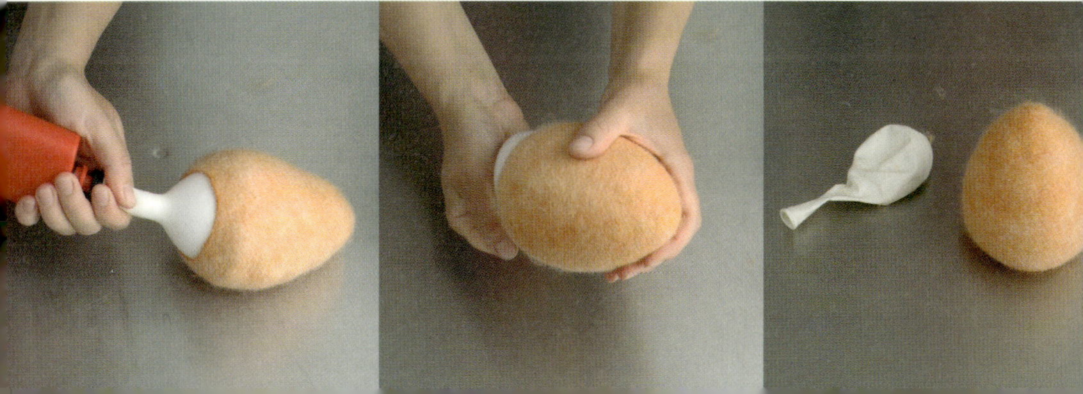

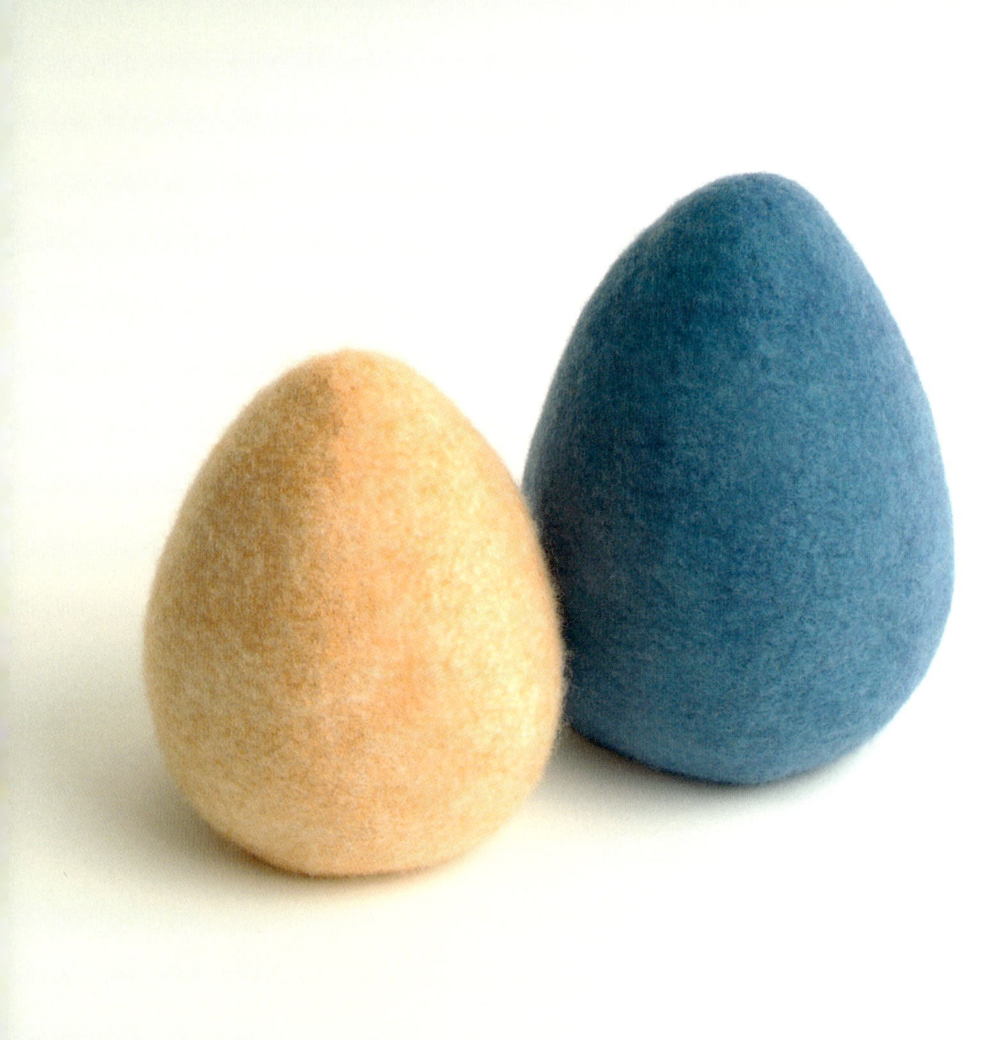

Für Gyöngyvér

Der Name meiner ungarischen Freundin bedeutet Perlengeschwister, wörtlich übersetzt heißt das Wort Perlenblut. Das erinnert mich an das Märchen vom Schneewittchen, wo die Königin durch einen textilen Arbeitsunfall auf die Idee kommt, sich ein Kind zu wünschen, so weiß wie Schnee, so rot wie Blut und so schwarz wie Ebenholz …

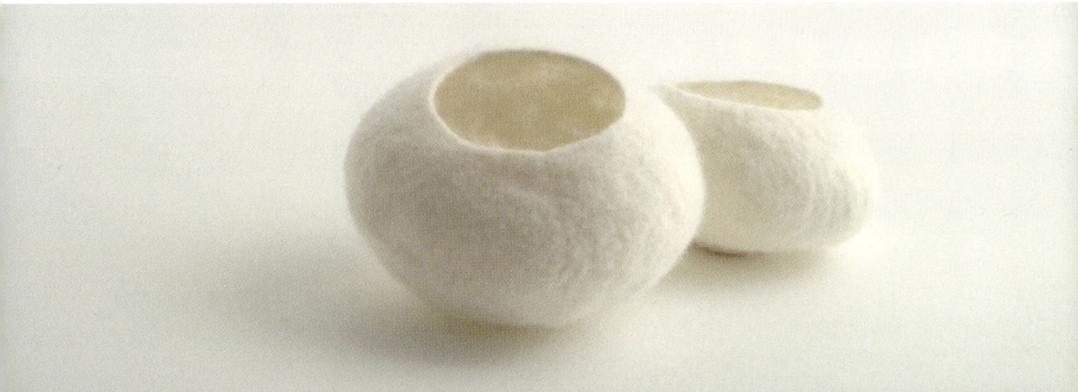

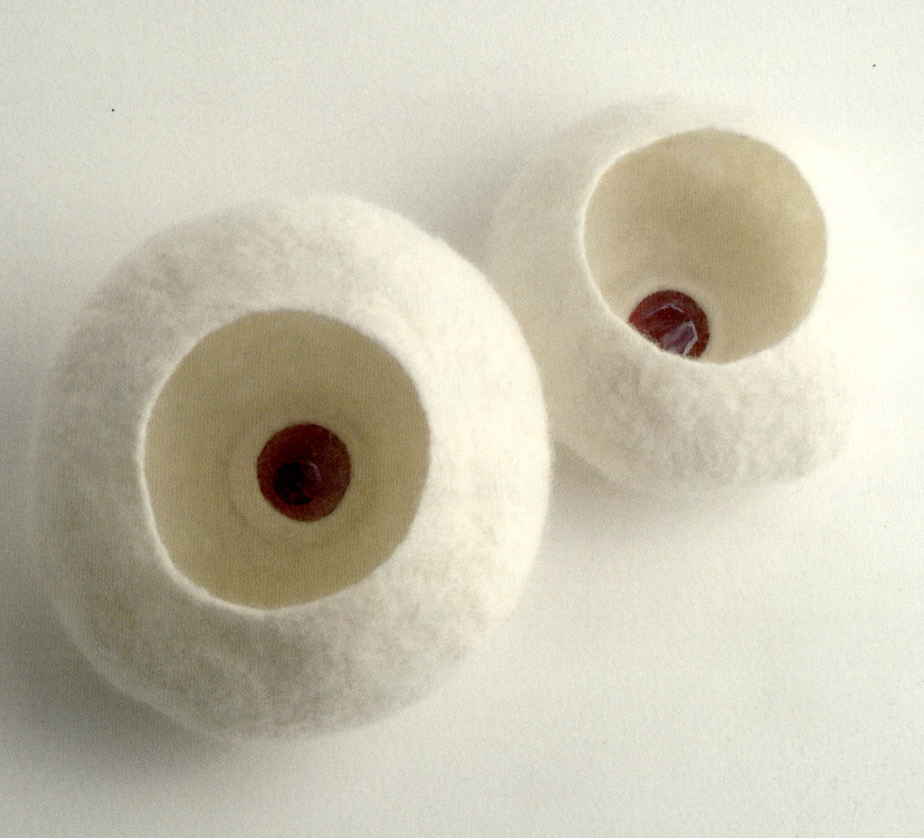

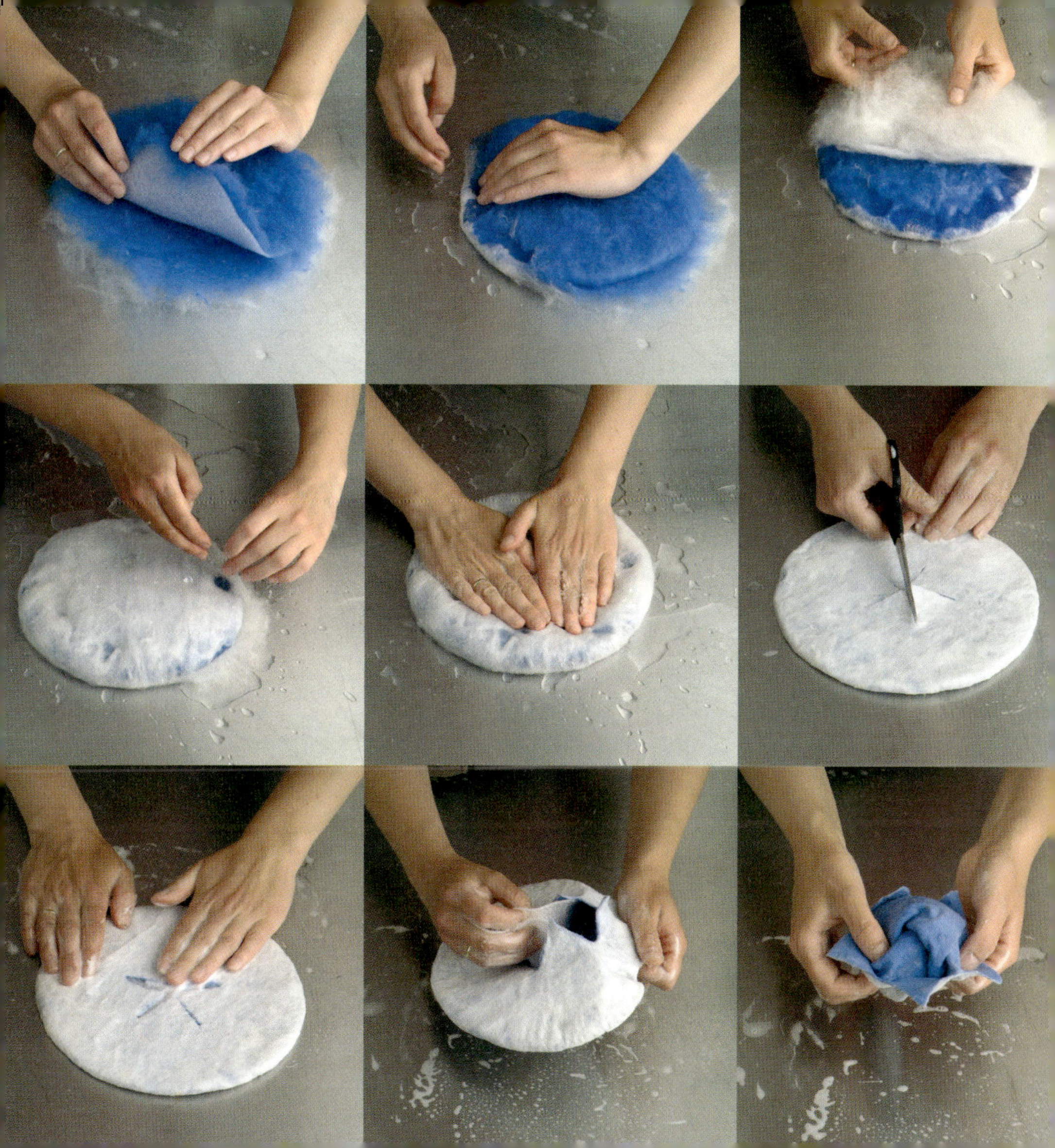

Beispiel Nummer zwei: die Glockenblume

Gearbeitet wird wie bei Nummer eins, hier mit weißer und blauer Wolle. Das von beiden Seiten gut angefilzte Werkstück wird auf einer Seite in der Mitte sternförmig eingeschnitten. Die Schnittkanten werden überfilzt und die Schablone vorsichtig herausgezogen. Nach dem Wenden werden wieder zuerst die Bruchkanten zwischen den Händen nachgefilzt und danach mit der Öffnung zur Seite, sozusagen „um den Äquator" gewalkt. Beim fertigen Objekt kann die Öffnung noch gedehnt werden, indem man die gegenüberliegenden Zipfel vorsichtig auseinanderzieht. Zuletzt wird auch hier zur Stabilisierung der runden Form ein Luftballon hineingeblasen.

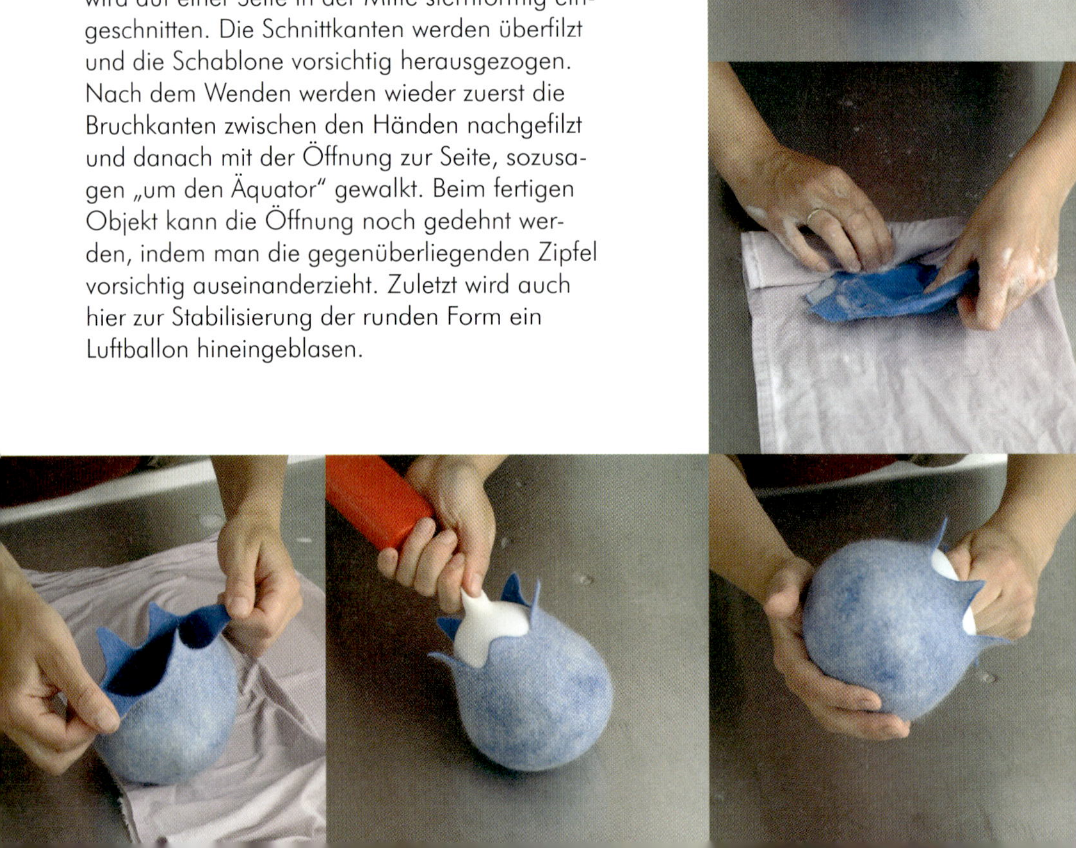

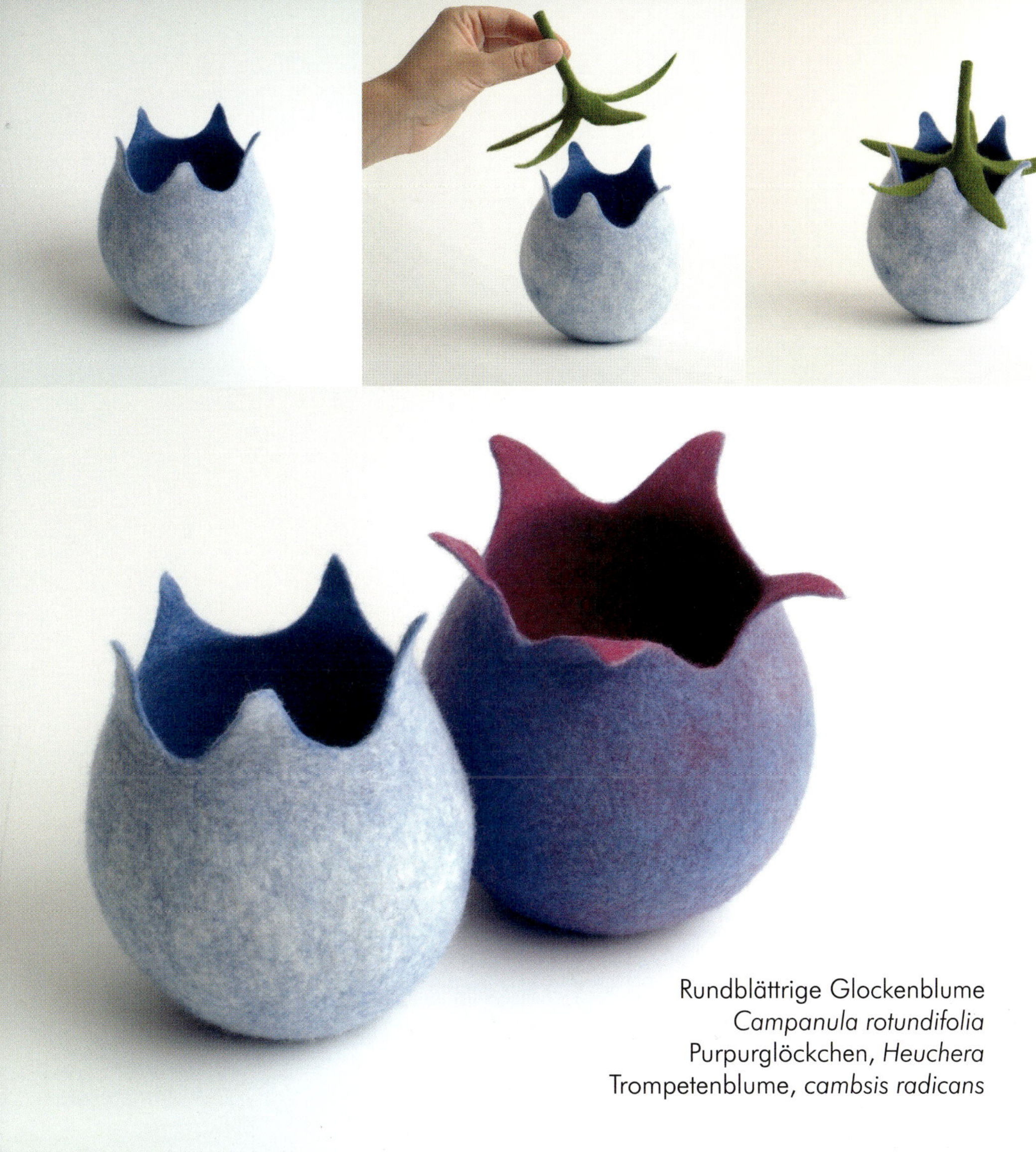

Rundblättrige Glockenblume
Campanula rotundifolia
Purpurglöckchen, *Heuchera*
Trompetenblume, *cambsis radicans*

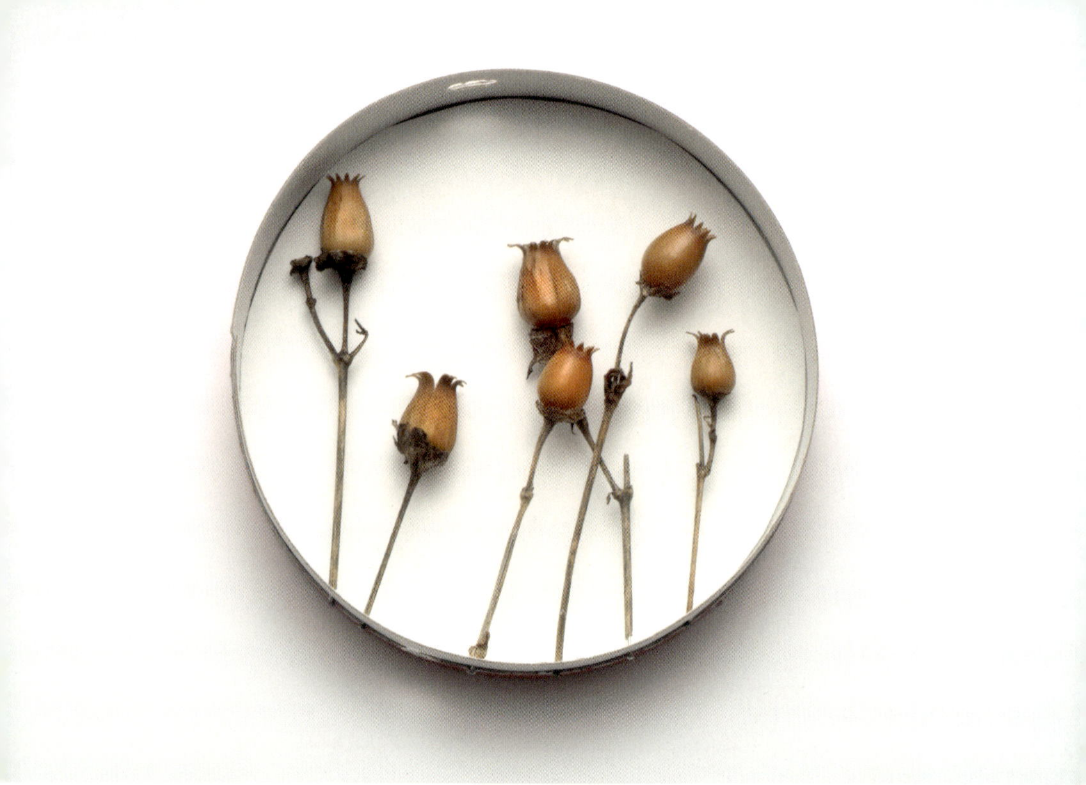

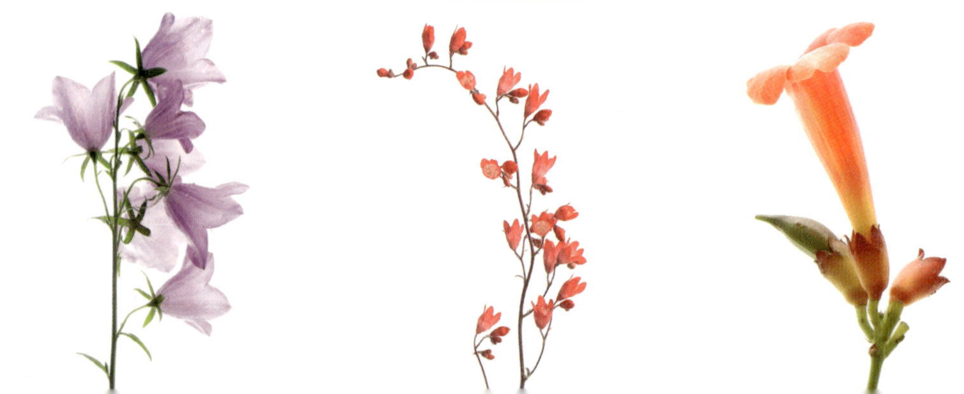

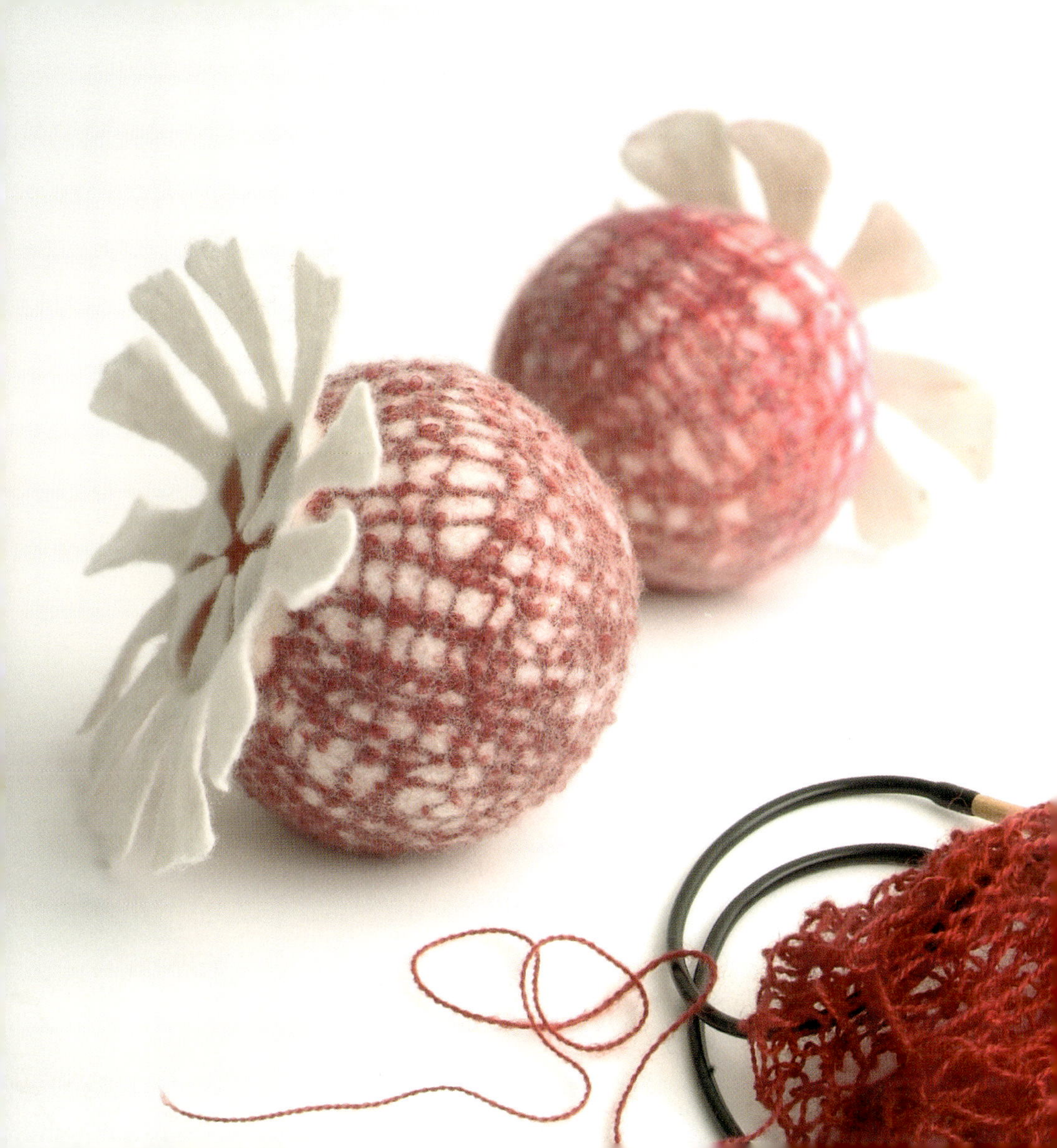

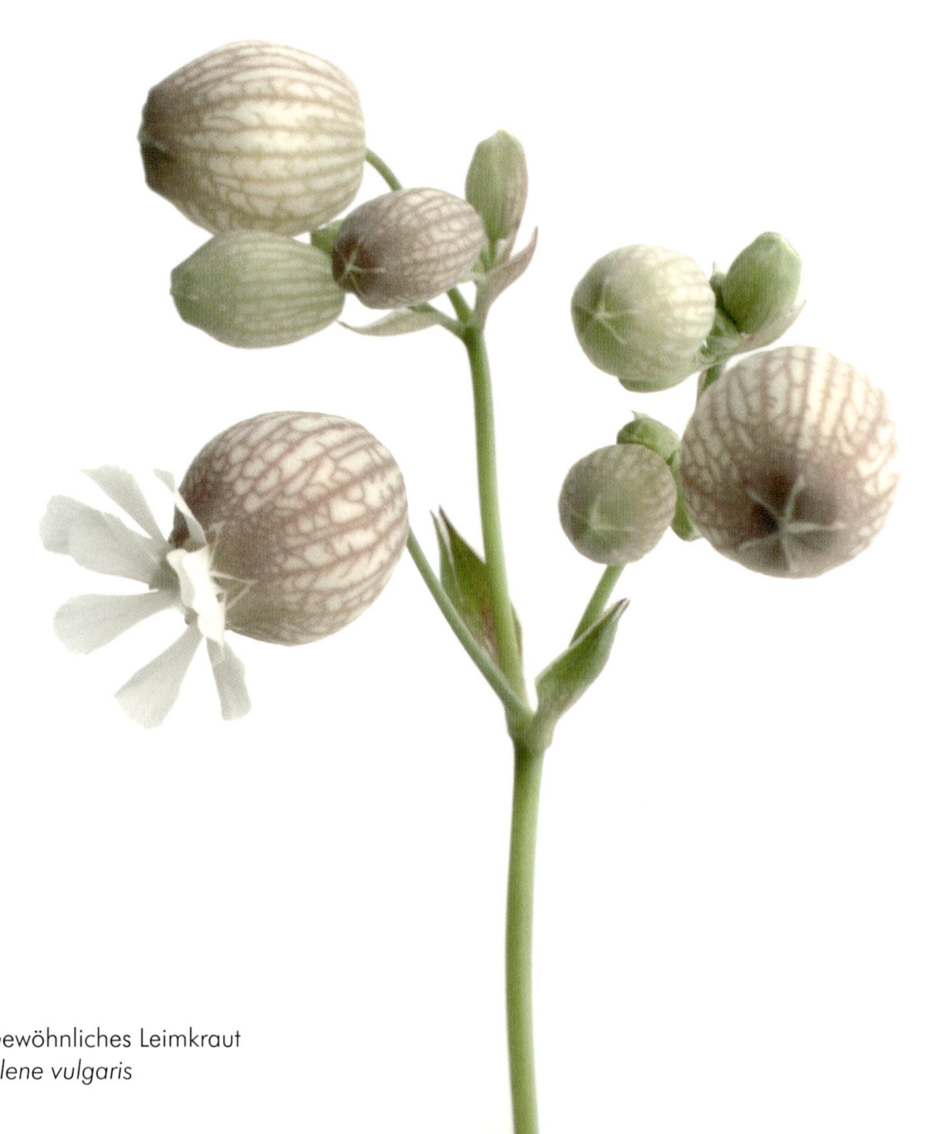

Gewöhnliches Leimkraut
Silene vulgaris

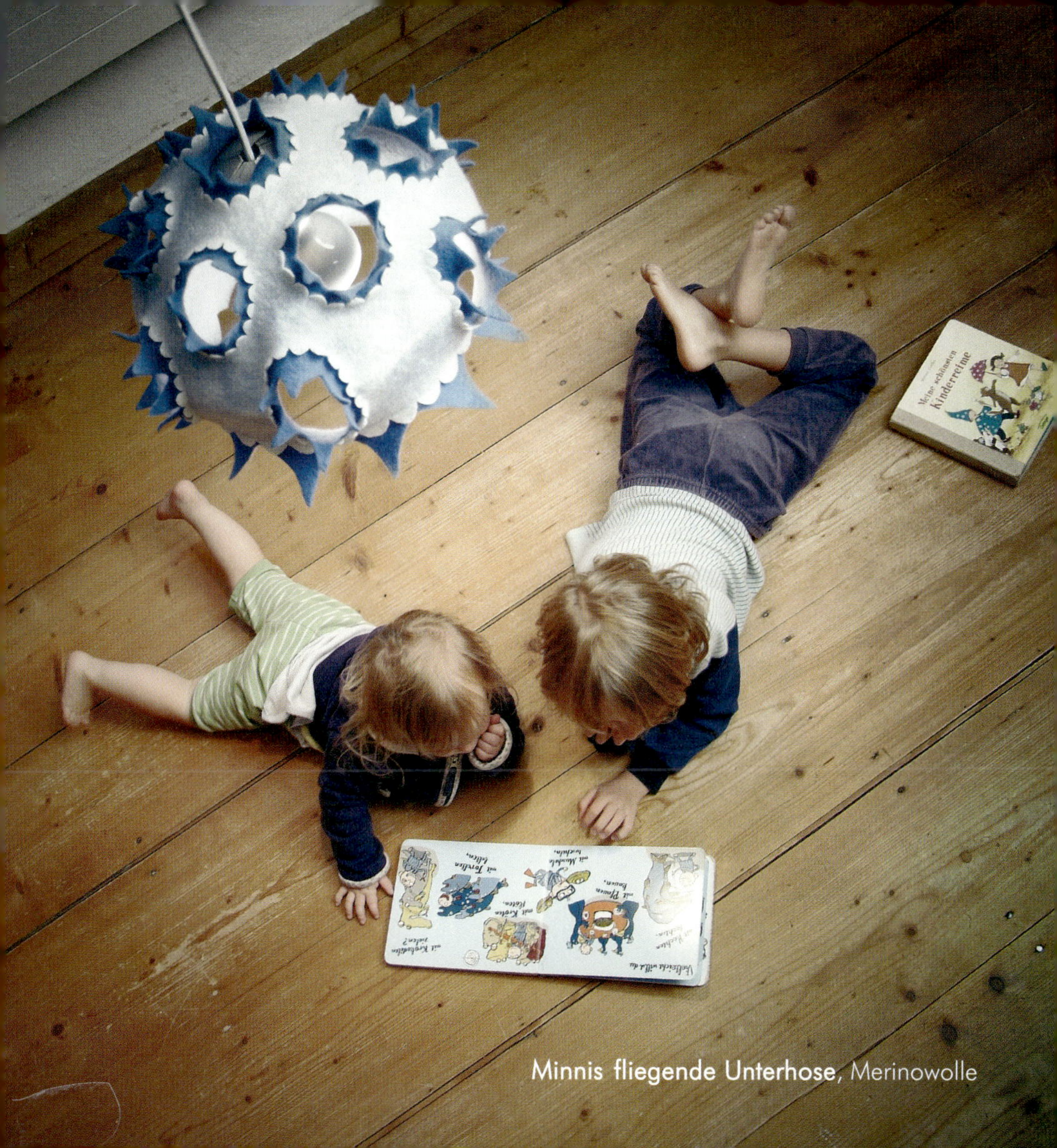

Minnis fliegende Unterhose, Merinowolle

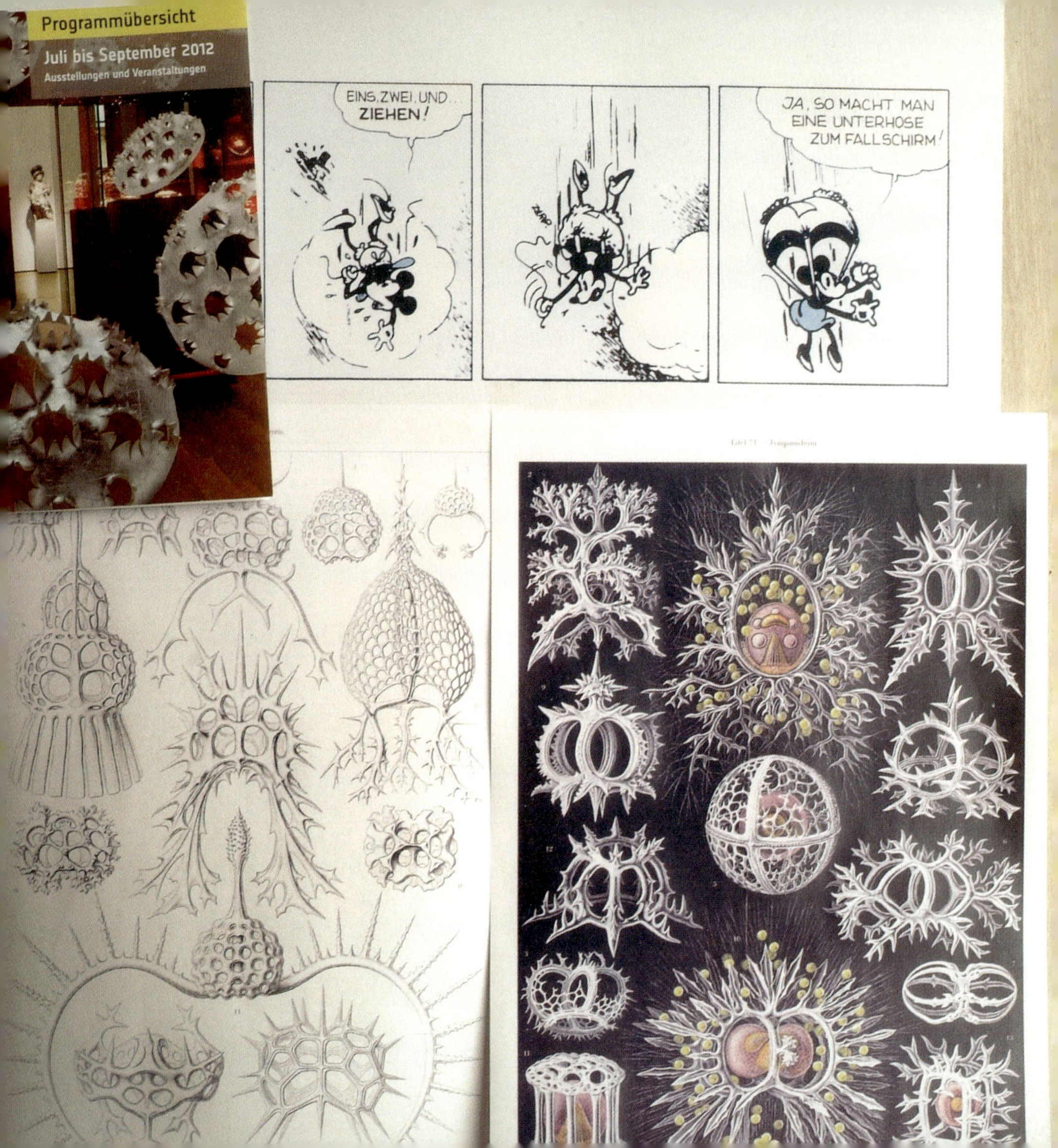

Programmübersicht

Juli bis September 2012

Ausstellungen und Veranstaltungen

EINS, ZWEI, UND...
ZIEHEN!

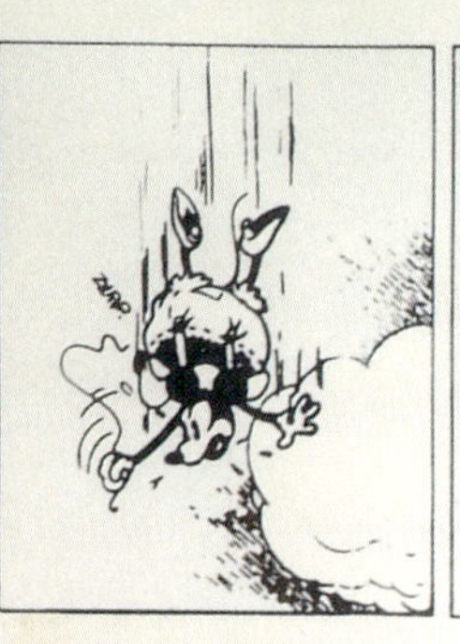

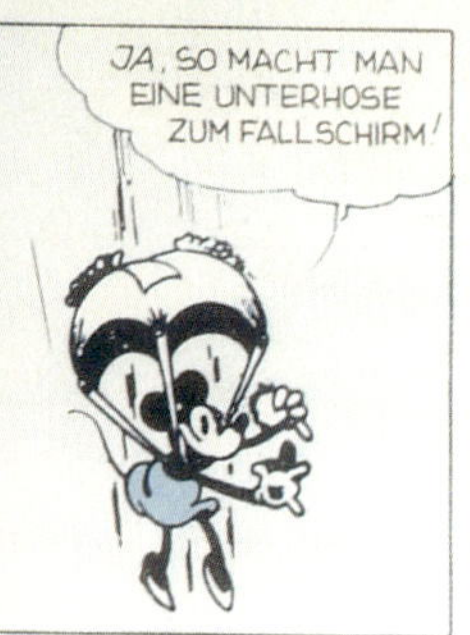

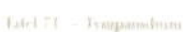

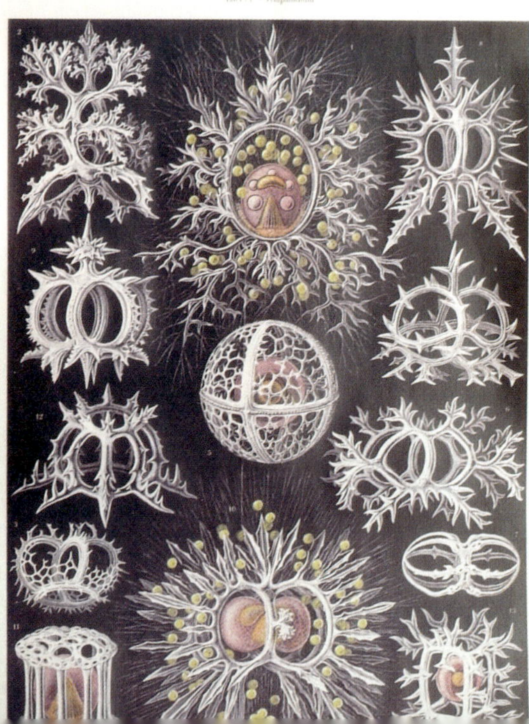

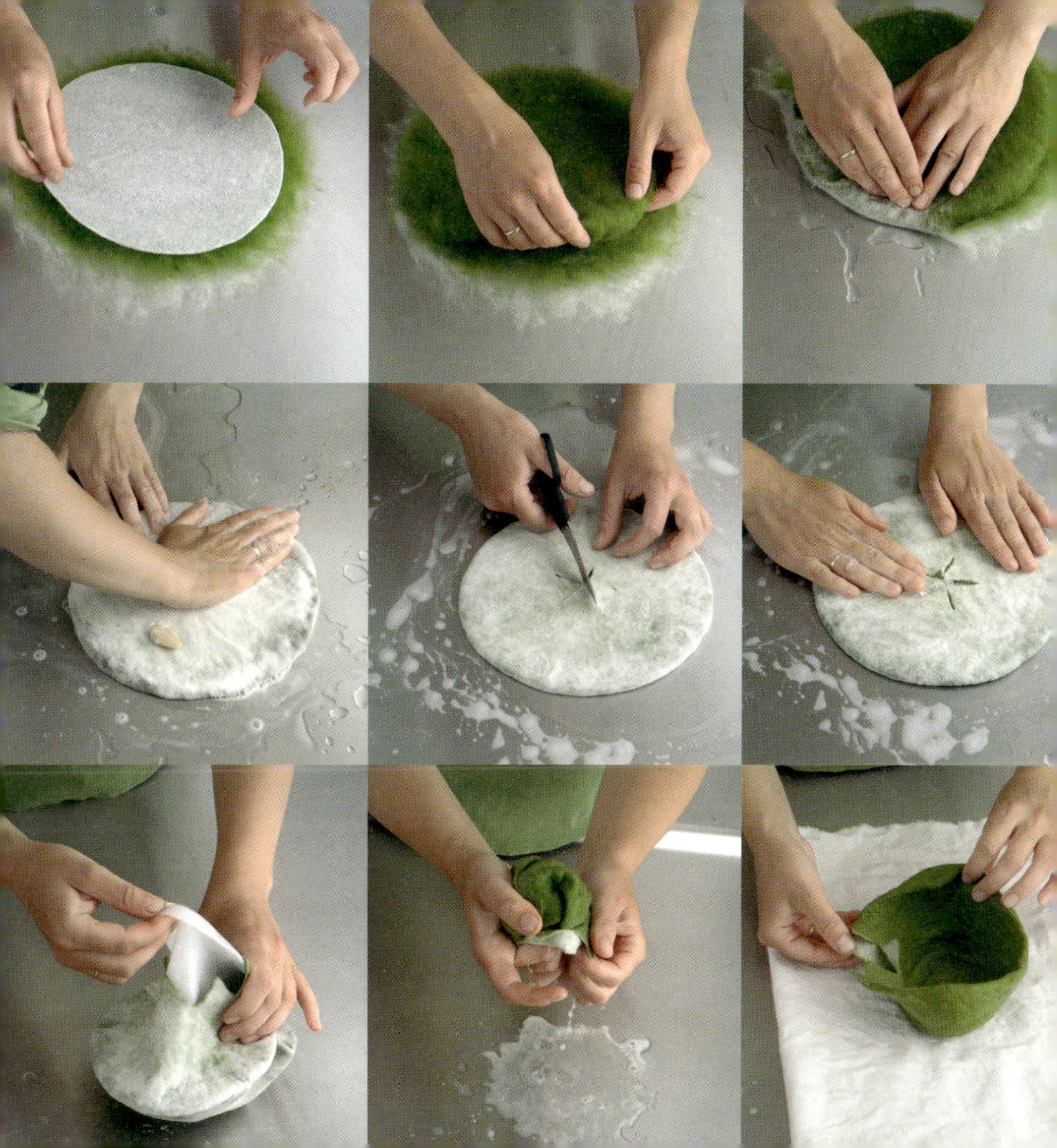

Beispiel Nummer drei: die Eukalyptusfrucht

Gefilzt, geschnitten und gewalkt wird hier wie Beispiel Nummer zwei, in den Farben weiß und grün. Das fertig gewalkte Objekt wird in Form modelliert: auf der geschlossenen Seite zieht man einen Kegel, der mit Rippen unterteilt wird. Auf der sternförmig geöffneten Seite wird rings um die Öffnung ein Ring geformt, zwischen den Fingern kleine Einbuchtungen gedrückt und zuletzt die Spitzen der Öffnung längs geknickt (Abb. unten).

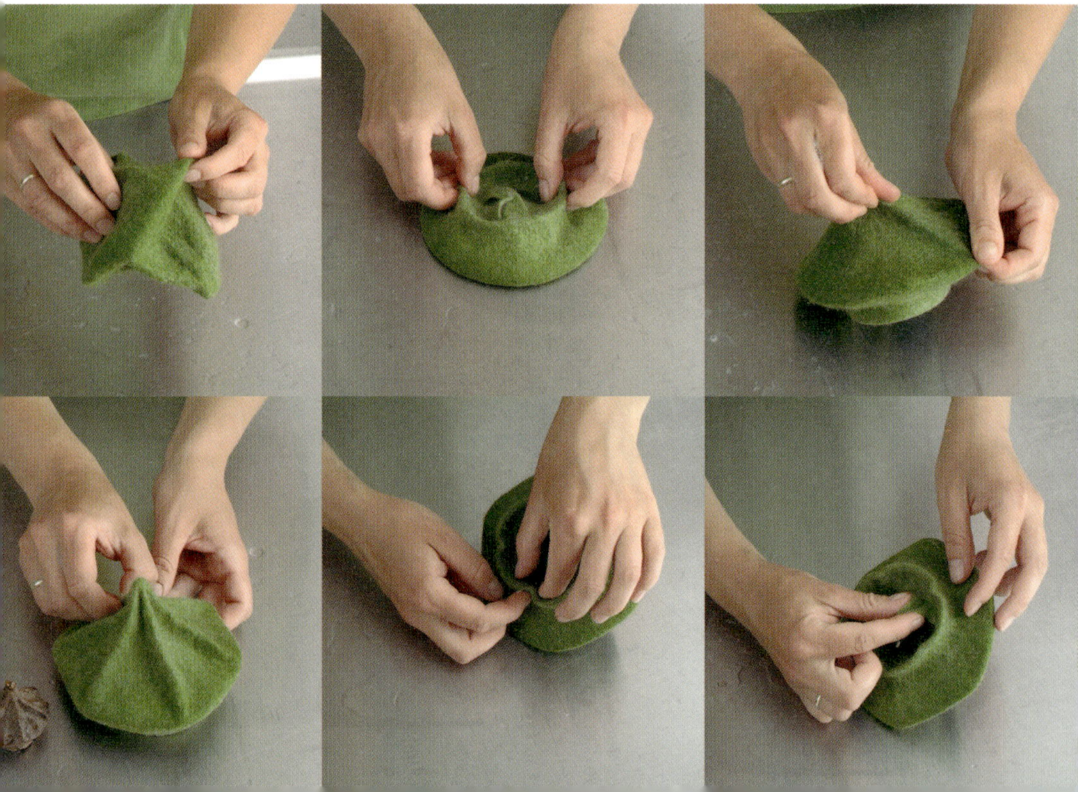

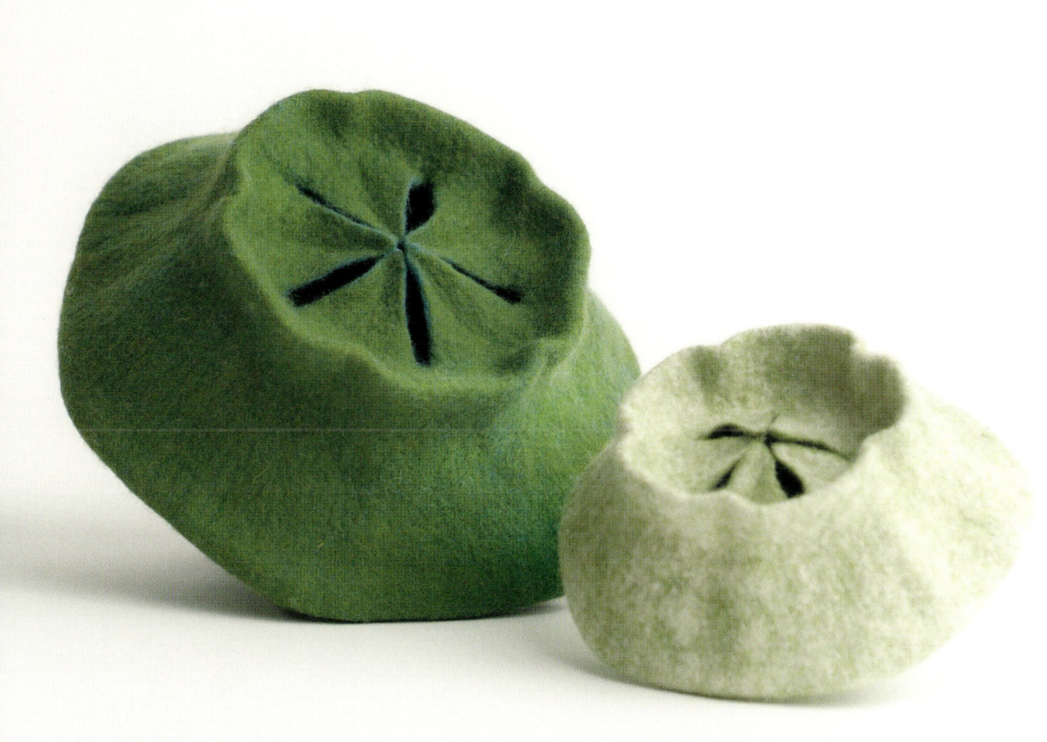

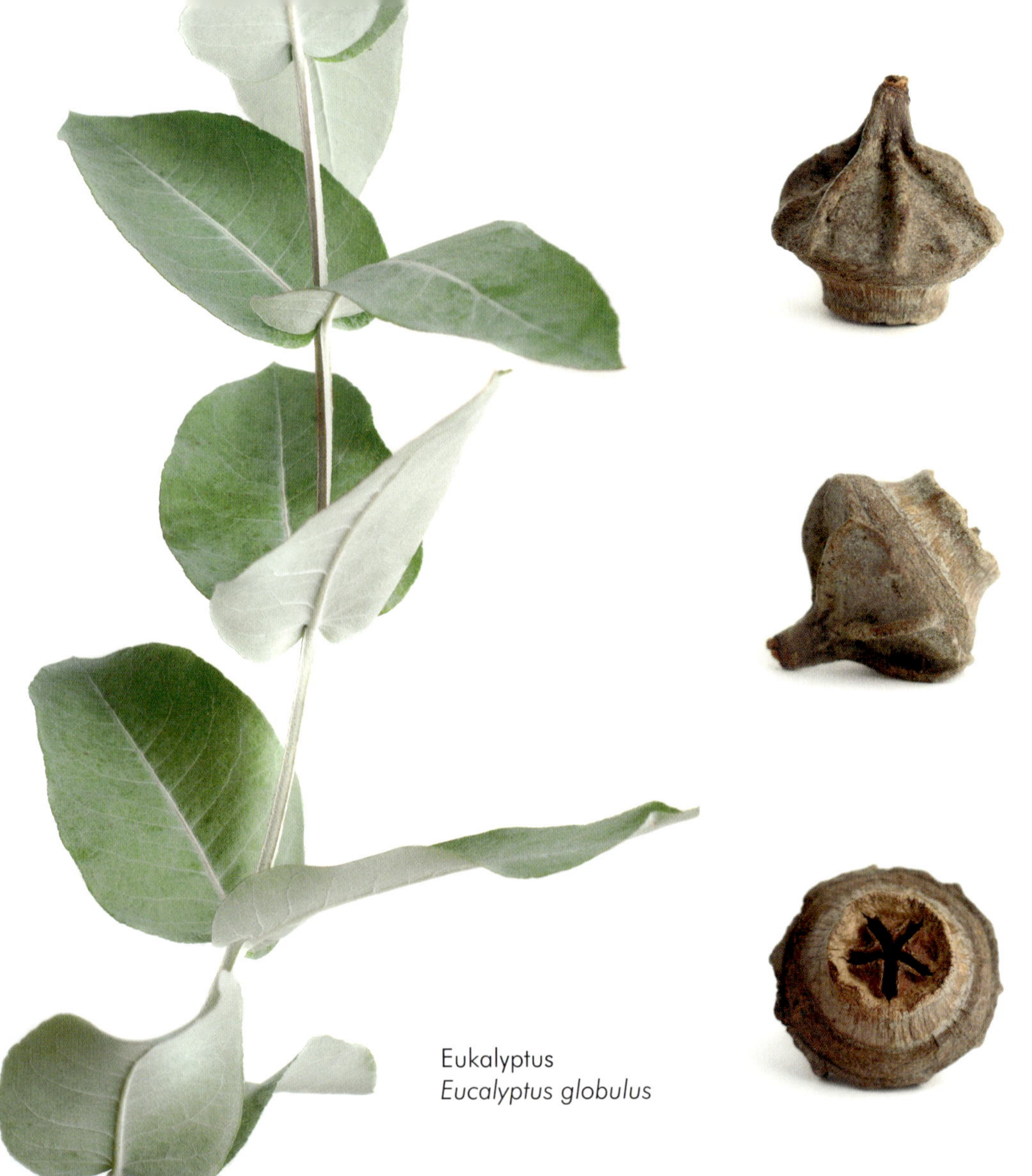

Eukalyptus
Eucalyptus globulus

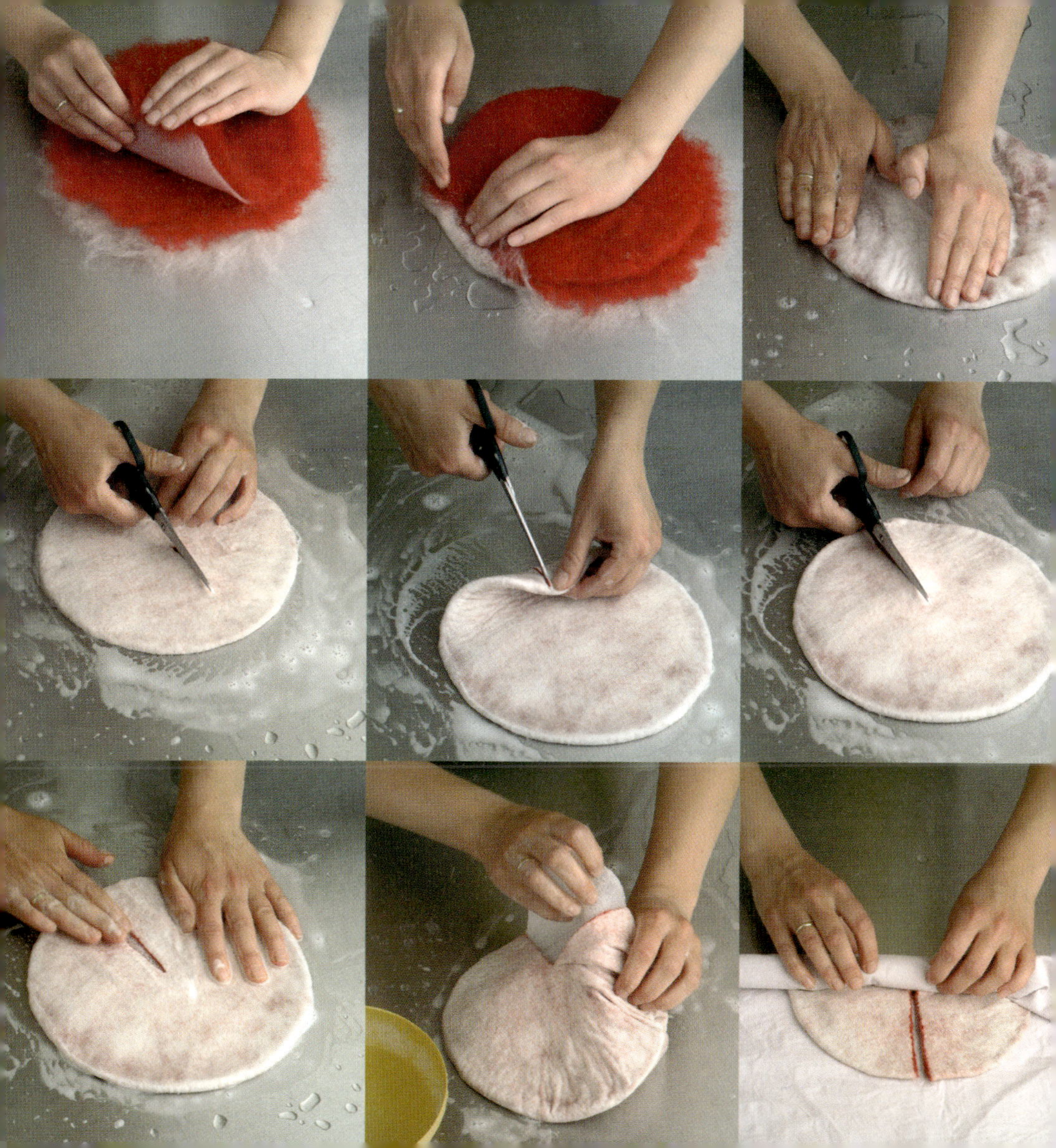

Beispiel Nummer vier: einfache Schneckenform

Gefilzt wird hier in den Farben weiß und rot, geschnitten vom Mittelpunkt der einen Seite über den Rand zum Mittelpunkt der anderen Seite. Beim Walken wird hier die Schablonenrandkante betont. Durch stärkeren Druck auf eine Hälfte der runden Form schrumpft der Schnitt etwas mehr, die andere Seite wird immer wieder gedehnt. Durch das Auseinanderziehen des fertig gewalkten Objekts an den beiden Mittelpunkten rutscht die enger gewalkte Öffnung in die weitere Öffnung hinein, es entsteht die Schneckenform.

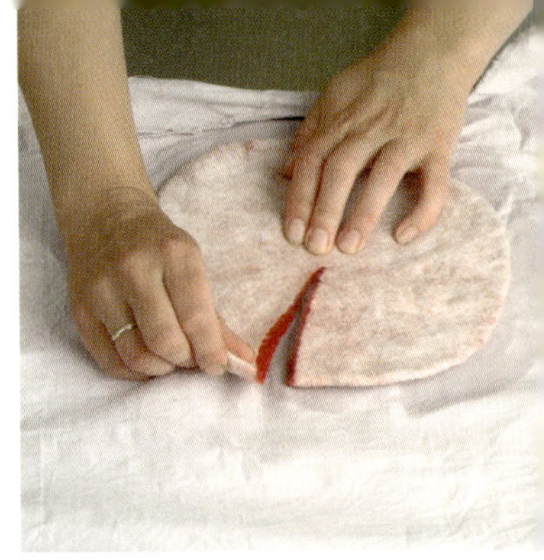

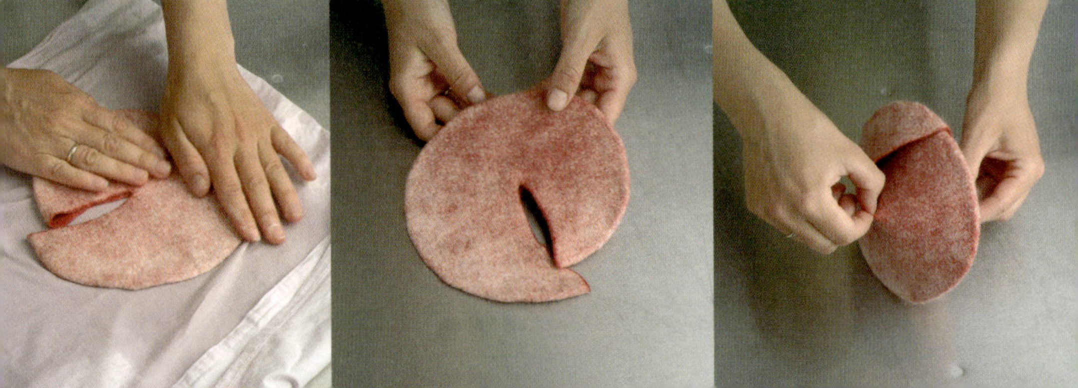

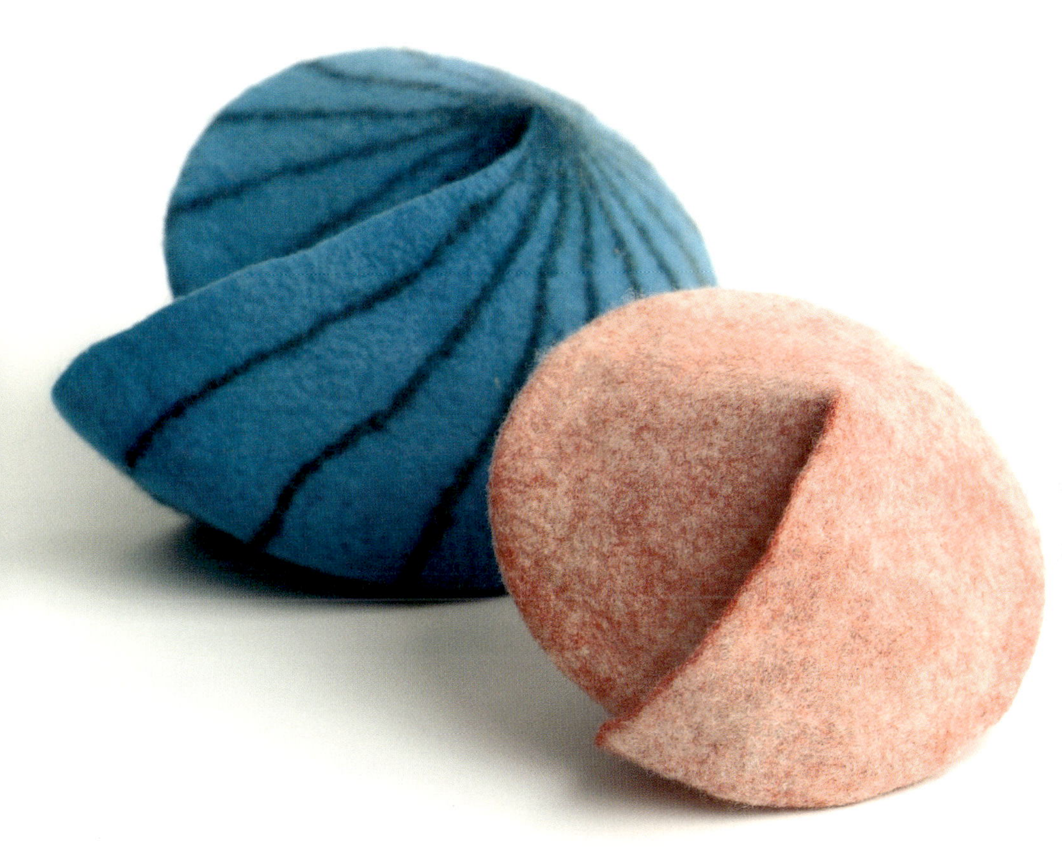

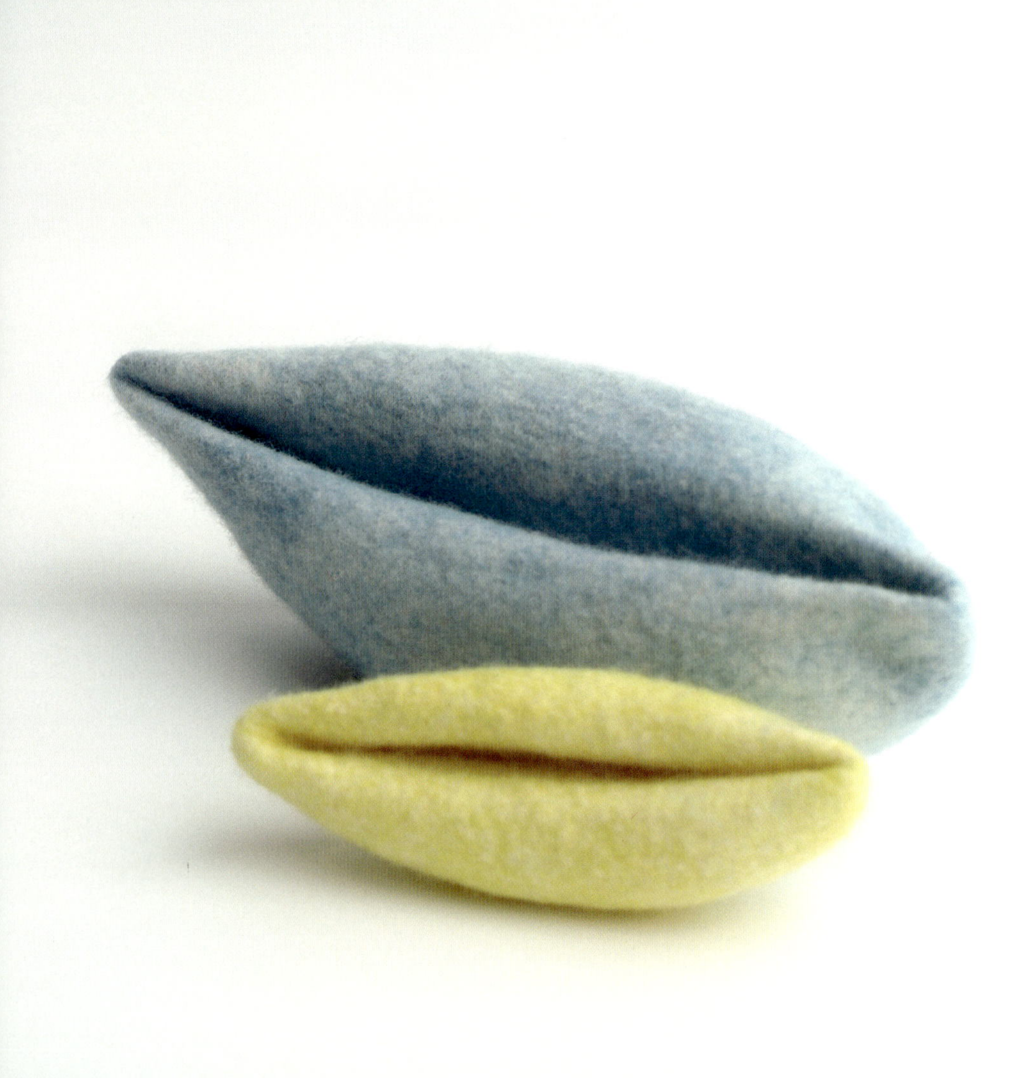

Beispiel Nummer fünf: längliche Form

Für die längliche Form in den Farben weiß und blau wird ein Stück am Schablonenrand aufgeschnitten (Abb. unten links), die Kante nachgefilzt und längs des Schnitts (Öffnung nach oben) gewalkt, dabei den Schnitt immer wieder dehnen. Zuletzt das Objekt von innen in Form dehnen (Abb. rechts Mitte) und den Filz beiderseits der Öffnung nach innen rollen (Abb. rechts unten).

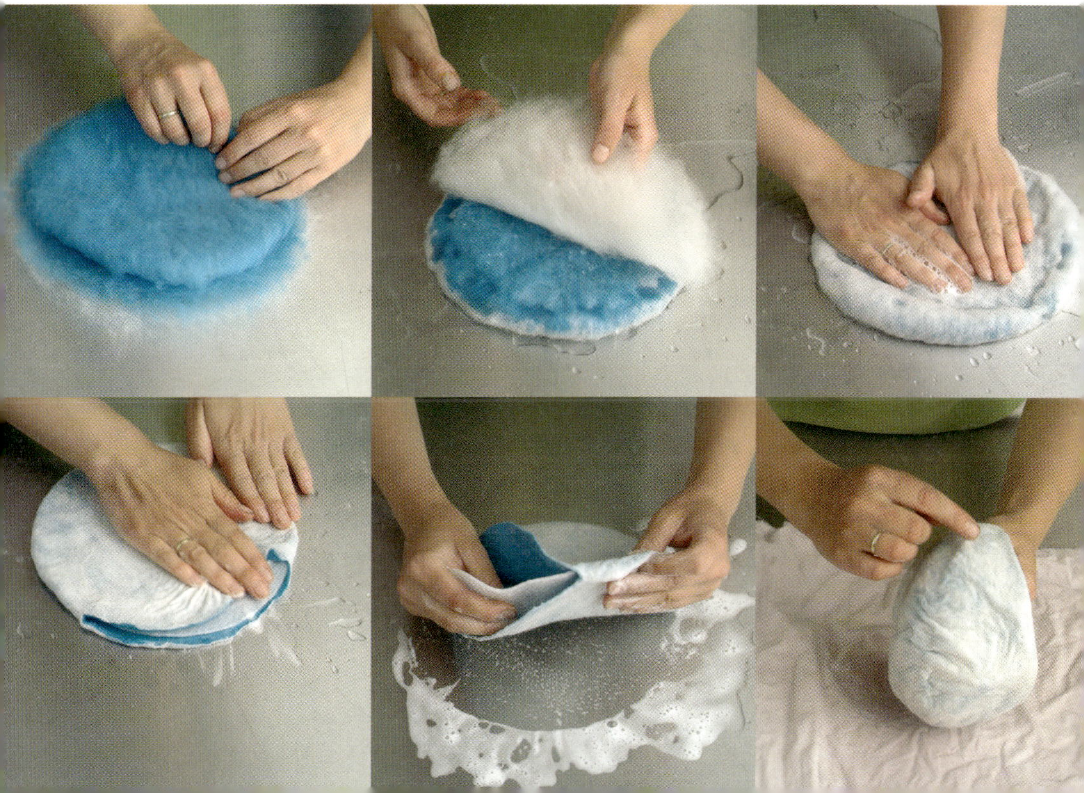

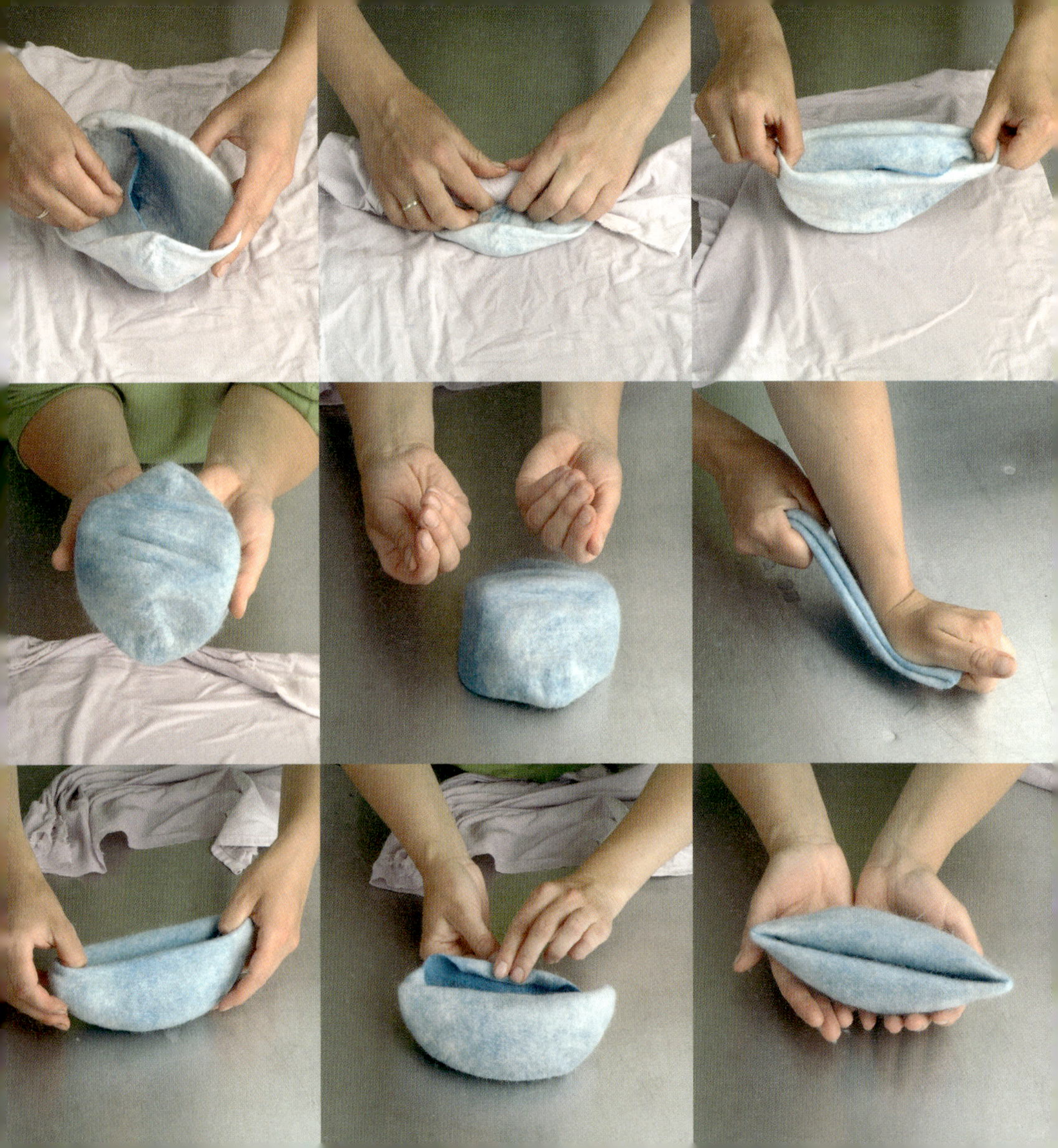

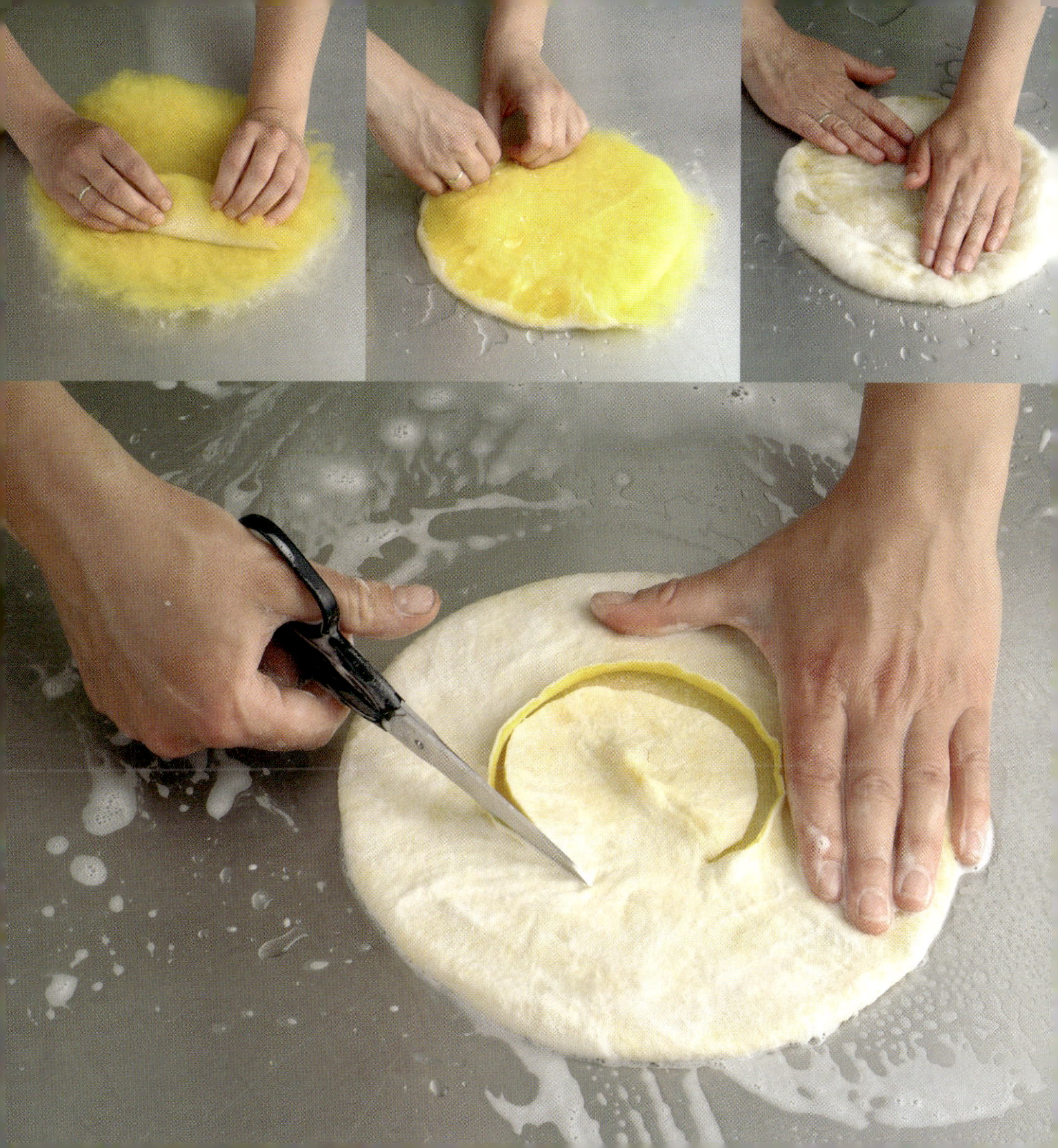

Beispiel Nummer sechs: die Zitrone

Nach dem Anfilzen der weißen und gelben Wollschichten wird auf einer Seite in der Mitte ein kreisförmiges Loch geschnitten, die Schnittränder vorsichtig überfilzt und das Wasser herausgedrückt, nachdem die Schablone herausgezogen ist.

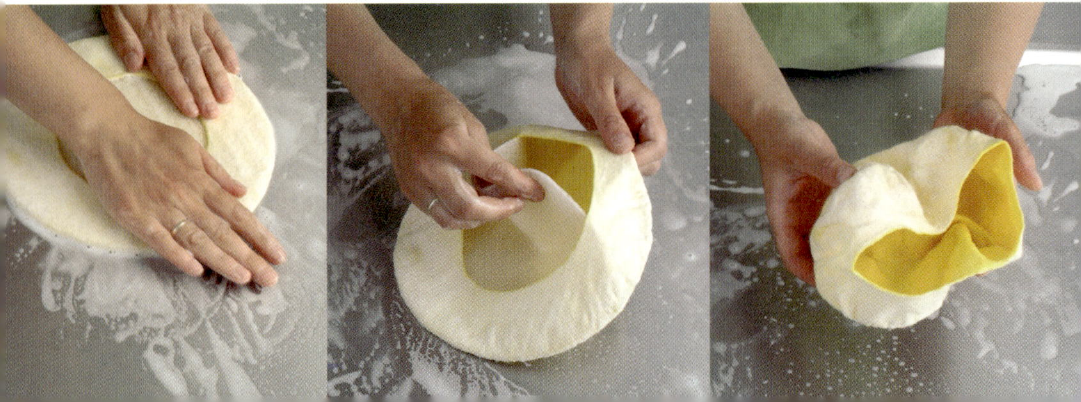

Das so vorgefilzte Objekt wird getrocknet und dann in sechs gleich große Kammern unterteilt, die dicht an der Mitte mit einer Heftnaht zusammengenäht werden. Anschließend wird erneut angefeuchtet und jede einzelne Kammer flach gefilzt und gewalkt. Zwischendurch müssen die Kammern immer wieder geöffnet werden, um ein Zusammenfilzen zu verhindern. Dabei kann zum Beispiel eine Schere zu Hilfe genommen werden.

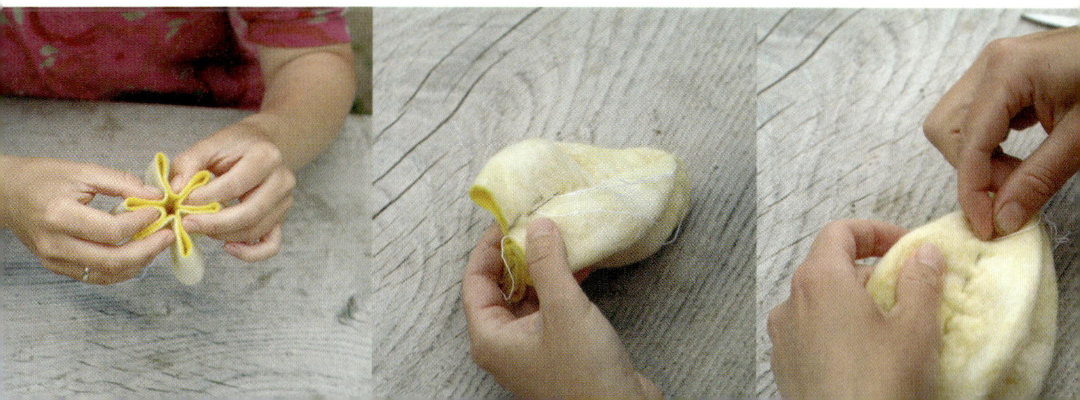

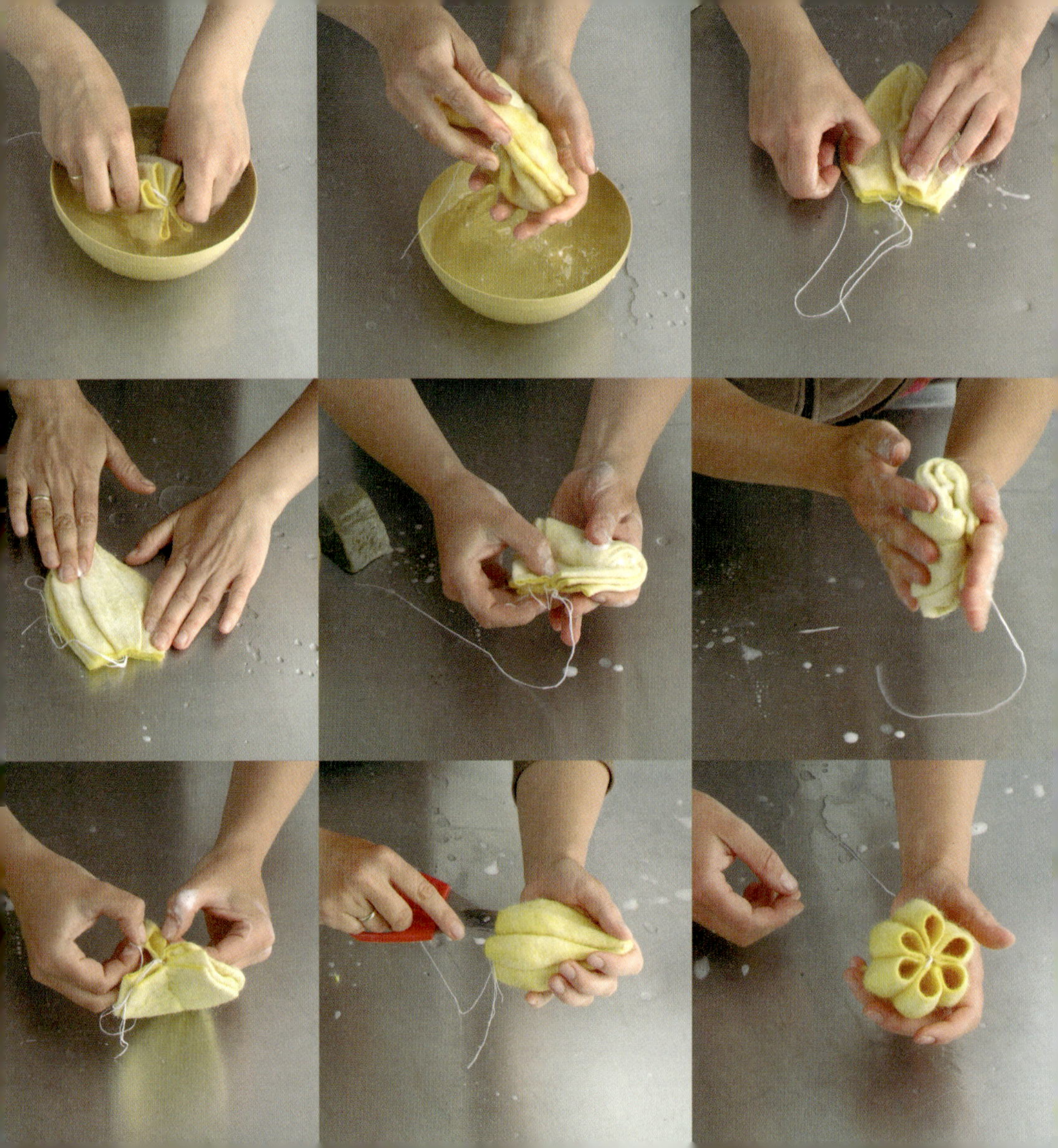

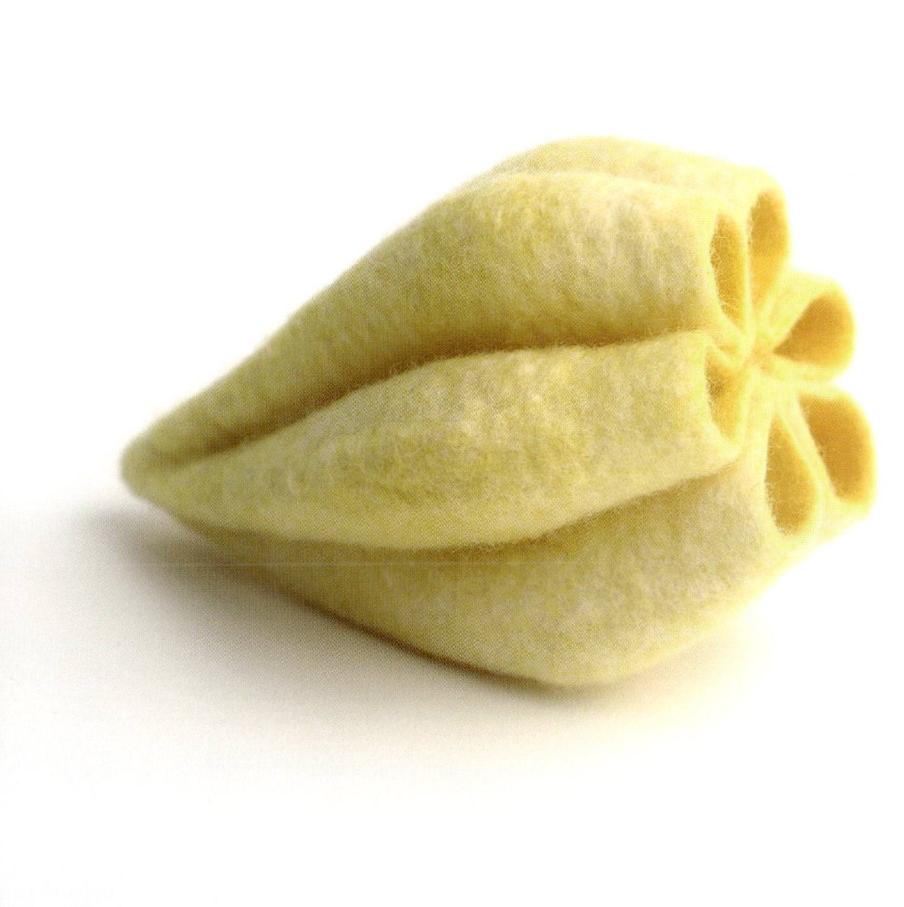

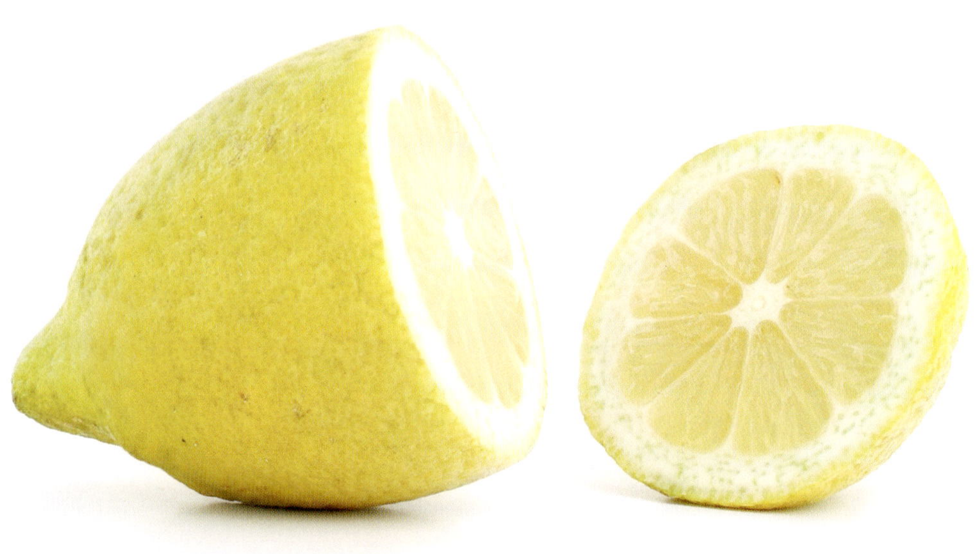

Zitrone, *Citrus limon*

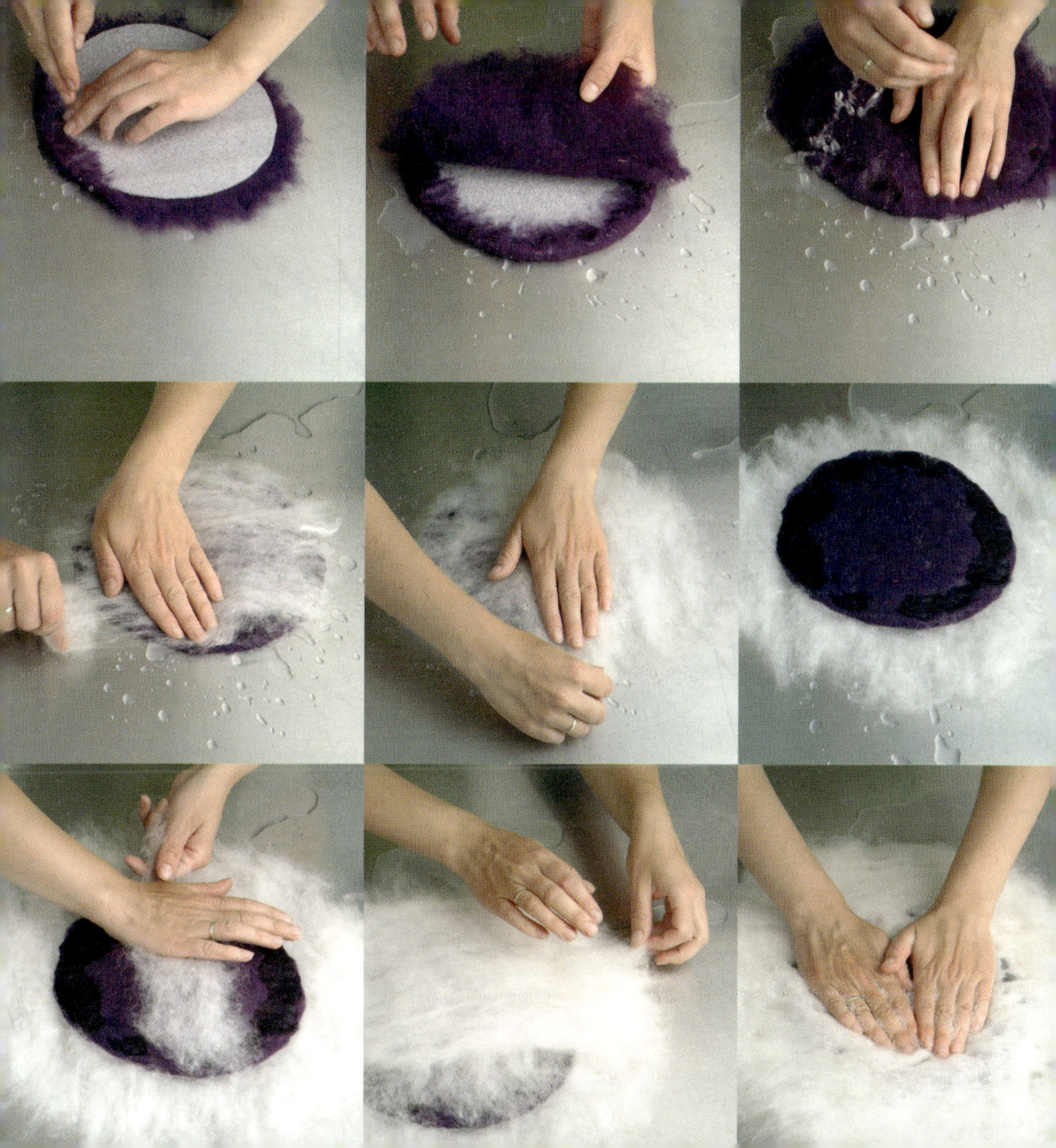

Kamuffel, 2012

Beispiel Nummer sieben: das uFO

uFO, auch für: unvollendetes Filz-Objekt
in unserem Fall: unscheinbares Fertig-Ornament

Für das uFO in weiß und violett wird die Schablone zuerst in zwei Schichten violette Wolle eingeschlagen, dann wird von beiden Seiten weiße Wolle etwa fünf Zentimeter über die Schablonenränder aufgelegt und in diesem Fall nicht umgeschlagen. Rings um den „Äquator“ entsteht also ein weißer Ring, auch hier beim Anfilzen wieder darauf achten, dass die Schablone bis zum Rand zwischen den violetten Wollschichten bleibt (Abb. unten Mitte). Nach dem Anfilzen wird auf einer Seite mittig ein kleines rundes Loch eingeschnitten und die Schnittkanten mit der Hand überfilzt.

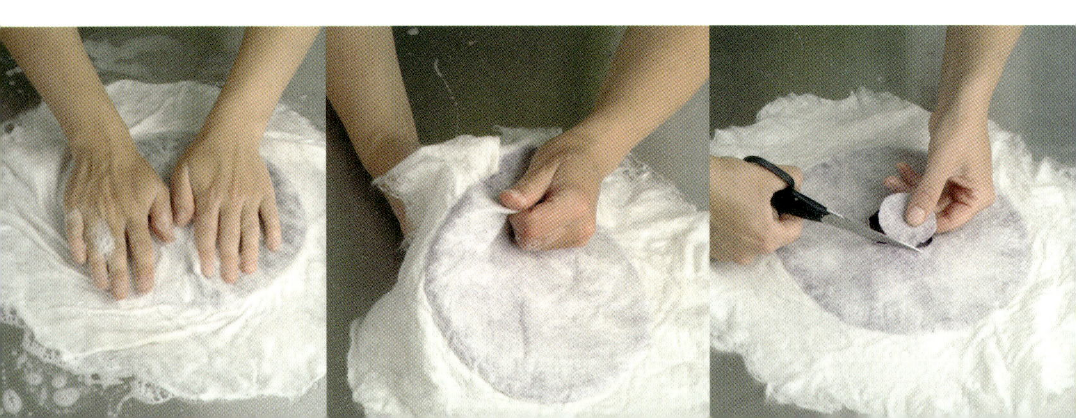

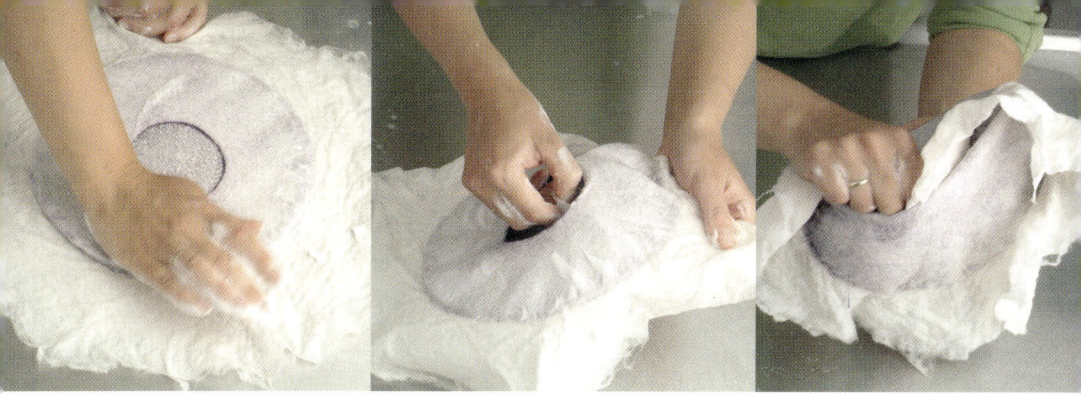

Wenn die Schablone entfernt ist, werden die Ränder (dort, wo der weiße Ring ansetzt) nachgearbeitet und dann um den Äquator gewalkt. Zuletzt wird der Ring gerade geschnitten und die Schnittkanten nochmals überfilzt. Zur Stabilisierung der runden Form wird hier wieder ein Luftballon hineingeblasen, danach kann der Ring mit dem Walkholz geglättet werden.

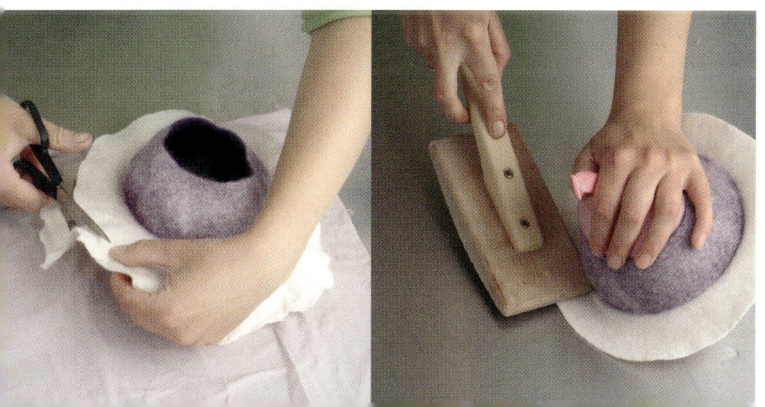

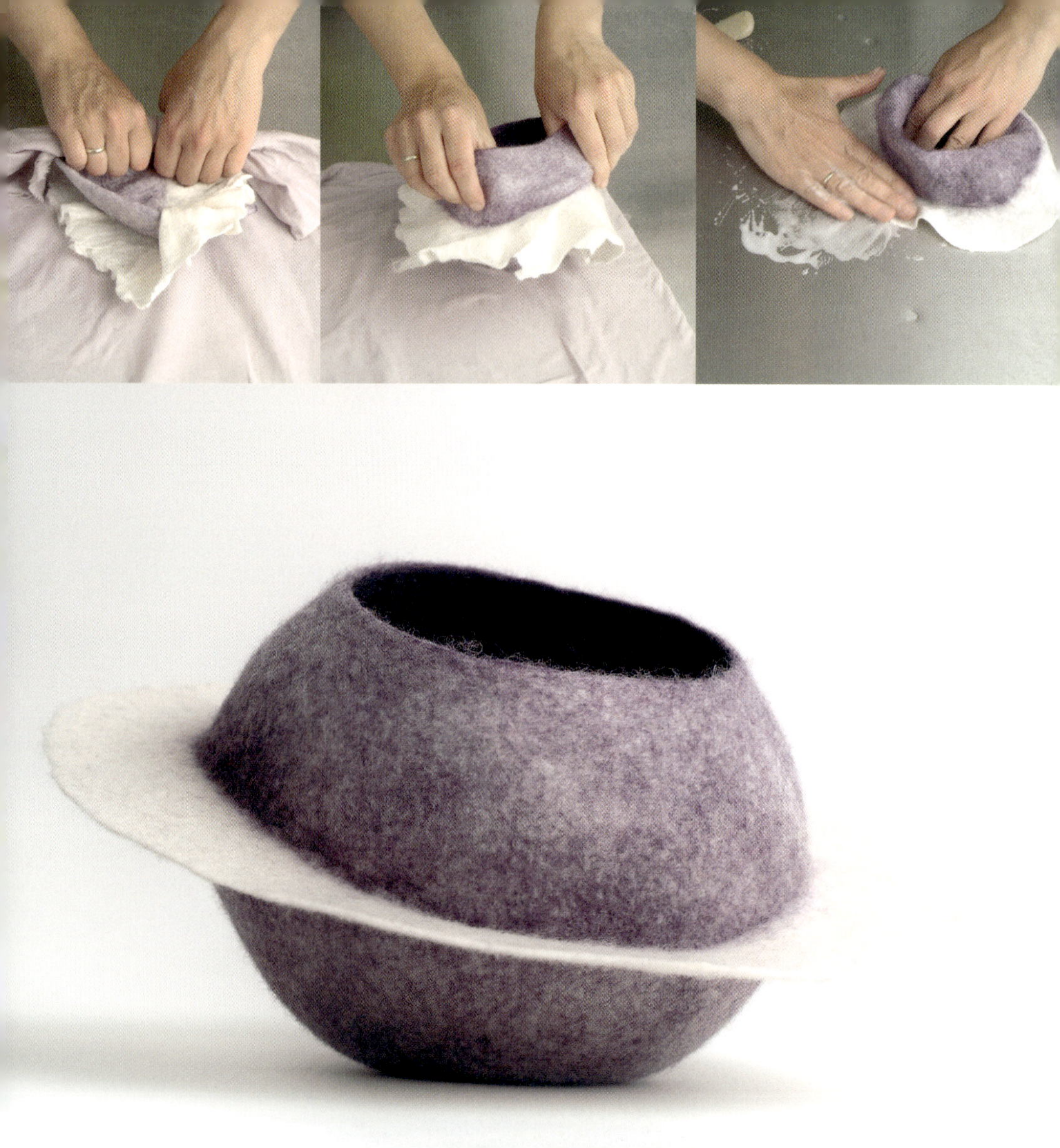

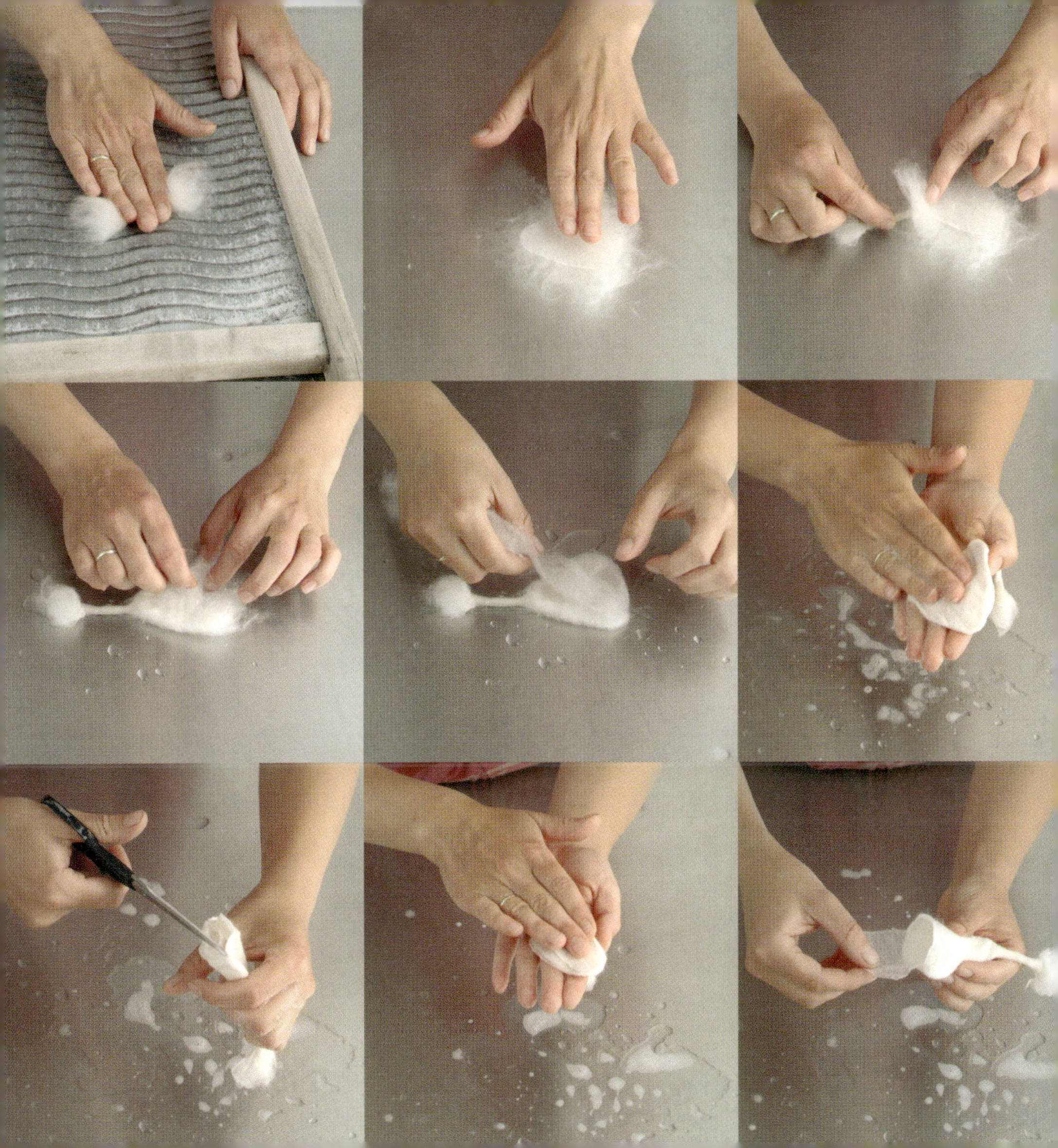

Beispiel Nummer acht: das Glockentierchen

Zuerst müssen die Glocken vorgefilzt werden, dafür jeweils einen Stiel vorbereiten: ein Stück weiße Merinowolle vom Band vorsichtig mit etwas Wasser auf dem Waschbrett rollen, so dass die Fasern an beiden Enden trocken bleiben.
Eine Schablone (siehe Skizze) von einer Seite mit drei dünnen Schichten weißer Wolle belegen (die dritte Schicht ragt etwa einen Zentimeter über den Schablonenrand), wenden und am spitzen Ende die Fasern des Stiels anlegen. Danach die Fasern um die Schablonenränder nach oben schlagen und anfeuchten, die drei Schichten auf der oberen Seite ergänzen, wenden und die überstehenden Fasern umschlagen.
Wenn alles gut angefilzt ist, wird an der dem Stiel gegenüberliegenden Seite aufgeschnitten, die Schnittkanten vorsichtig überfilzt und die Schablone entfernt. Danach werden die Knicke an den Schablonenrändern geglättet. Für unser Beispiel brauchen wir sechs solcher vorgefilzter Glocken, die möglichst trocken sein sollten, bevor es weitergeht.

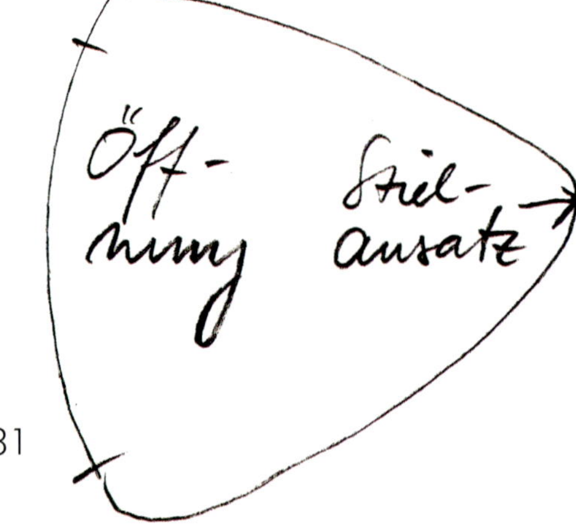

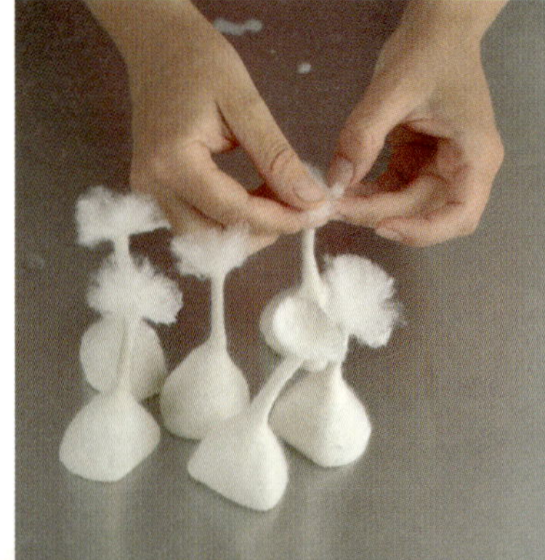

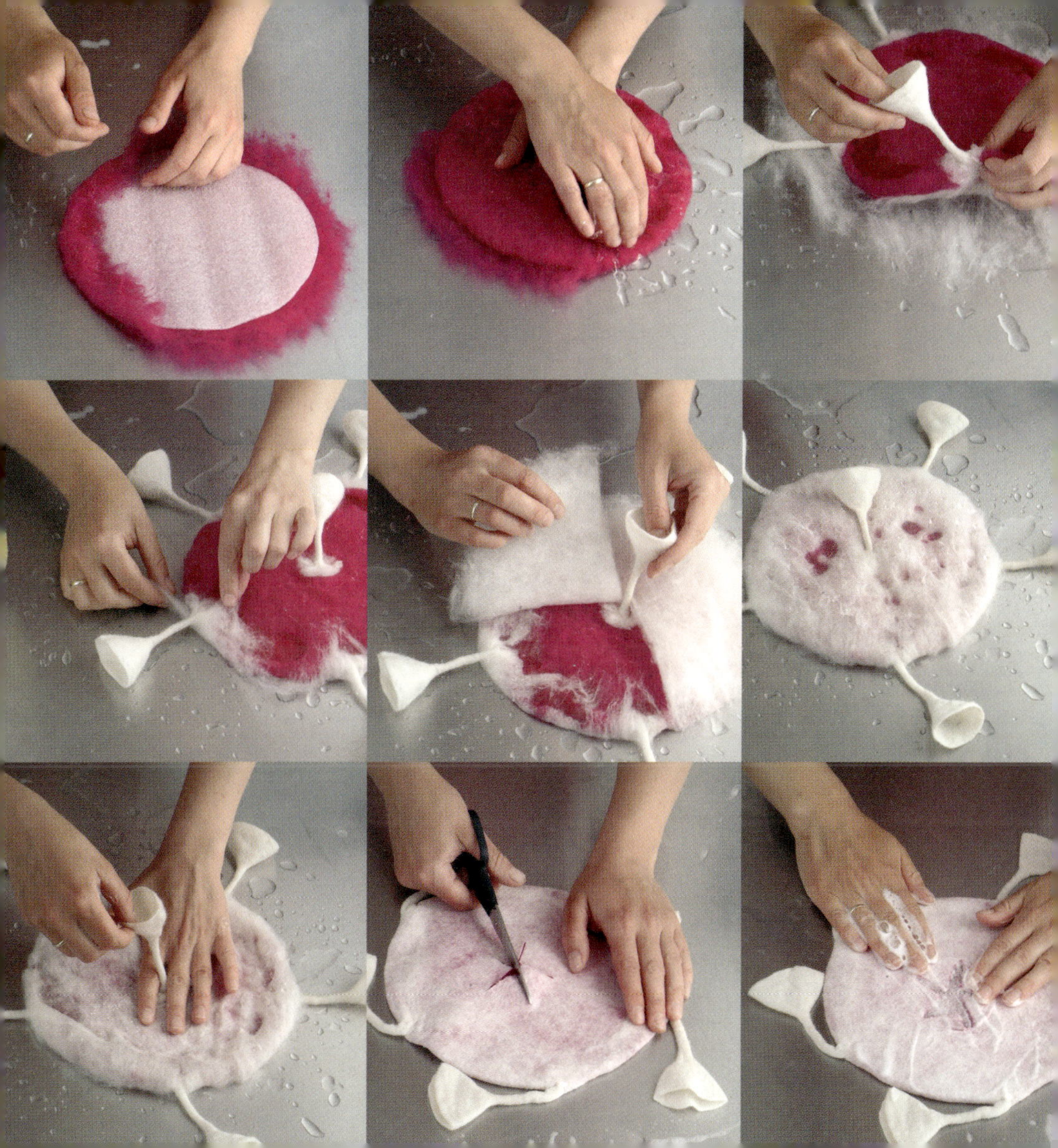

Die Schablone wird von beiden Seiten mit zwei Schichten pinkfarbener Wolle eingeschlagen und auf zwei Schichten weiße Wolle gelegt. Dann werden die Glocken angebaut: die trockenen Fasern am Stielende werden aufgefächert und um den Schablonenrand gelegt, so dass sie den Rand „umgreifen". Fünf der Glocken werden so gleichmäßig um den Rand verteilt, die sechste kommt in die Mitte der Schablone. Danach werden die überstehenden weißen Fasern nach oben geschlagen und angefeuchtet, dabei das Vlies an den Glockenstielen teilen (wenn nötig, mit der Schere einschneiden). Die beiden oberen weißen Wollschichten werden bis zur Mitte geteilt (Abb. links Mitte) und so um den Ansatz der sechsten Glocke herumgelegt, zuletzt die überstehenden Ränder nach unten umgeschlagen. Nach dem Anfilzen von beiden Seiten wird die Unterseite mittig sternförmig eingeschnitten, die Schnittkanten überfilzt und die Schablone vorsichtig entfernt. Anschließend werden die Kanten zwischen den Händen nachgefilzt und um den Äquator gewalkt, bis der Filz fest ist, dabei müssen die Glocken immer wieder geöffnet werden, damit sie nicht zusammenfilzen.

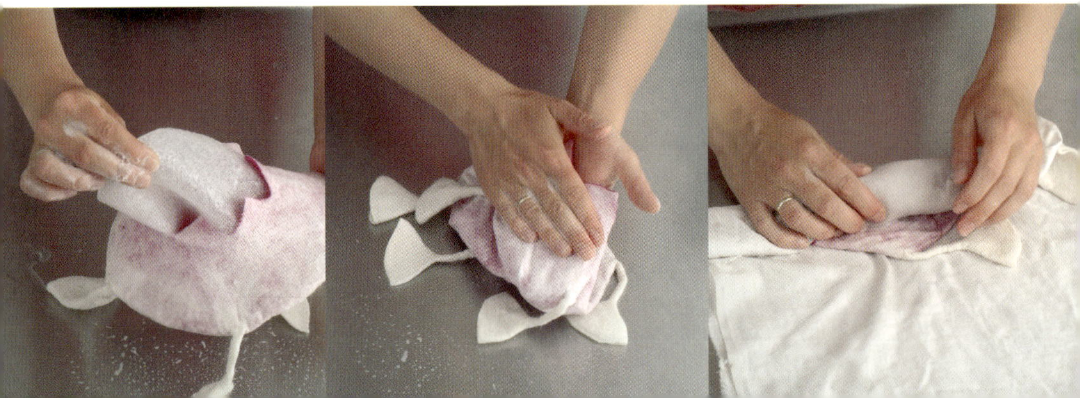

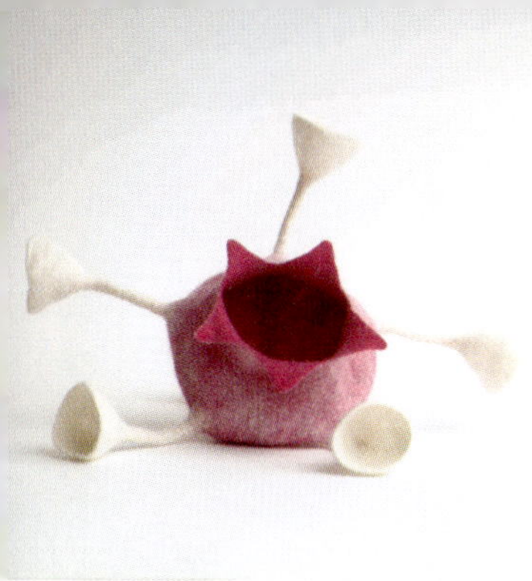

Zuletzt wird das Glockentierchen ausmodelliert, indem vorsichtig zwischen den Stielansätzen (Abb. unten rechts) und auch zwischen den Zipfeln an der Öffnung gedehnt wird.

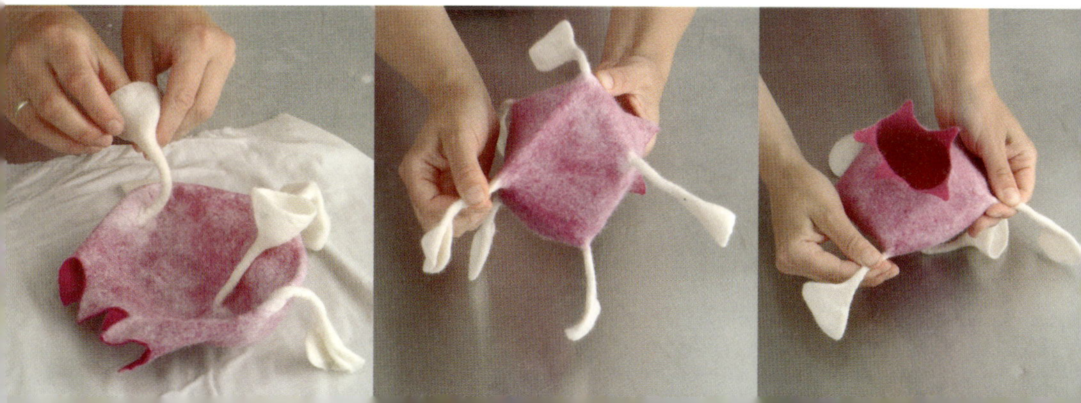

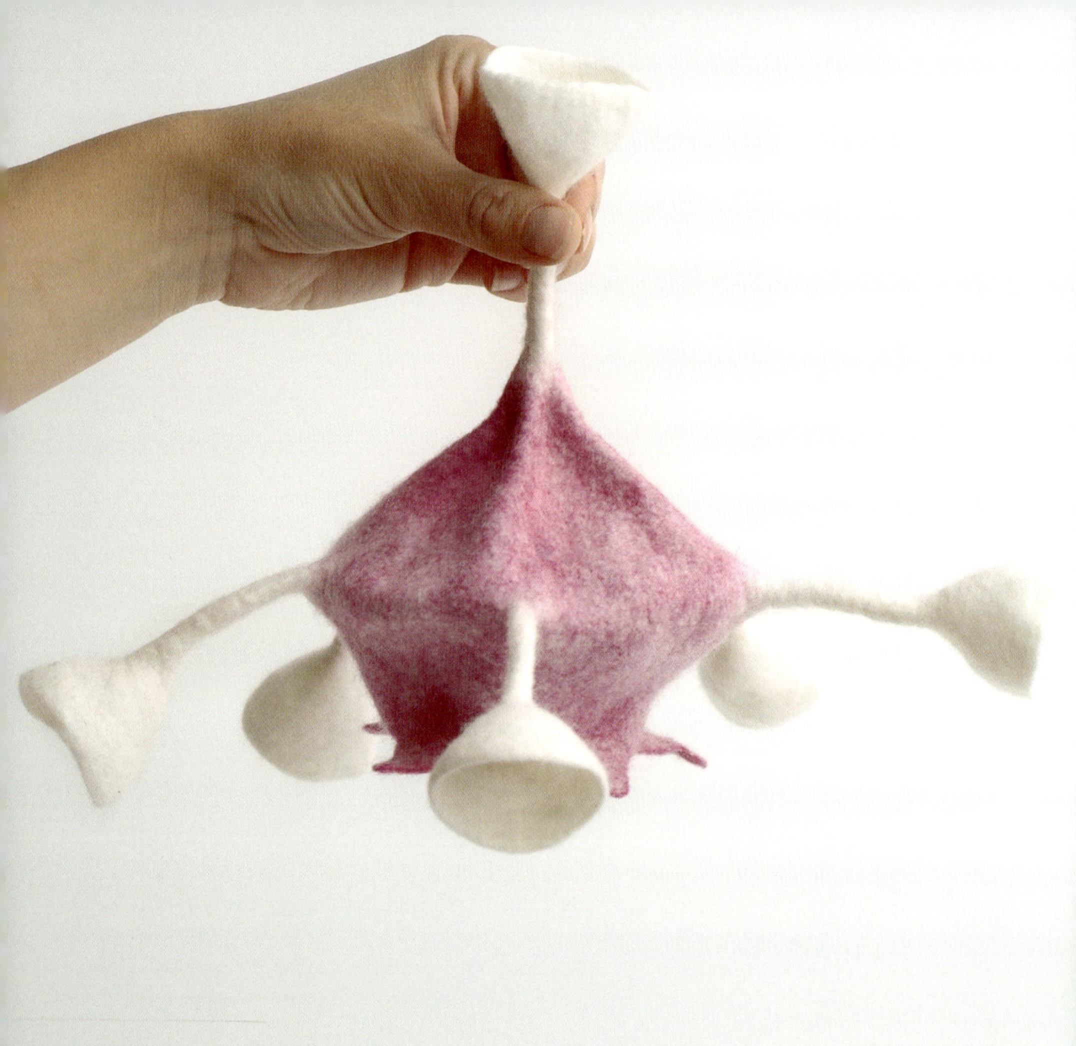

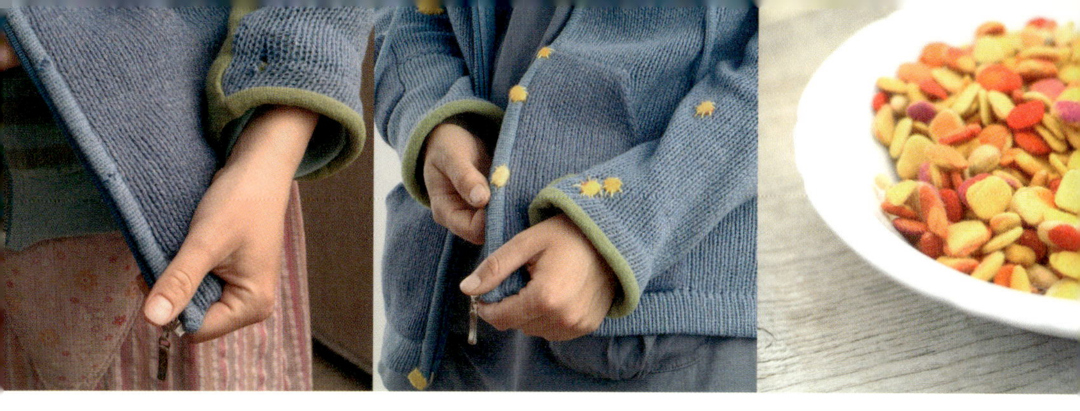

Abschied von meiner Strickjacke

Als ich zu Beginn meiner Referententätigkeit in einem Vortrag über die Geschichte des Filzes im Zusammenhang mit den durch Permafrost konservierten Pazyryk-Funden sagte, dass Wolle schnell verrottet, kam von einem meiner Zuhörer heftiger Protest. Beim verzweifelten Versuch, Wolle durch Kompostierung zu entsorgen, hatte sich überhaupt nichts getan und nach fünf Jahren war die Wolle immer noch da. Davon abgesehen, dass Wolle leider oft einfach nur als Abfall betrachtet und dann in der Not sogar verbrannt wird, habe ich mir angewöhnt, zu sagen, dass Wolle „unter archäologischen Gesichtspunkten" schnell verrottet.
Die Archäologen sind natürlich froh, wenn sich die Textilien oder zumindest Überreste davon erhalten, ebenso wie der Tourismusverein Tisens-Prissian in Südtirol, wo es zu Streitigkeiten mit den Initiatoren des Filzkunstwanderwegs kam, weil die einen der Meinung waren, sich auflösende Objekte müssen entfernt werden (damit es ordentlich aussieht) und die anderen, das „Sich-Auflösen" gehöre zur Kunst dazu (letzterem schließe ich mich an).

Es ist schon beeindruckend, wenn von einem Berg aus über 1000 Filzbällen nur ein Häufchen übrigbleibt, das aussieht wie ein bisschen Pferdemist.
Meine fliegenden Fische hier zu Hause lasse ich auch langsam zerfallen und verrotten, ich lege sie ins Gebüsch und beobachte im Frühjahr die Meisen, die sich Wolle für ihren Nestbau herauszupfen. Ich gebe zu, ein bisschen makaber sieht es schon aus, aber im Tiefkühlfach habe ich nichts von meinem Filzen und hinter Glas passen sie auch nicht so recht. Also freue ich mich daran, solange sie ihre Funktion erfüllen und lebe damit, dass sie sich mit der Zeit auflösen.

Leben mit Textilien heißt Abschied nehmen. Von Filzteppichen, die viele hundert Male begangen und abgesaugt wurden ebenso, wie von Kleidungsstücken. Manche, wie meine Wollstrickjacke, habe ich einige Jahre lang fast täglich getragen. In den letzen Jahren immer wieder liebevoll gestopft, repariert und ausgebessert, hat sie inzwischen so viele dünne Stellen, dass ein neues Loch auftaucht, sobald ich eines geflickt habe. Und trotzdem, einen Versuch mache ich noch. Auf jedes neue Loch kommt ein Käfer. Denn ich will mich noch nicht trennen. Und wenn es dann doch irgendwann so weit ist, bleibt mir immerhin noch der Trost, dass meine Jacke kompostierbar ist und zurück in den Kreislauf der Natur geht.

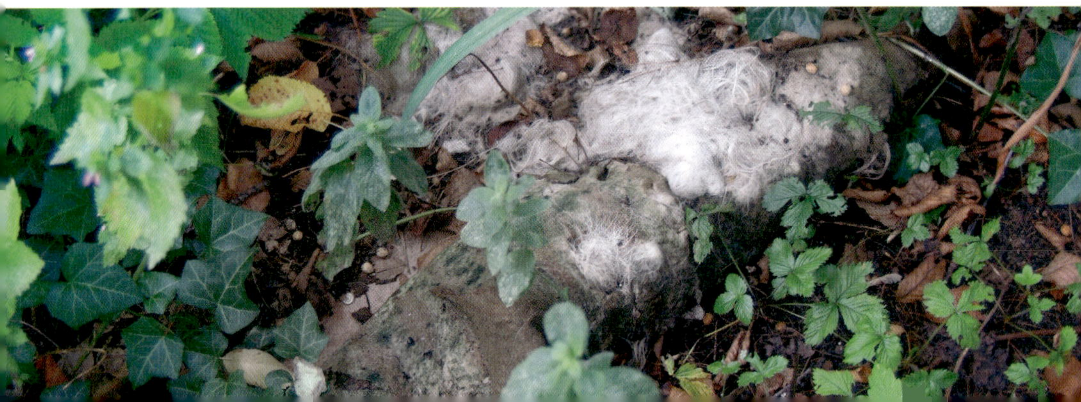

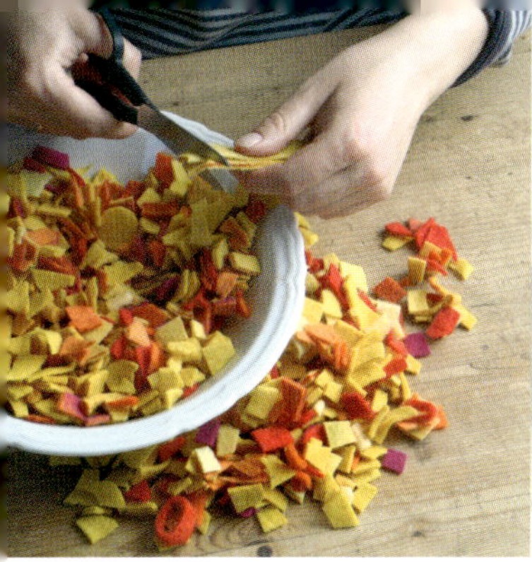

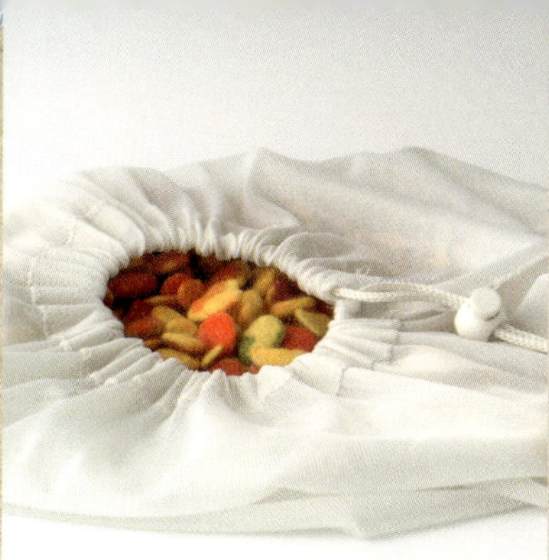

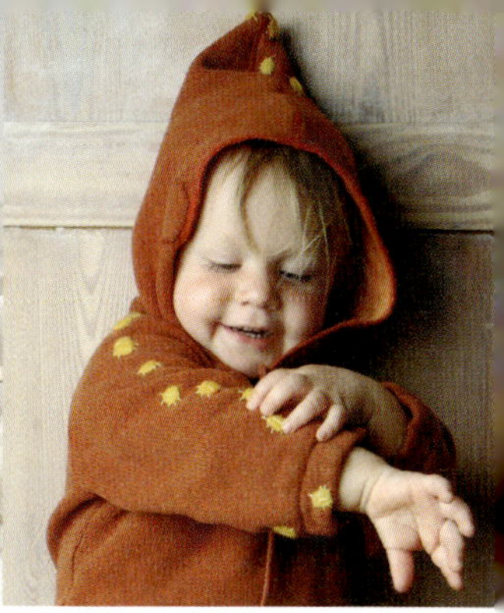

Diese Jacke hat bereits ein Leben als bodenlanges Strickkleid und danach eines als kurzes Walkstrickkleid, unter dem meine Tochter in meinem Bauch heranwuchs, hinter sich. Der Belastung meines wachsenden Bauchumfangs hat der Walkstrick dann auch nicht mehr standgehalten und aus den noch nicht zerlöcherten Teilen entstand diese Jacke, die Ronja noch zwei Winter lang warmgehalten hat und nun auch schon wieder löchrig wird. Jetzt bekommt sie noch ein paar Käfer drauf.

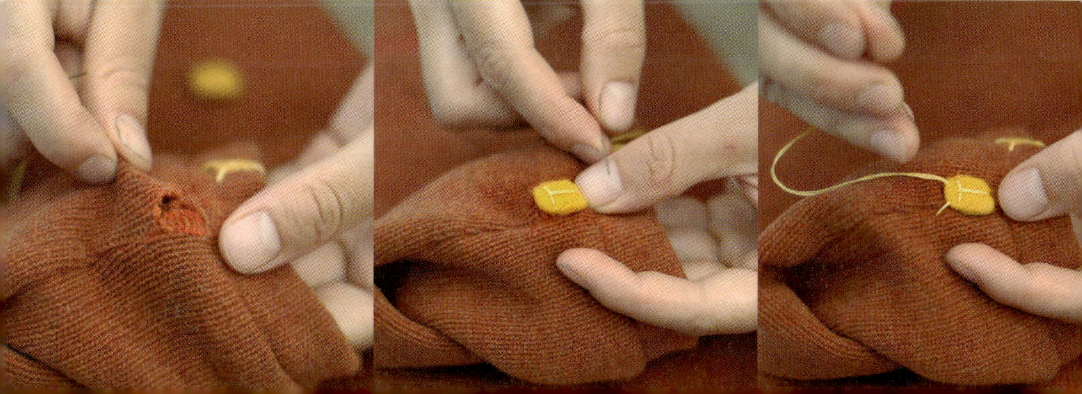

Atelier: Die Käfer-Reparatur

Filzreste und -schnipsel wegzuwerfen, schaffe ich nicht. Überall steckt ja trotzdem Arbeit drin und die Farben sind schön und irgendwas wird schon noch daraus werden. Irgendwann hab ich dann alles mal farblich sortiert, kleingeschnippelt und in einem Wäschesack mit in die Kochwäsche gesteckt. Heraus kamen herrliche kleine Filzlinge.

Ein Filzling wird auf das Loch gelegt und mit dreifädigem Stickgarn zuerst ein Querstich, dann ein Längsstich gearbeitet, wie ein T. Damit sind Kopf und Flügel angedeutet. Mit acht kleinen Stichen ringsum werden Fühler und Beinchen gestickt, dabei immer durch den Stoff des Kleidungsstücks und den Filzling stechen, damit alles zusammenhält.

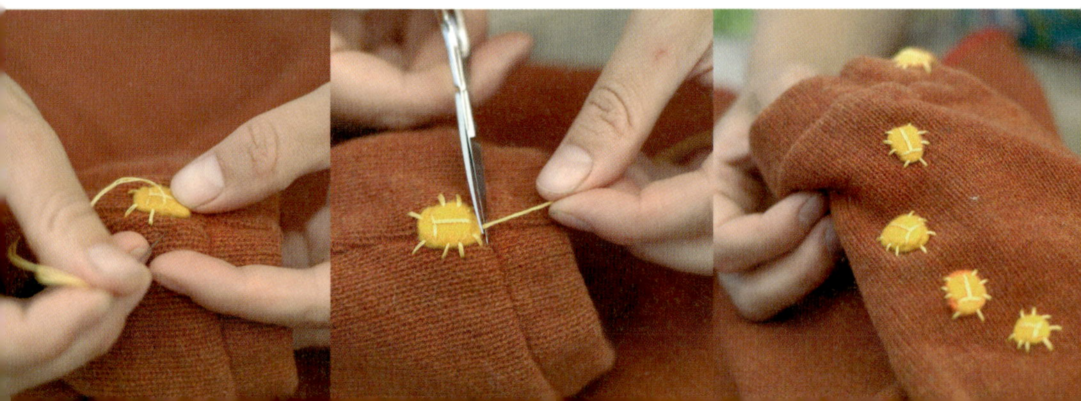

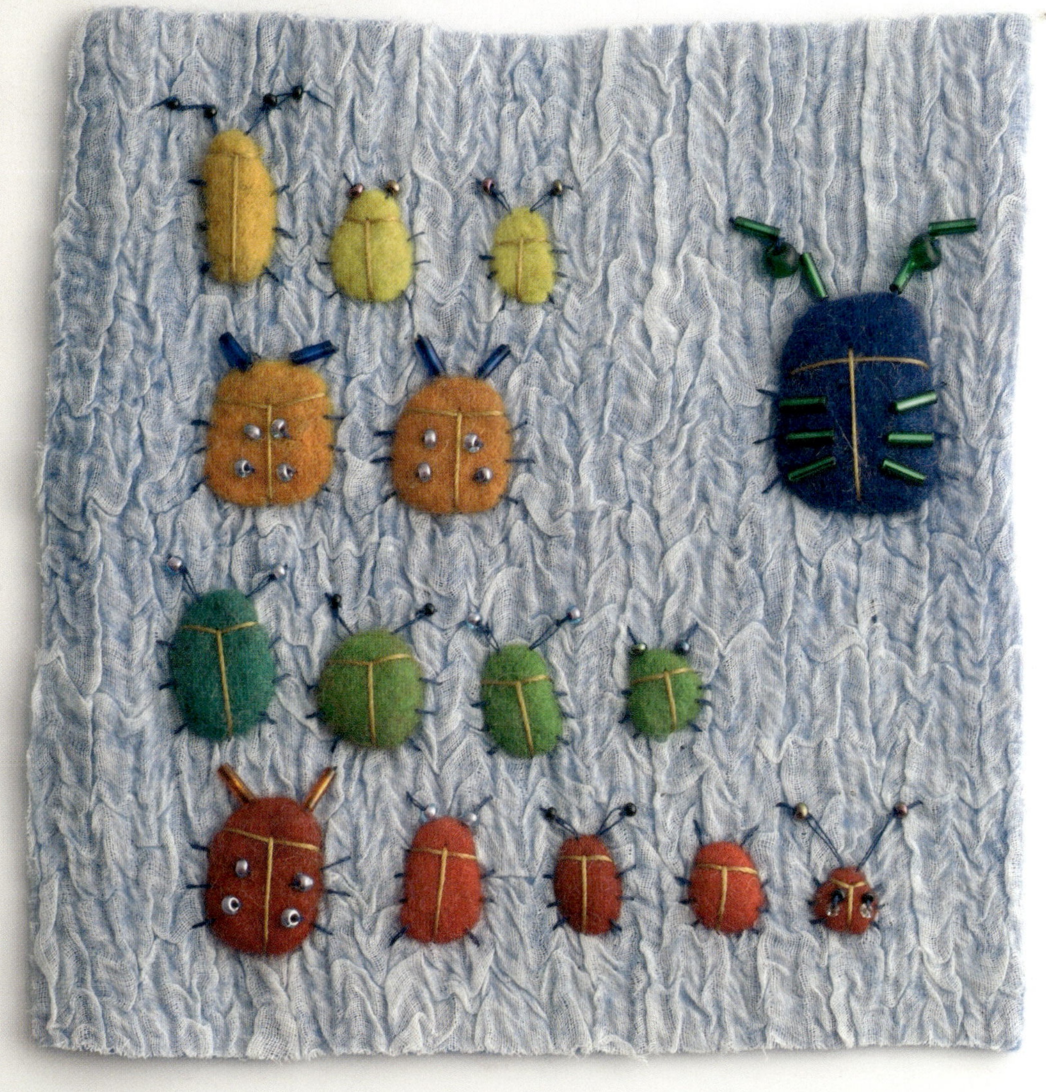

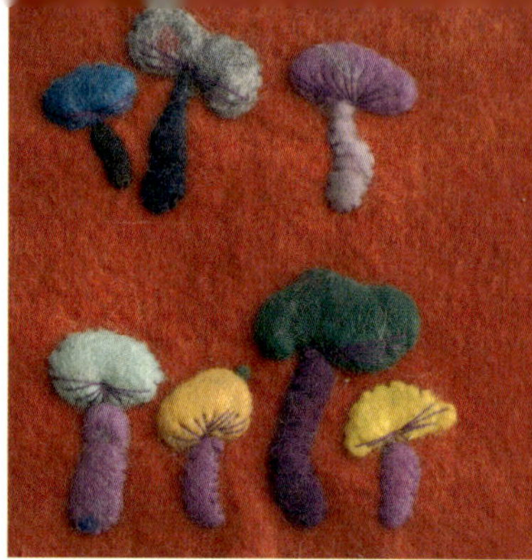

Pilze

Bei Pilzen denke ich immer zuerst an Janosch-Illustrationen, bei denen oft irgendwo ein Pilz an einem Faden von der Decke hängt und als nächstes denke ich an meinen Vater, der uns, als wir noch sehr klein waren, während eines Sommerurlaubs am Templiner See, bei dem wir sehr oft Pilze sammeln waren, jedesmal, wenn die Sirene heulte (es war sommerlich heiß und trocken mit großer Waldbrandgefahr) erzählte, jetzt habe wieder jemand giftige Pilze gegessen. Und ich habe das geglaubt. Als drittes denke ich an einen Freund, der einen gelben Baumpilz welcher an Kirschbäumen wächst so zubereiten kann, dass er schmeckt wie Braten. Tatsächlich muss man sich mit Pilzen gut auskennen (oder eine Beratung in Anspruch nehmen), denn es gibt in unseren Wäldern zwar Delikatessen für Feinschmecker, aber auch Pilze, deren Genuss tödlich endet.
Da fällt mir gleich noch eine Anekdote ein: Robert hat als Kind keine Mars-Riegel gegessen, weil diese als Champion-Riegel beworben wurden und er glaubte, sie seien mit Champignons gefüllt …

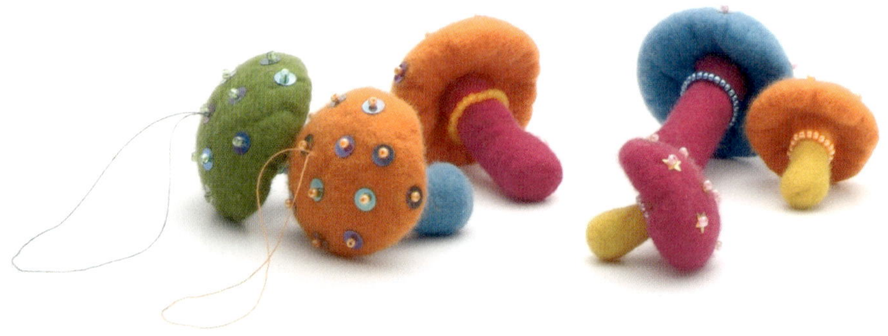

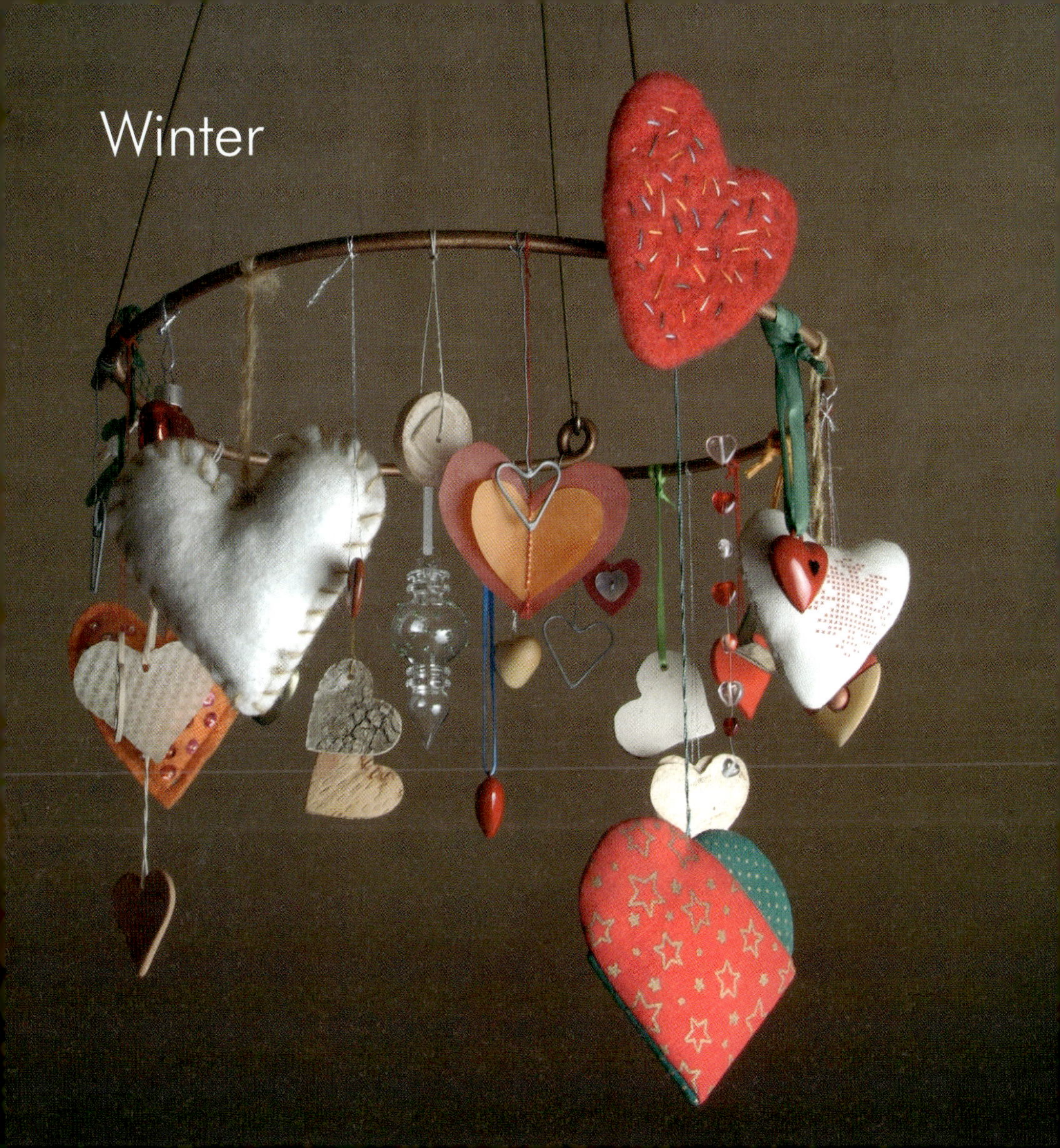

Winter

Eine Hand voller Sterne

Wenn die Tage wieder spürbar kürzer werden und im Garten kaum noch was zu tun ist, gönne ich mir ein besonderes Vergnügen: ich beschenke jedes Jahr zwei oder drei Freunde mit einem Adventskalender aus 24 verschiedenen Sternen oder Kugeln (Herzen bekommt nur Robert). Dazu durchstöbere ich zuerst all den im Vorjahr gesammelten Klimbim, der nach dem Weihnachtsfest übrigbleibt und an dem ich mich schon satt gesehen habe. Dann ergänze ich dieses Sammelsurium mit Süßigkeiten, Spielzeug und kleinen Basteleien in der entsprechenden Form. Die Dinge müssen nicht alle weihnachtlichen Ursprungs sein, bei den Kugeln zum Beispiel ist meist auch ein Ei dabei mit dem Hinweis, jetzt schon an die nächste Saison zu denken. Jedes Stück wird einzeln verpackt und durchnummeriert und die 24 Päckchen verschenke ich dann Ende November in einem kleinen Karton anstelle eines größeren Weihnachtsgeschenks.
Für dieses Buch haben wir für jeden Adventstag ein Objekt oder Foto aus unserer Sternensammlung ausgewählt und einem gefilzten Objekt gegenübergestellt.

Bücher, die ich in dieser Zeit gelesen habe:
Rafik Schami: „Eine Hand voller Sterne“
Jörg Zink: „Zwölf Nächte“

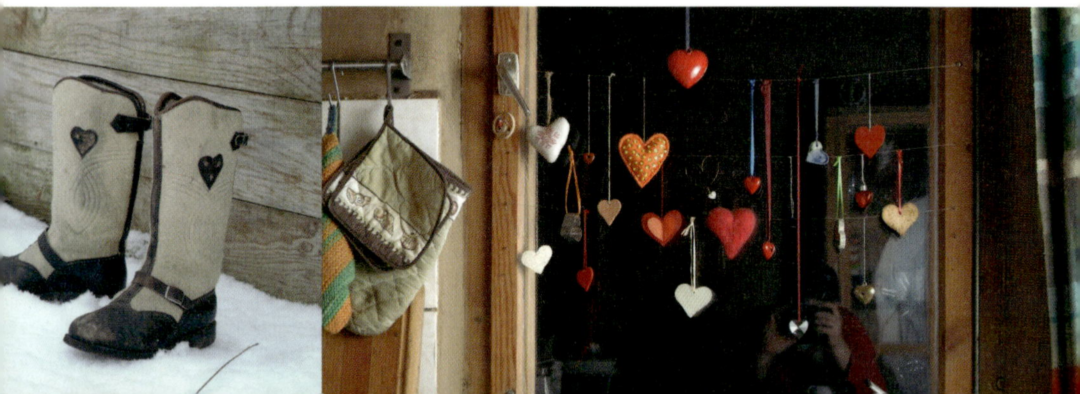

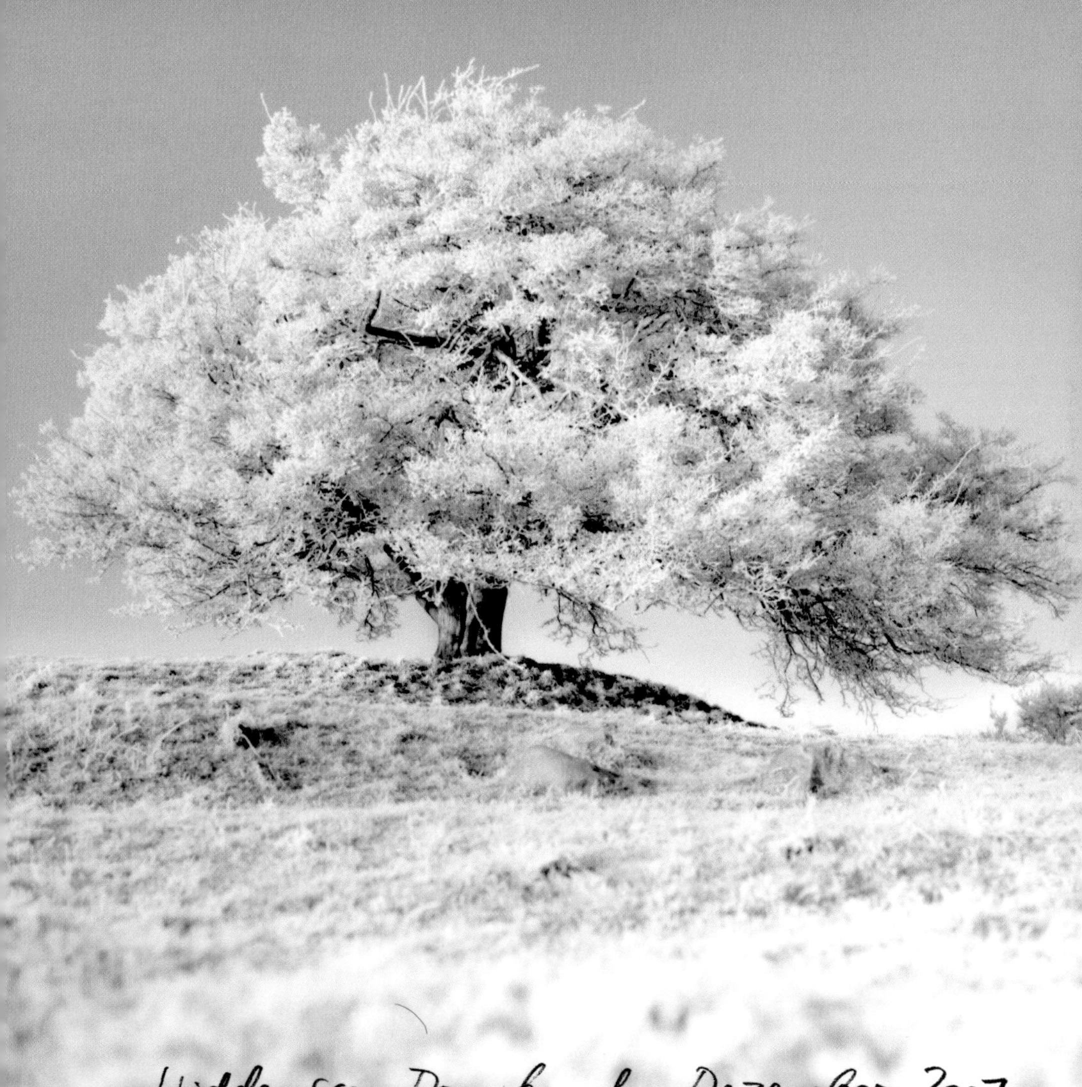

Hiddensee, Dornbusch, Dezember 2007

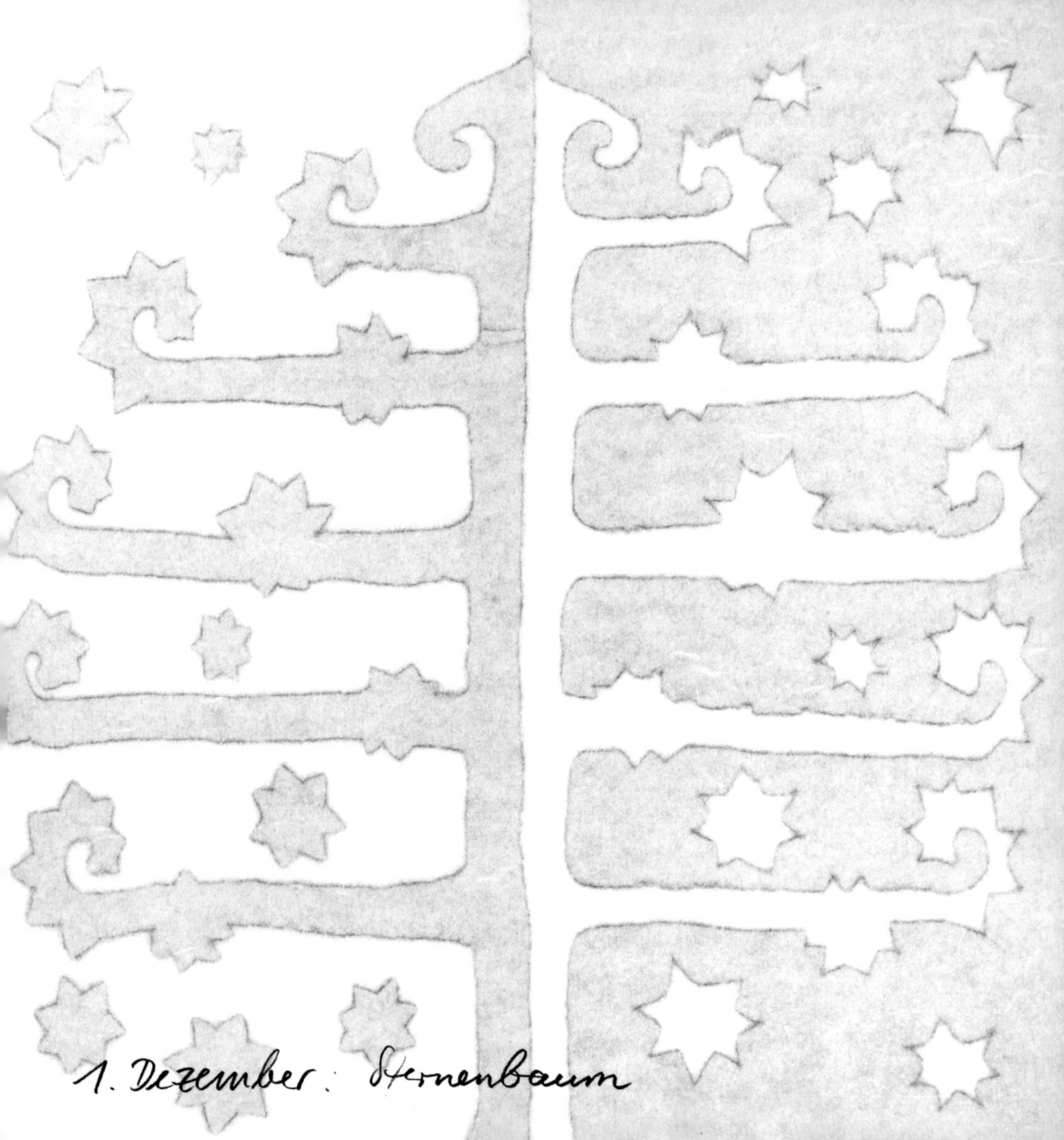
1. Dezember: Sternenbaum

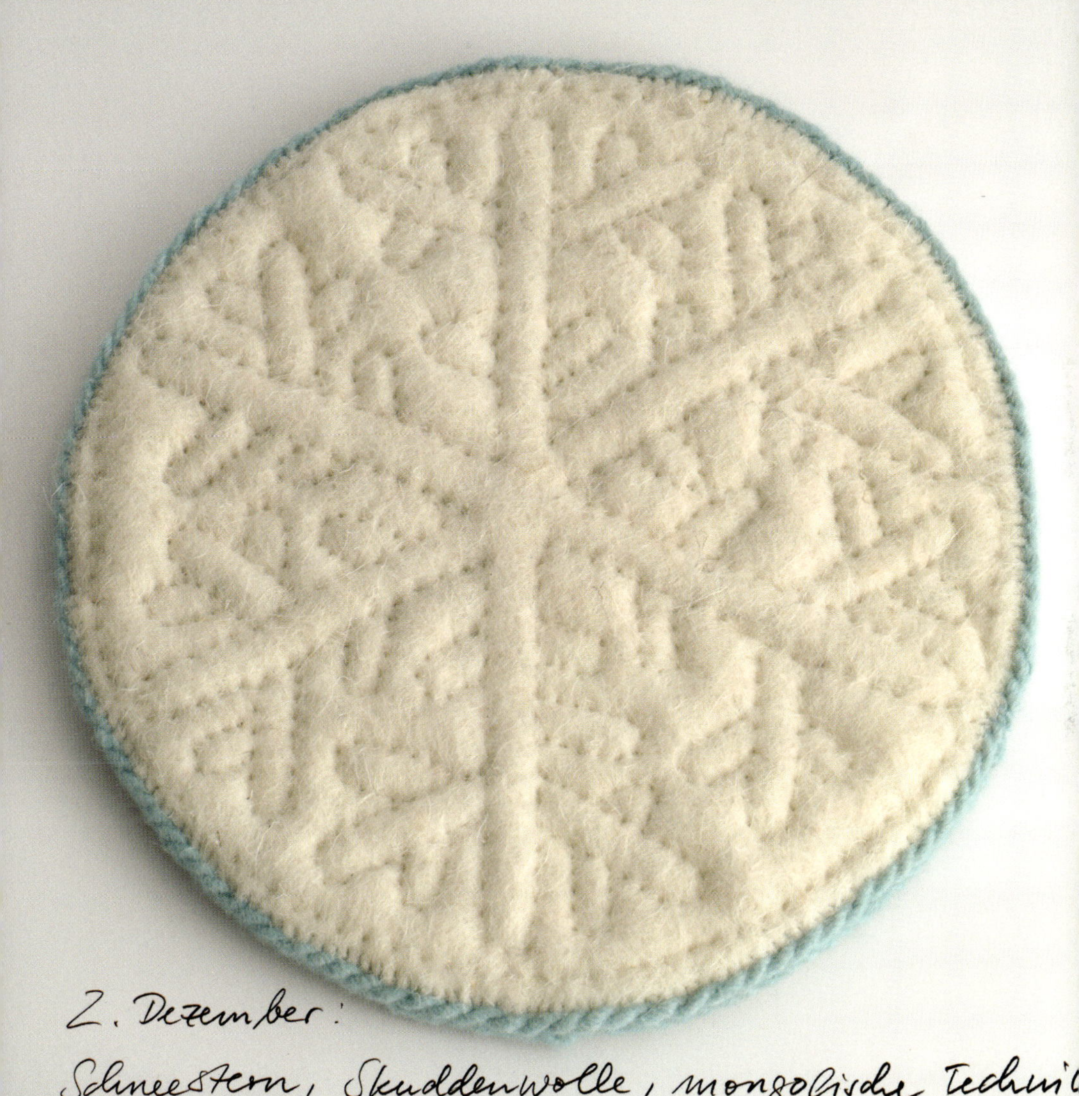

2. Dezember:

Schneestern, Skuddenwolle, mongolische Techni

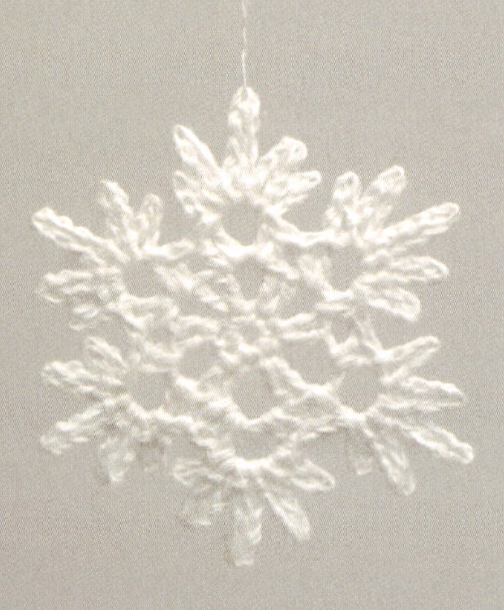

3. Dezember: Fliegenpilz-Nadelkissen:
ein Weihnachtswunsch
meiner Schwester Sabine

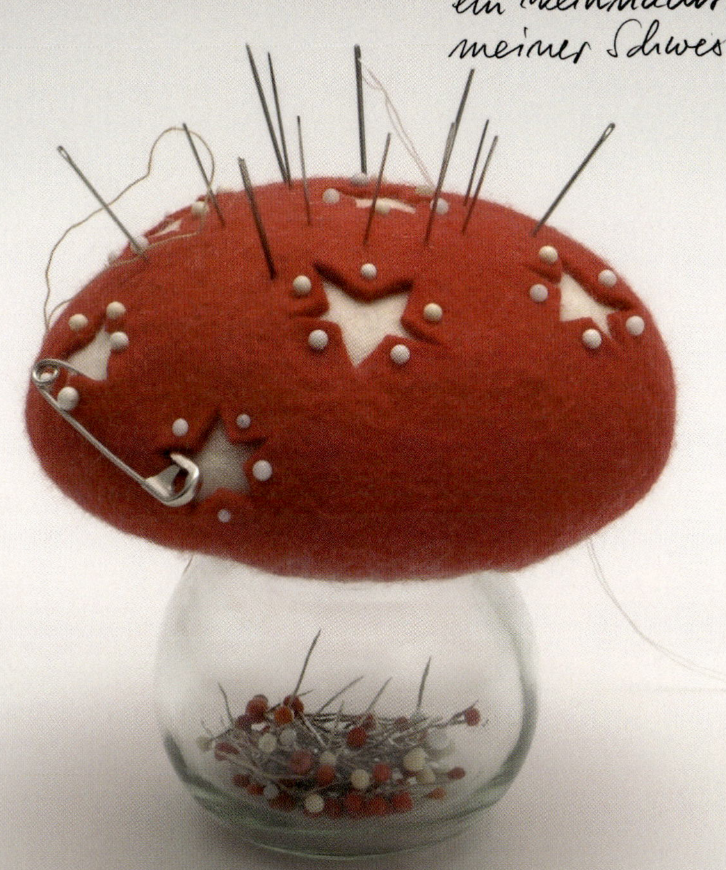

Räucherpilz: ein Erbstück von Oma Christa

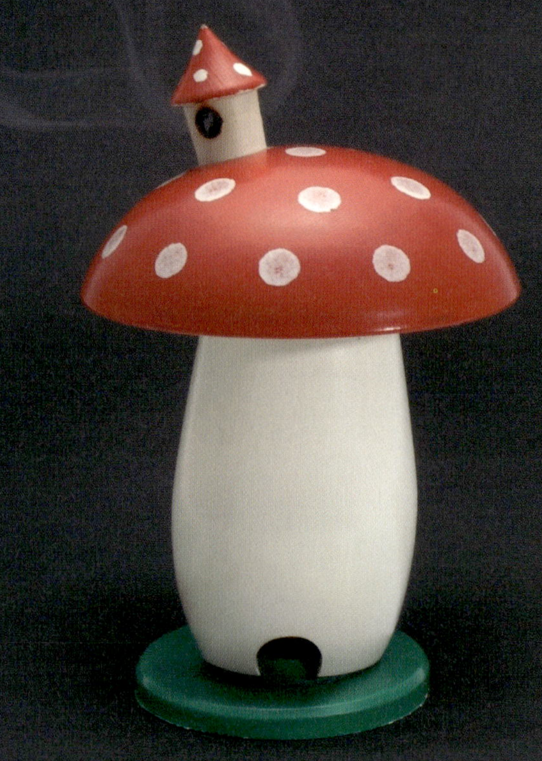

In meinem kleinen Apfel,
da sieht es lustig aus:
Es sind darin fünf Stübchen
grad' wie in einem Haus.

In jedem Stübchen wohnen
zwei Kernchen schwarz und fein,
die liegen drin und träumen
vom lieben Sonnenschein.

Sie träumen auch noch weiter
gar einen schönen Traum,
wie sie einst werden hängen
am lieben Weihnachtsbaum.

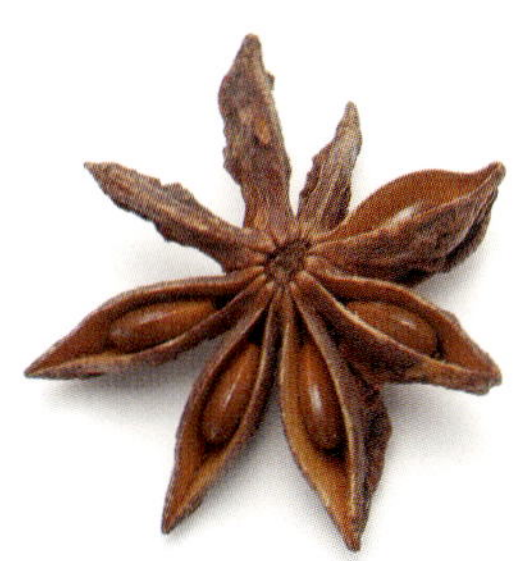

4. Dezember: Apfel + Anis

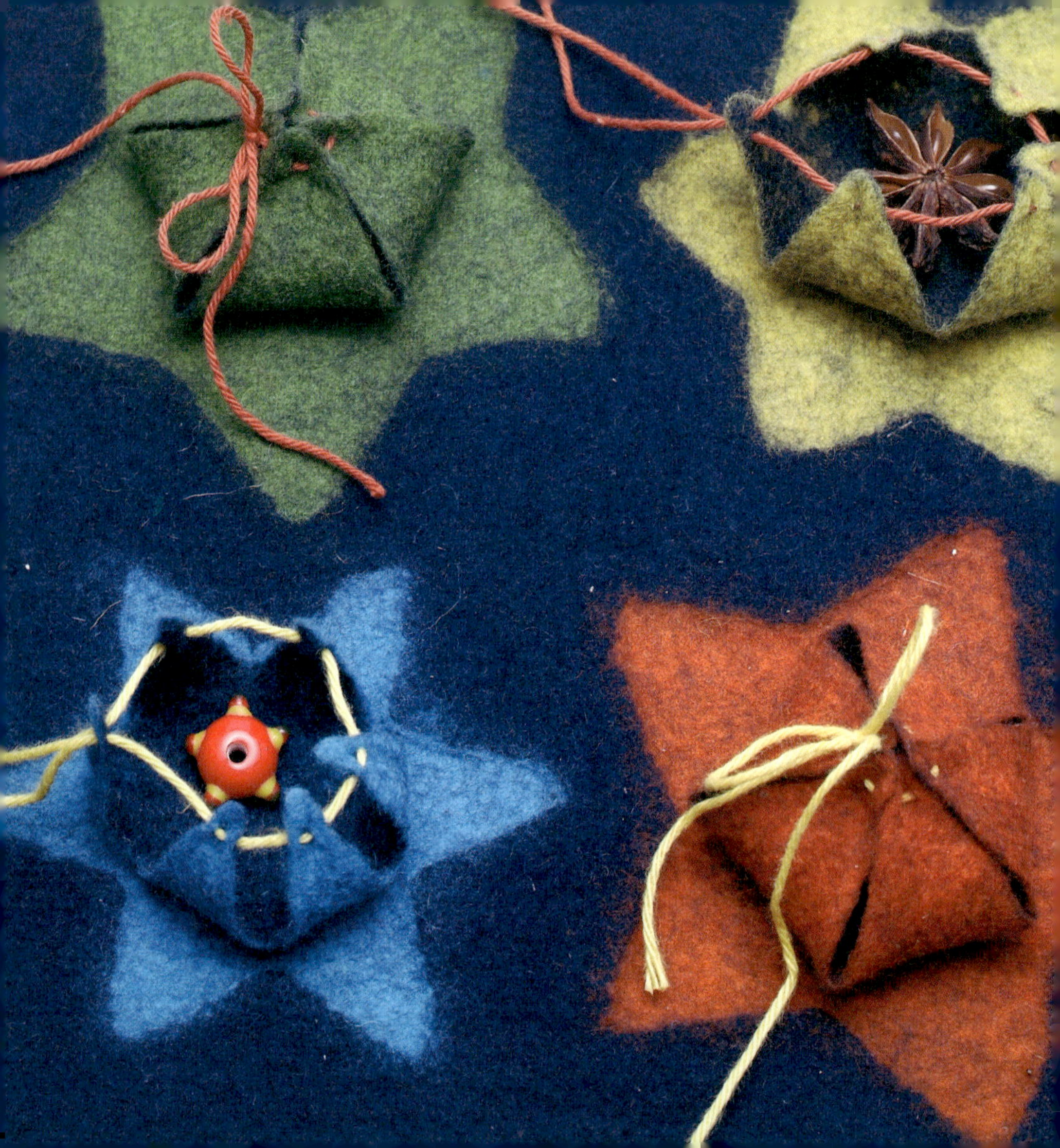

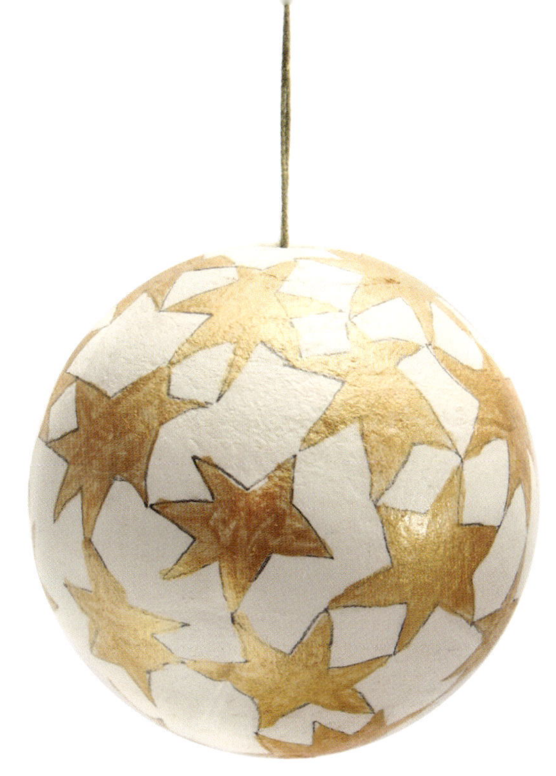

5. Dezember: Sternenkugel

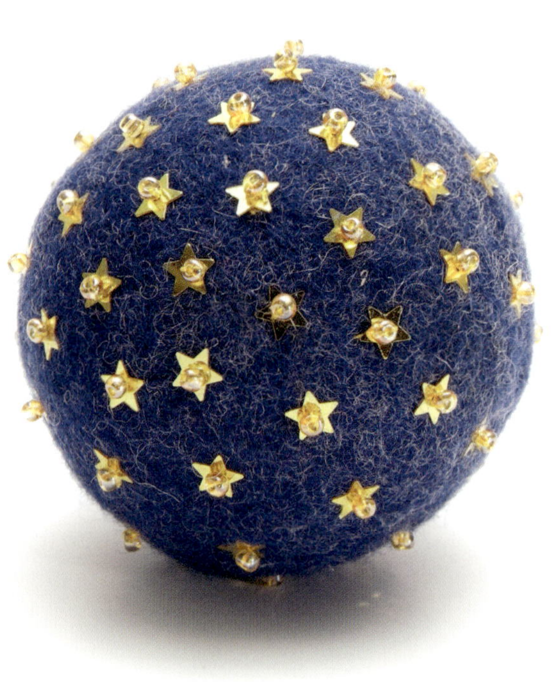

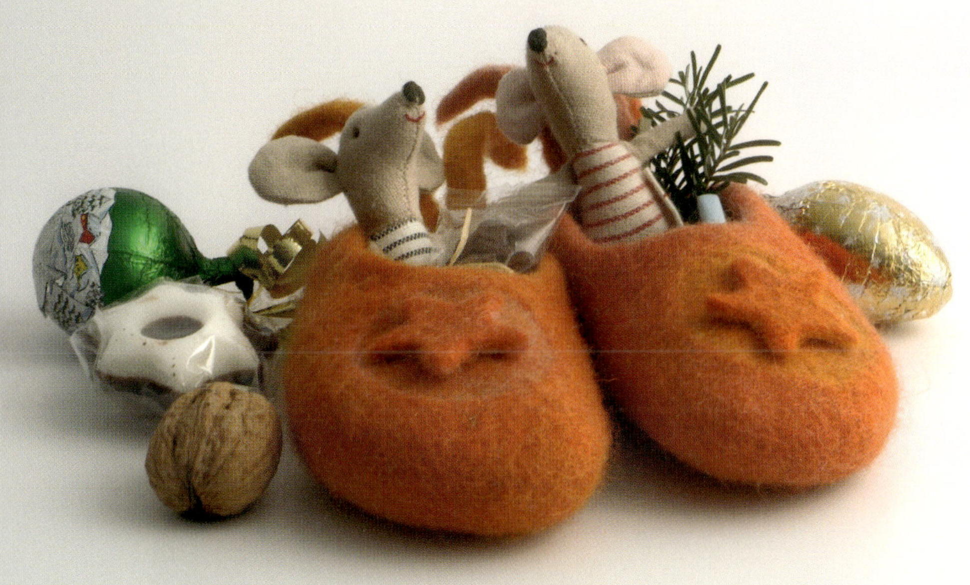

6. Dezember: Nikolaus

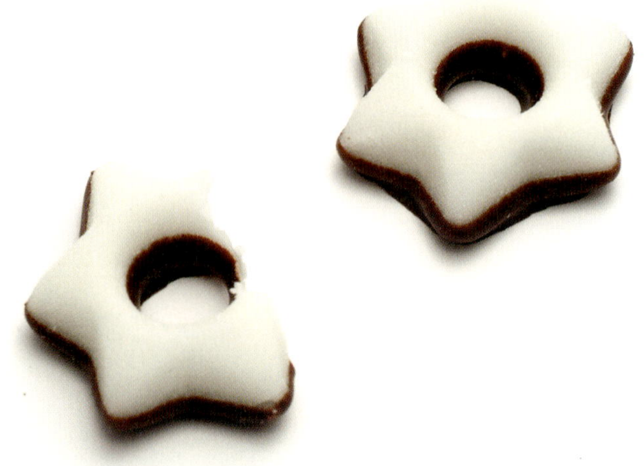

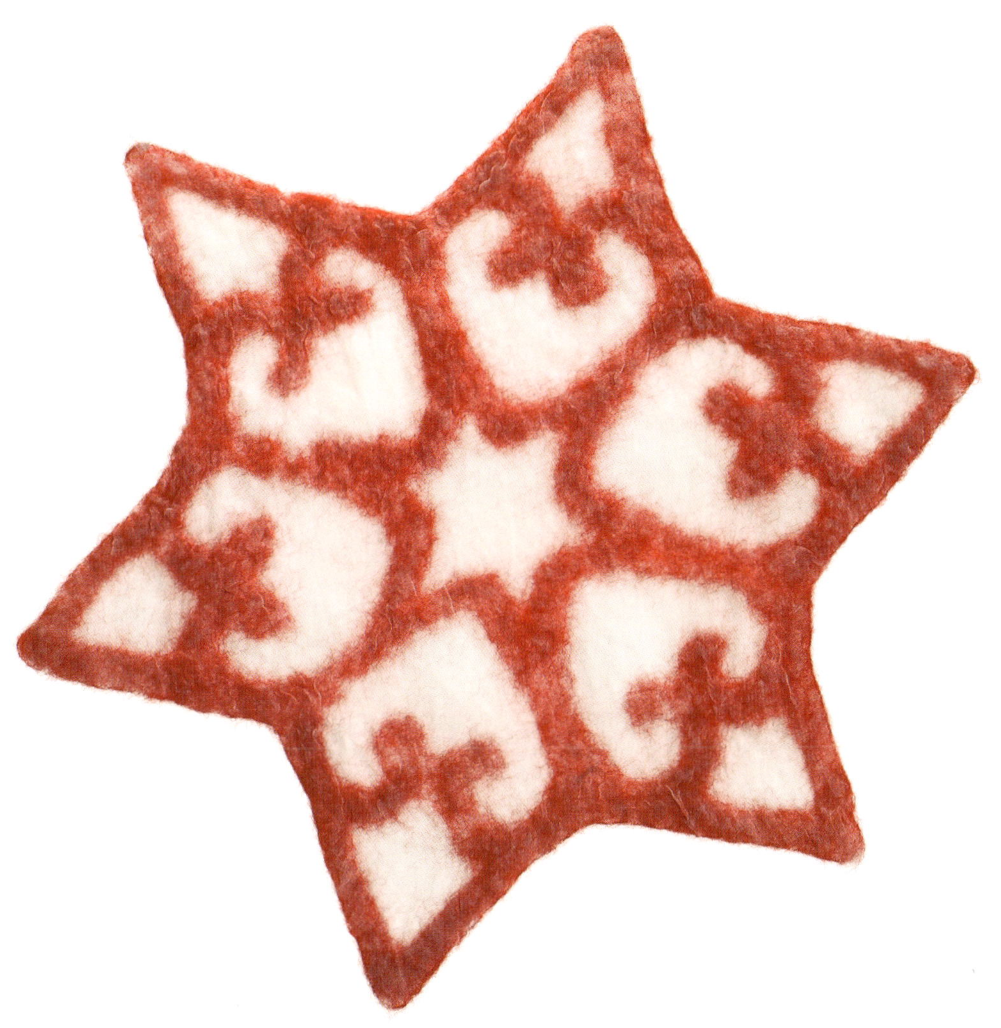

7. Dezember: Fenstersterne

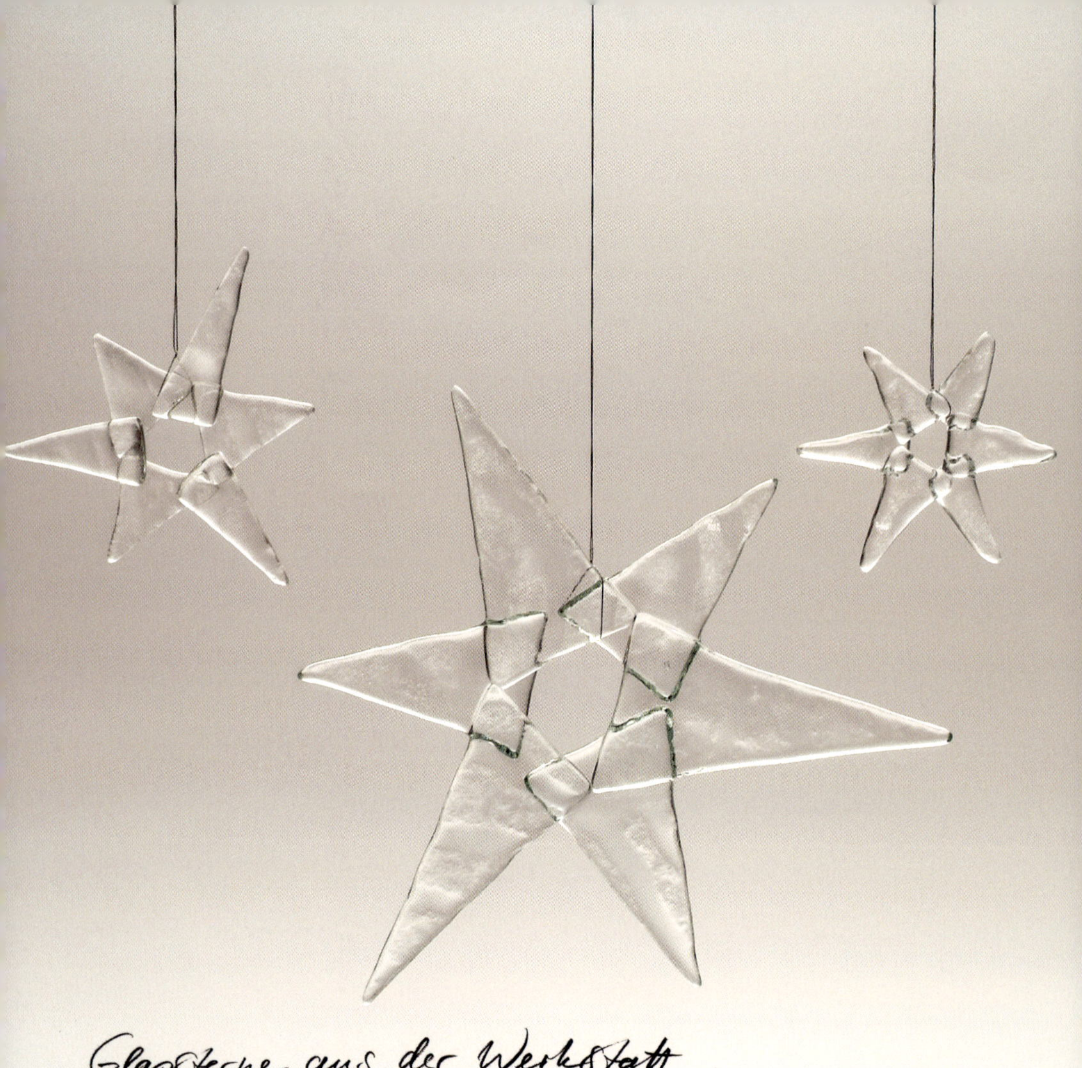

Glassterne aus der Werkstatt
von Marion Hampel

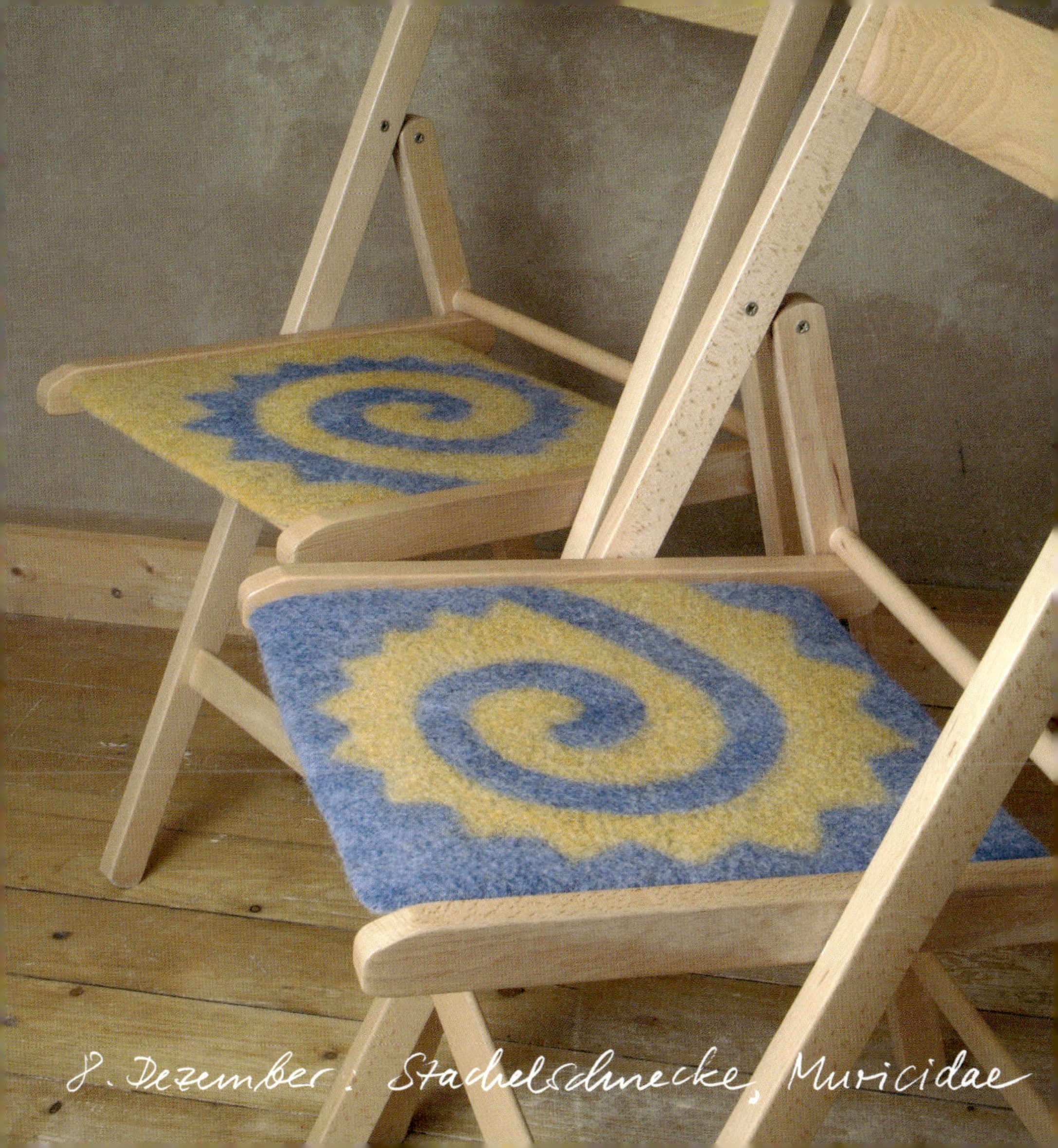

8. Dezember: Stachelschnecke, Muricidae

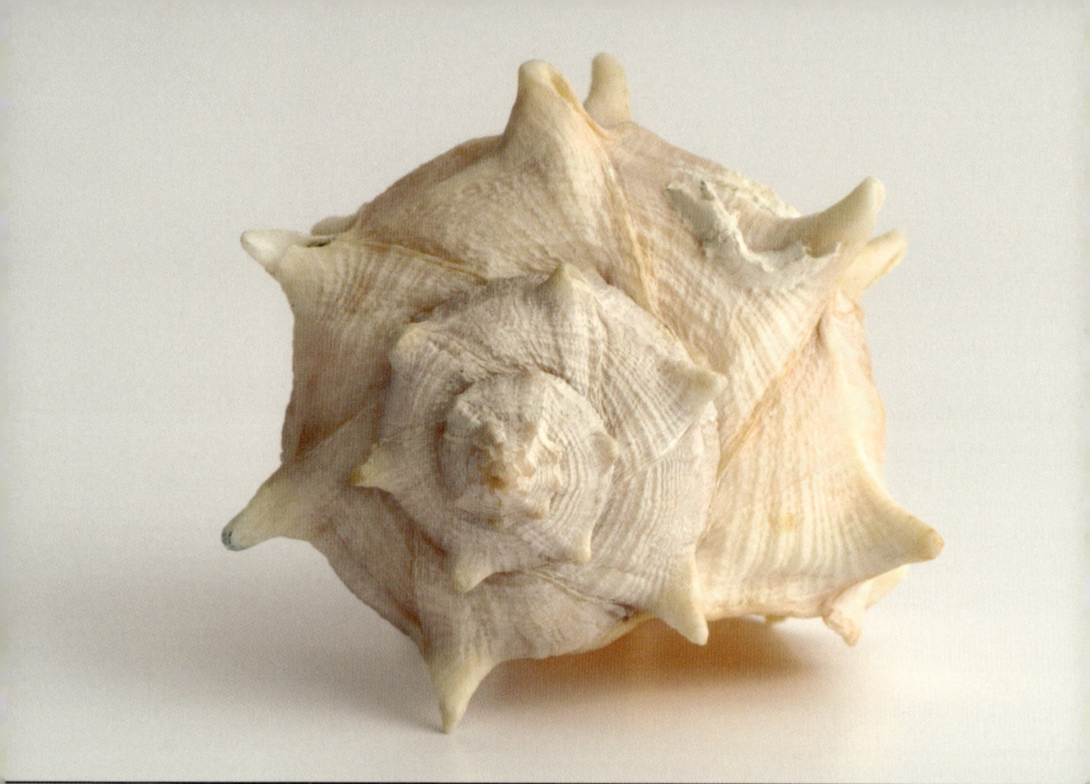

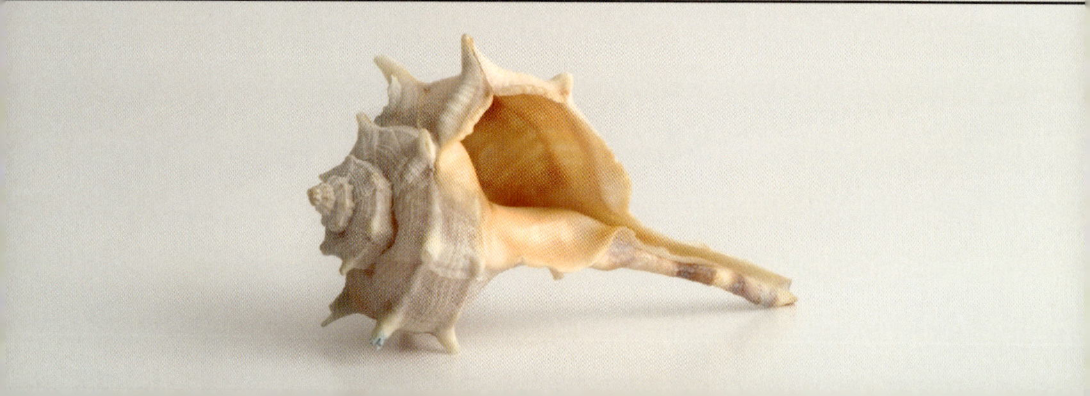

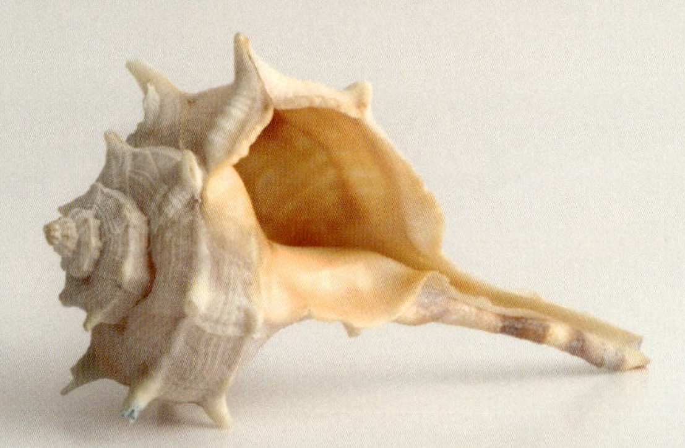

9. Dezember: Der Sternenhimmel über der Wüste

Die Silberperlen bekam ich von Hildegard als Hochzeitsgeschenk. Sie brachte sie aus Marokko mit, wo solche Silberperlen zum traditionellen Schmuck der Touareg- und Berber-Frauen gehören. Dieser Schmuck ist ein Kulturgut, das den Frauen im wahrsten Sinne des Wortes am Herzen liegt. Wenn eine Frau heiraten möchte, wird das gesammelte Familiensilber zum Goldschmied des Vertrauens gebracht, der daraus den Hochzeitsschmuck fertigt. In Notzeiten kann ein solcher Schmuck „versilbert" werden und so das Überleben der Familie sichern.
Viele dieser Perlen zeigen deutliche Gebrauchsspuren, sind verbeult oder löchrig, was sie umso schöner und geheimnisvoller macht, für mich ein richtiger Schatz. Sie erzählen vom Leben dieser Frauen und von der Sehnsucht des Menschen danach, sich zu schmücken, sich schön zu machen.
Hildegard reist jedes Jahr nach Marokko, um Parabolkocher (Solarkocher), warme Kleidung, Heilöle und Stickgarne zu den Nomadenfamilien zu bringen. Die Kocher sollen Unterstützung für die Frauen sein und schonen Kräuterbüsche und Sträucher, die sonst stundenlang in der Steinwüste für das abendliche Kochfeuer zusammengesucht werden müssen. Diese Zeit bleibt für andere Tätigkeiten, wie etwa, die Kinder zu unterrichten, zum Beispiel in traditioneller Handarbeit. Für dieses private ökologische Entwicklungshilfeprojekt wurde Hildegard 2005 in Paris mit dem Preis „Trophée de femmes" ausgezeichnet.

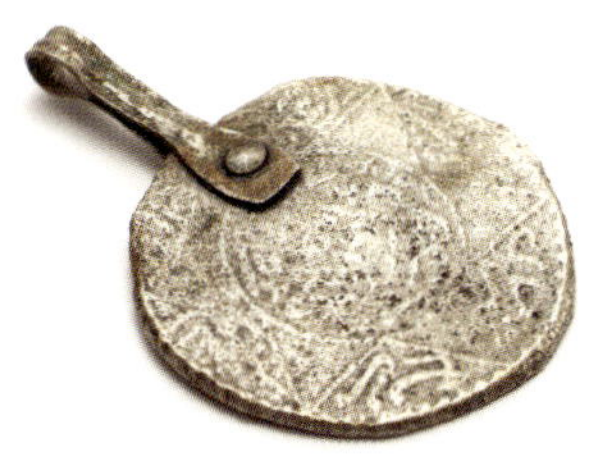

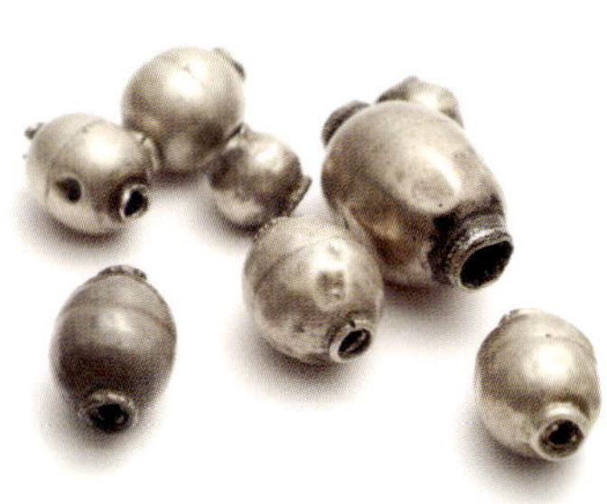

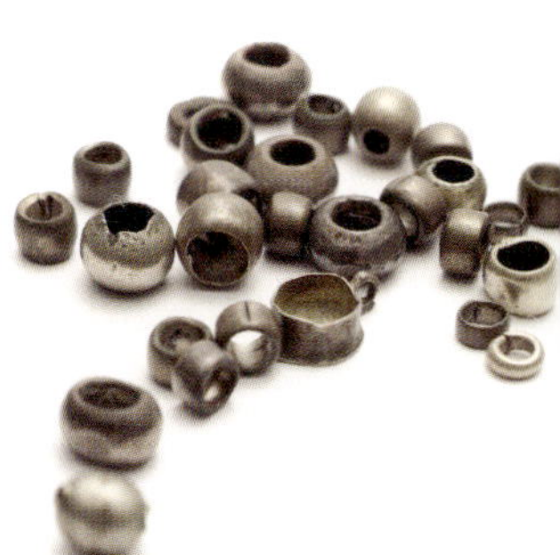

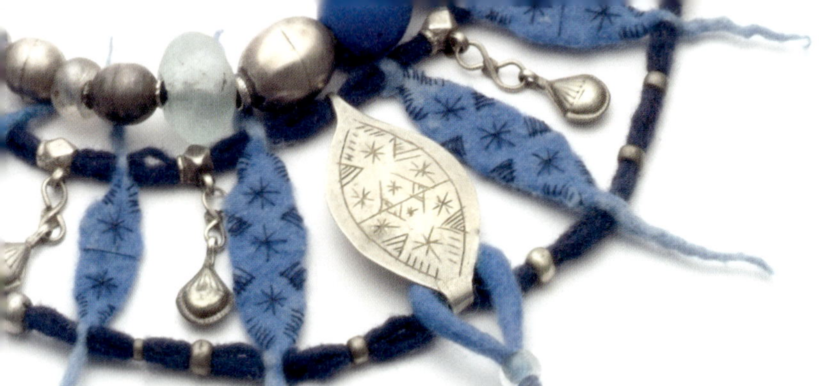

Auf diesen Reisen macht sie auch Einkäufe, z.B. auf dem Kamelmarkt von Goulimine. Auf diesem Markt sind neben Kamelen, Schafen und Ziegen auch Weihrauch, Gewürze, geflochtene Körbe, Textilien, Silber und antikes Murano-Glas zu finden. Wenn sie davon erzählt, entfaltet sich vor meinem inneren Auge die ganze farbige Pracht des Orients und gleichzeitig eine Ahnung, wie karg und entbehrungsreich das Nomadenleben in der Wüste ist.
Besonders hat es mir das Amulett mit den eingravierten Sternen angetan, laut Hildegard haben die Schutz-Amulette magische Funktion, die Trägerin weiß sich von einer göttlichen Kraft begleitet. Diese magische Schutzfunktion des Schmucks stellt scheinbar keinen Widerspruch zu muslimisch geprägten Glaubensvorstellungen dar. Die Bereitschaft und Fähigkeit, alte Gebräuche in die modernere Religion zu integrieren, zeichnet ein tolerantes Bild des in unseren Medien so oft als rein fundamentalistisch dargestellten Islam. Auch die Gastfreundschaft, von der Hildegard immer wieder erzählt, zeugt von Weltoffenheit.
Die eingravierten Sterne symbolisieren für mich den Nachthimmel über der Wüste. Die Nomaden orientieren sich bei nächtlichen Wanderungen auch am Stand der Sterne und es sind die gleichen Sterne, die Gott Abraham zeigte, um ihm deutlich zu machen, wie zahlreich seine Nachkommen sein würden. Einer der Anhänger ist aus einer alten Münze hergestellt, auf der ein Davidsstern zu erkennen ist. Und der Stern über Betlehem führte weise Männer aus einem nichtjüdischen Kulturkreis zum Geburtsort eines Juden, der zum Messias der Christen wurde.

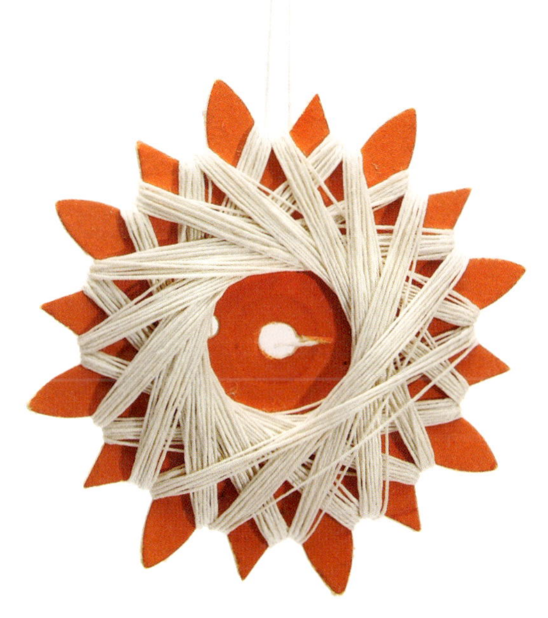

10. Dezember: Sternzwirn

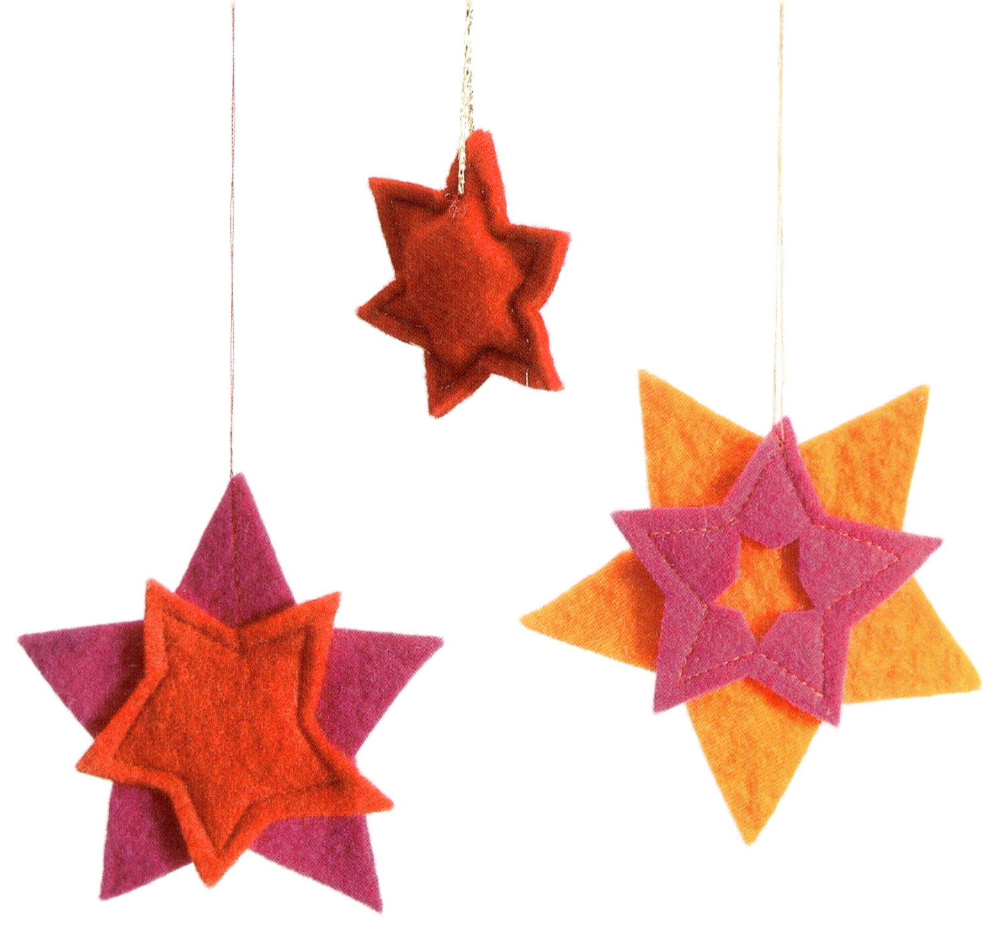

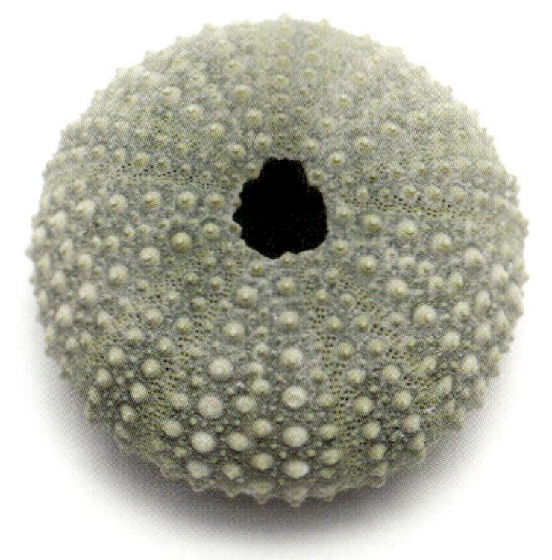

11. Dezember: Seeigel. Echinoidea

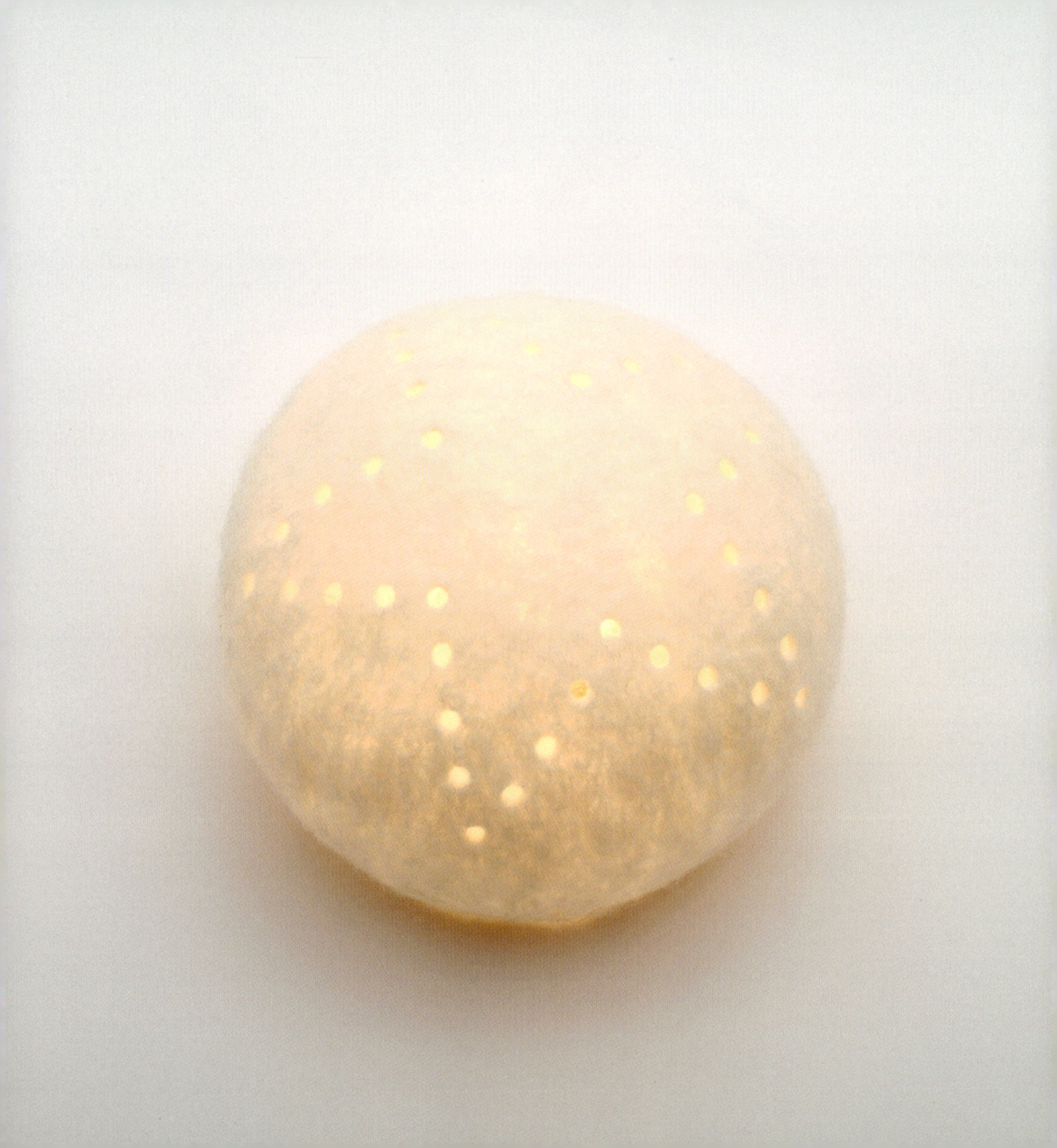

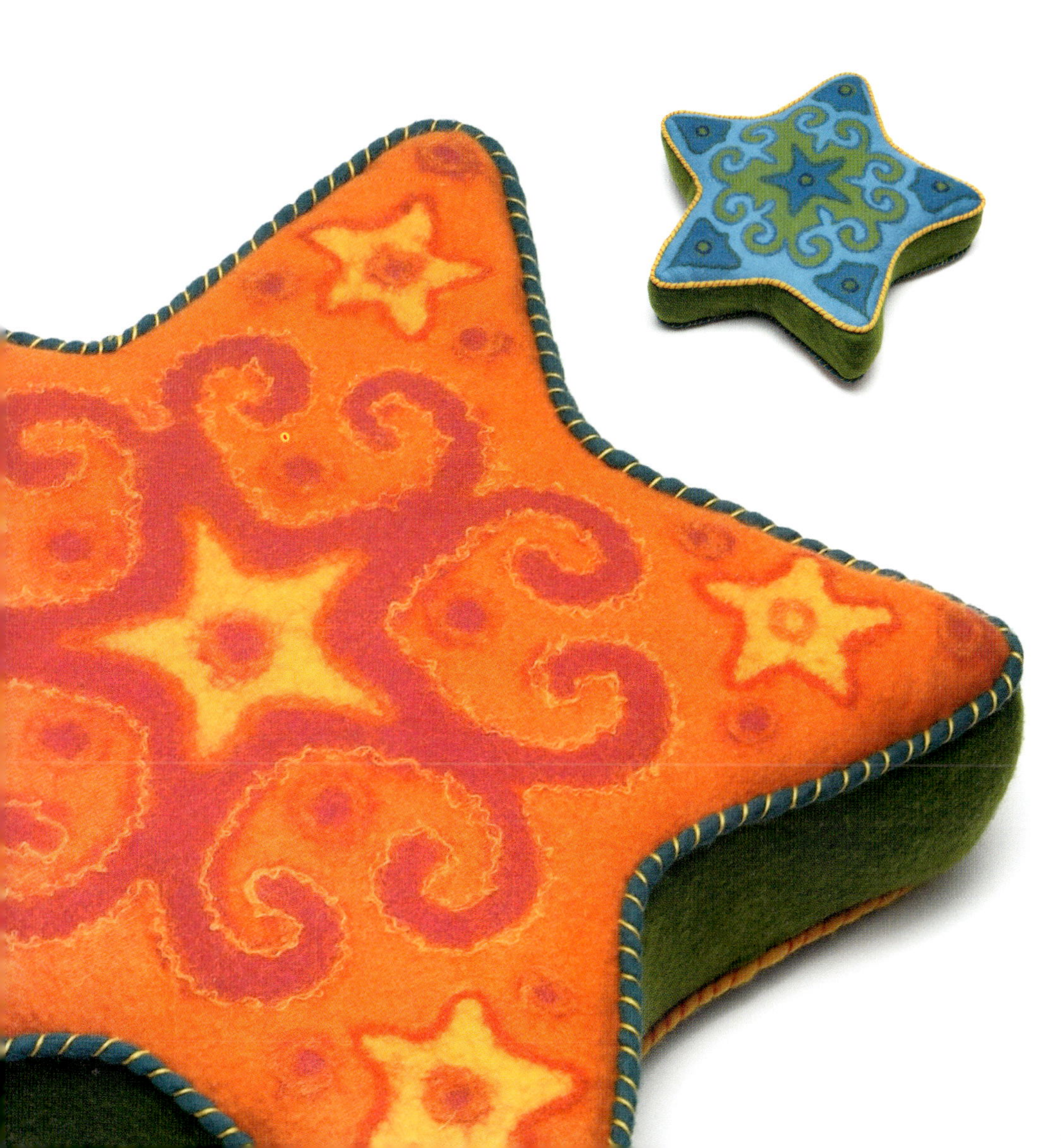

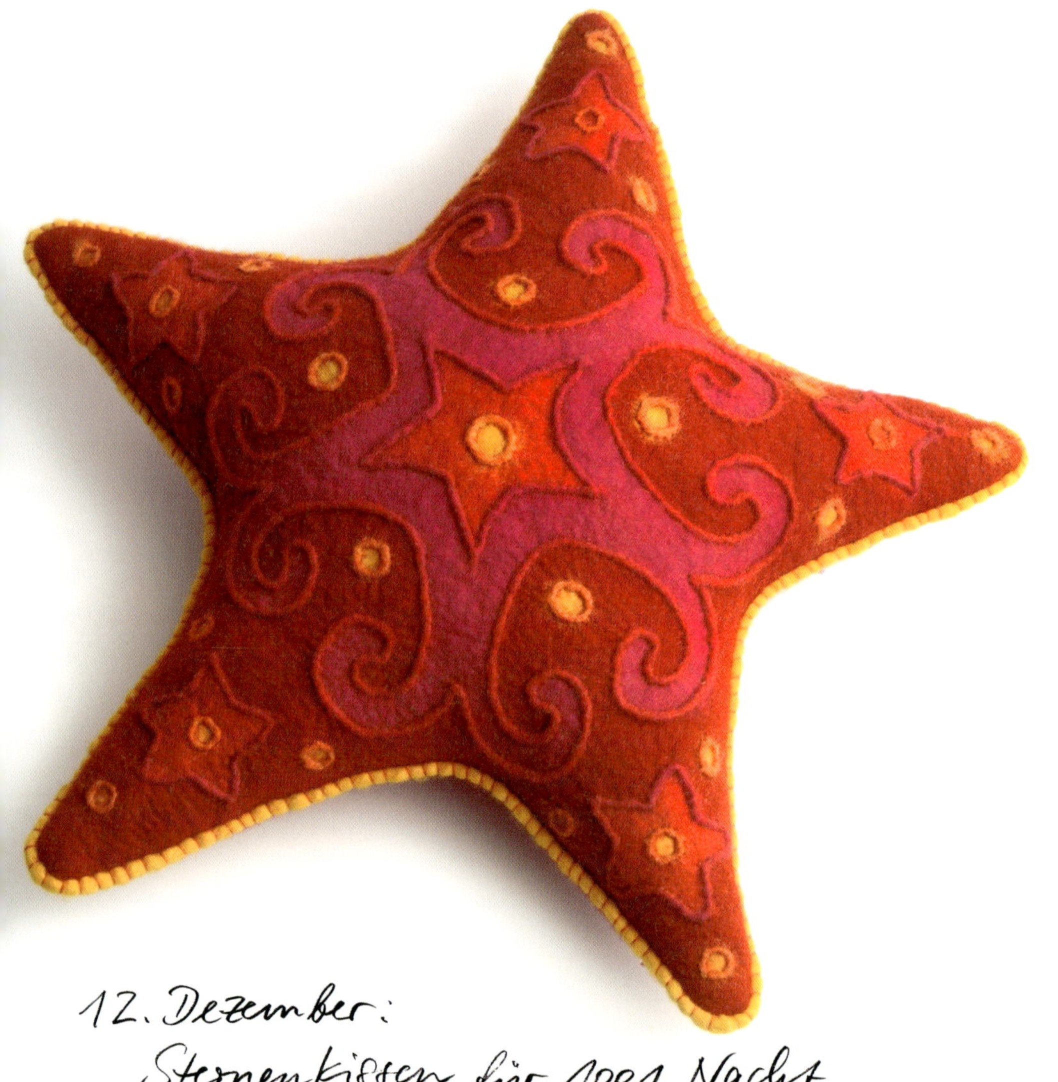

12. Dezember:
Sternenkissen für 1001 Nacht

Rezept für süßen Mürbeteig:

250 g Mehl
1 Ei
125 g Butter
65 g Zucker
Salz
1 Pckg. Vanillezucker

Alle Zutaten rasch, aber gründlich untereinanderkneten und den Teig für mindestens 30 min kalt gestellt rasten lassen.

Aus dem Mürbeteig Sterne in vier verschiedenen Größen ausstechen. Die gebackenen und abgekühlten Sterne mit Zuckerguss zusammenkleben, zuoberst ein kleiner halbierter Stern, und überziehen.

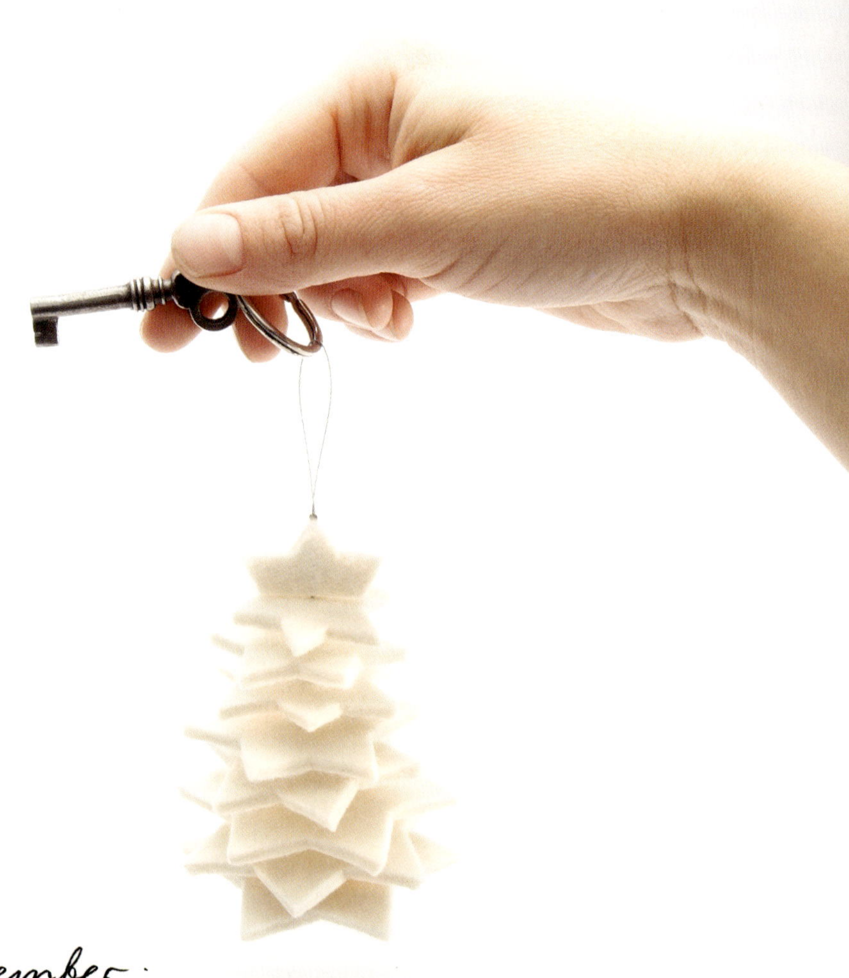

13. Dezember:

Tannenbäumchen aus Sternen

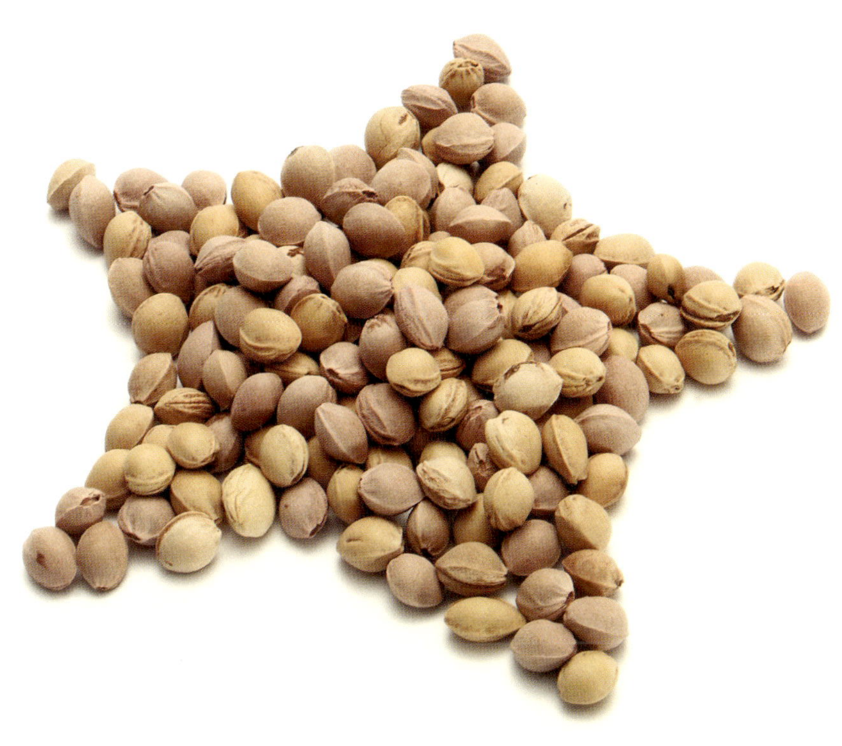

14. Dezember: Kirschkernfüllung
für's Wärmekissen

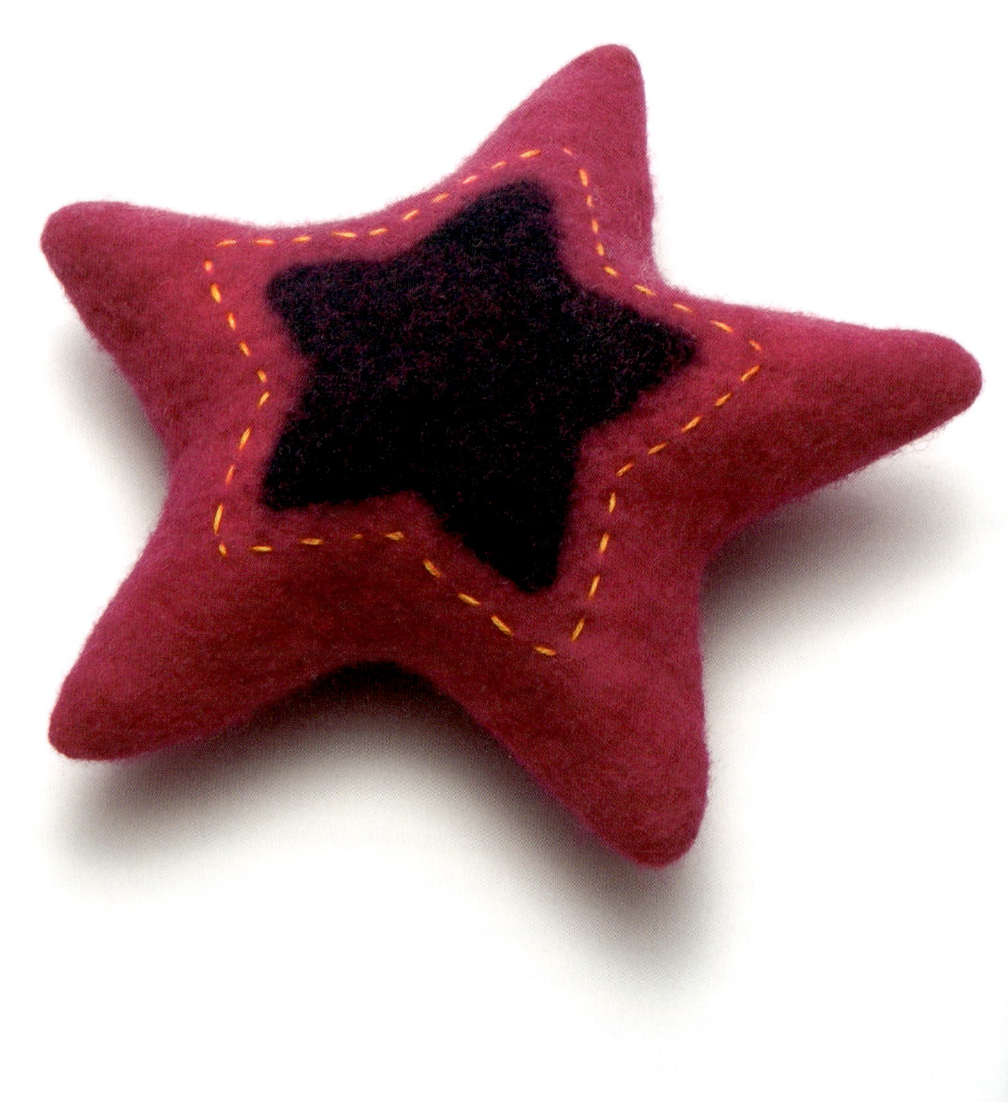

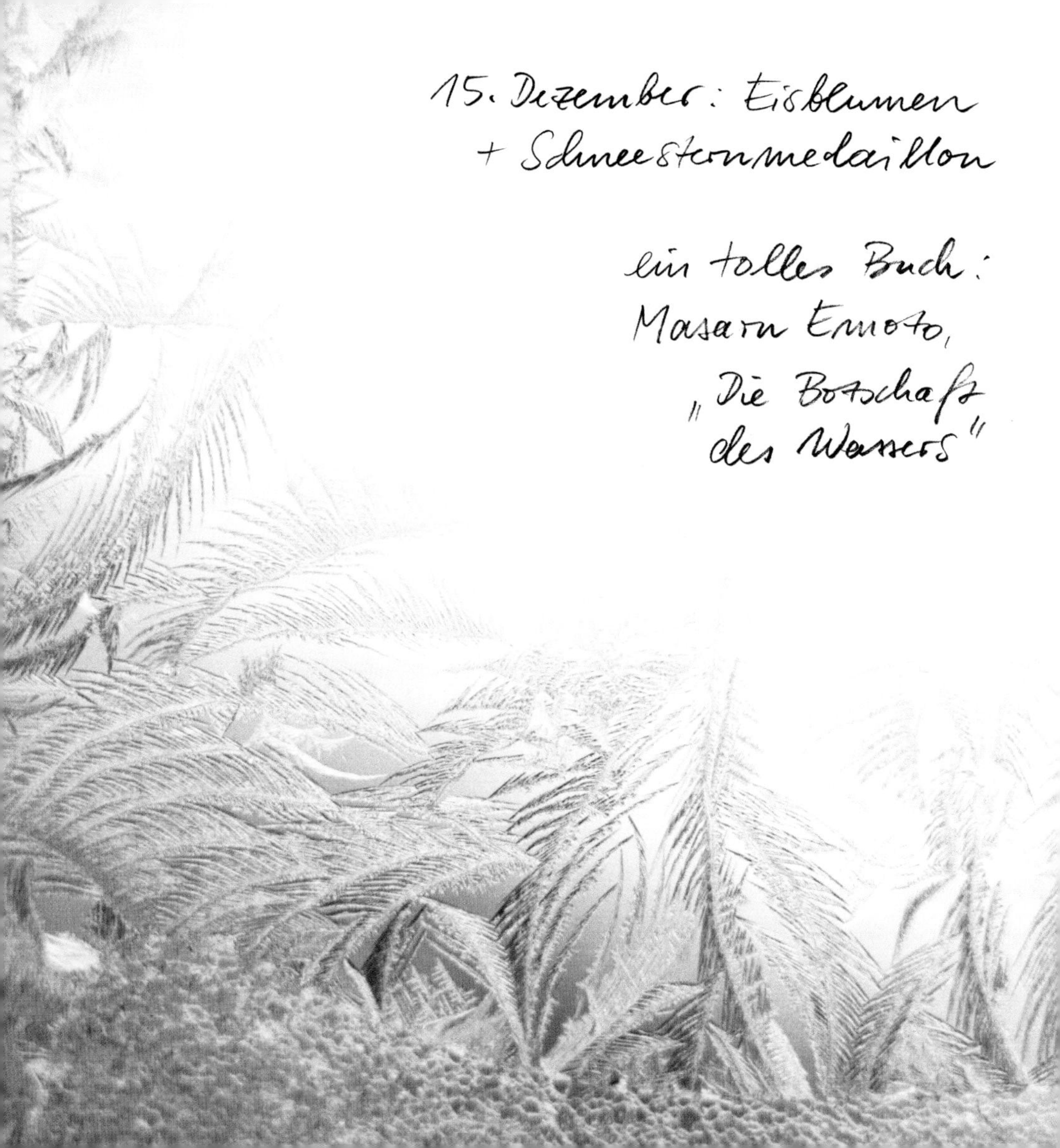

15. Dezember: Eisblumen
+ Schneesternmedaillon

ein tolles Buch:
Masaru Emoto,
„Die Botschaft
des Wassers"

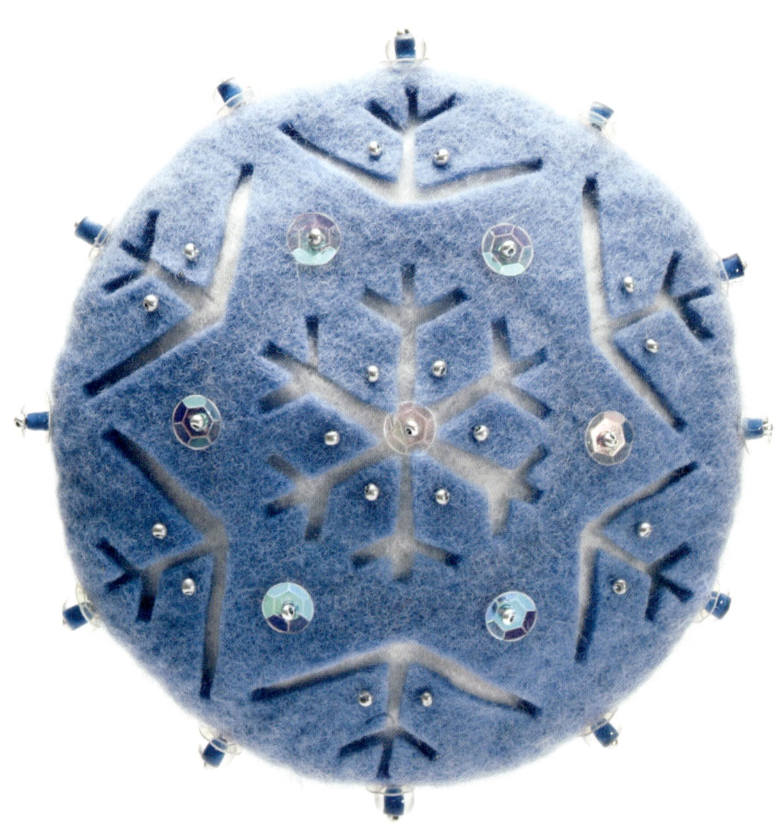

16. Dezember: Sternfrucht

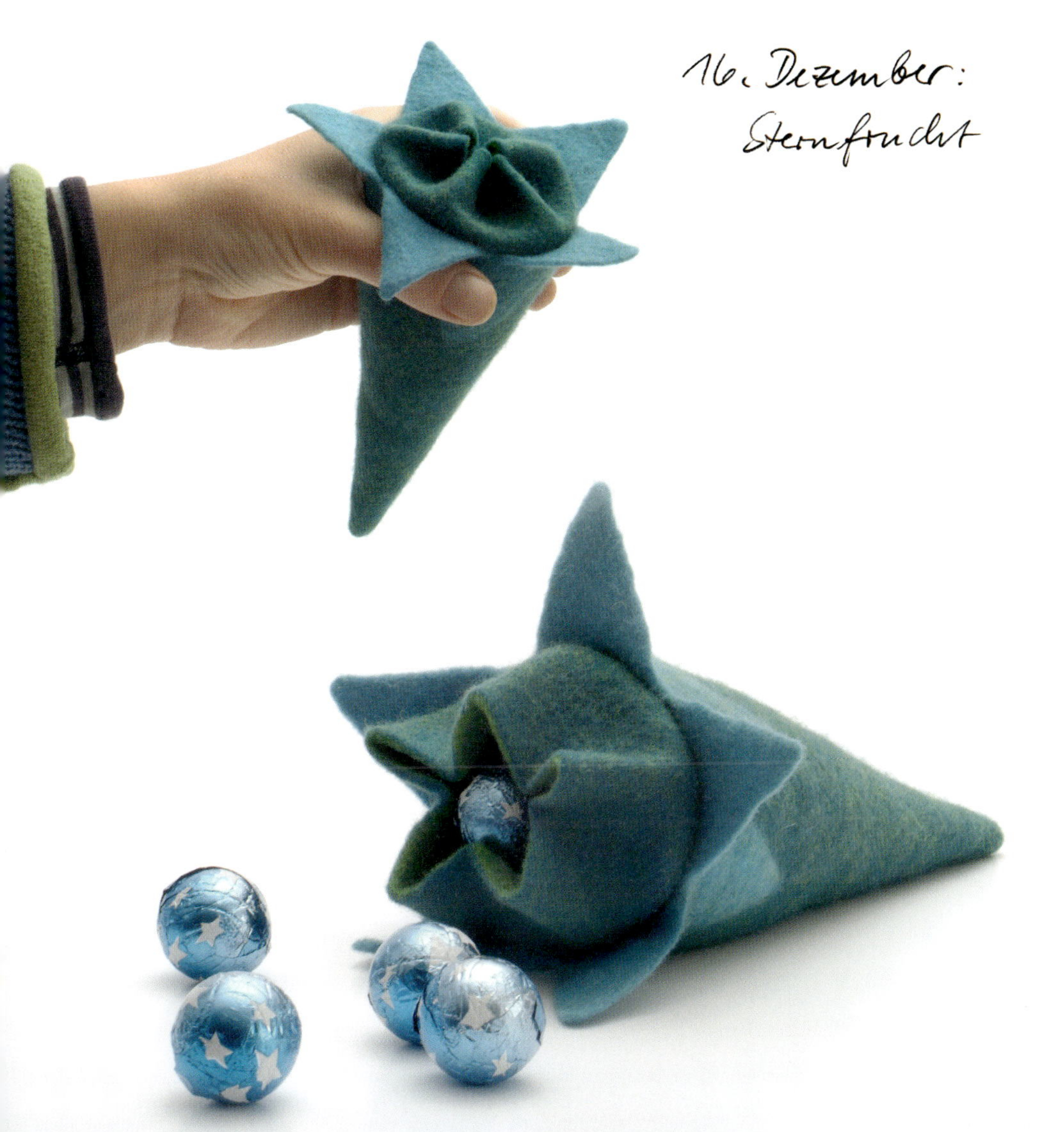

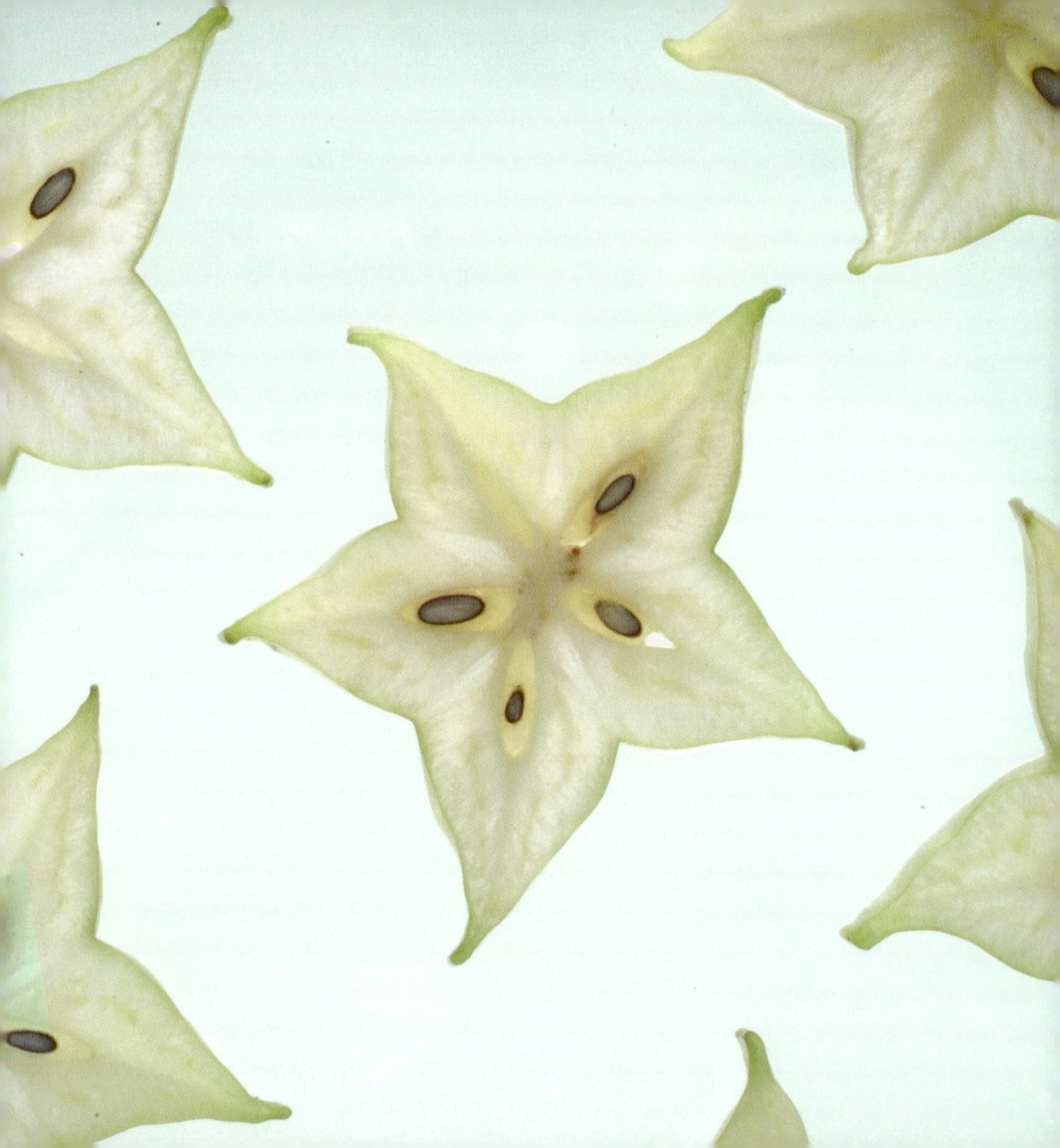

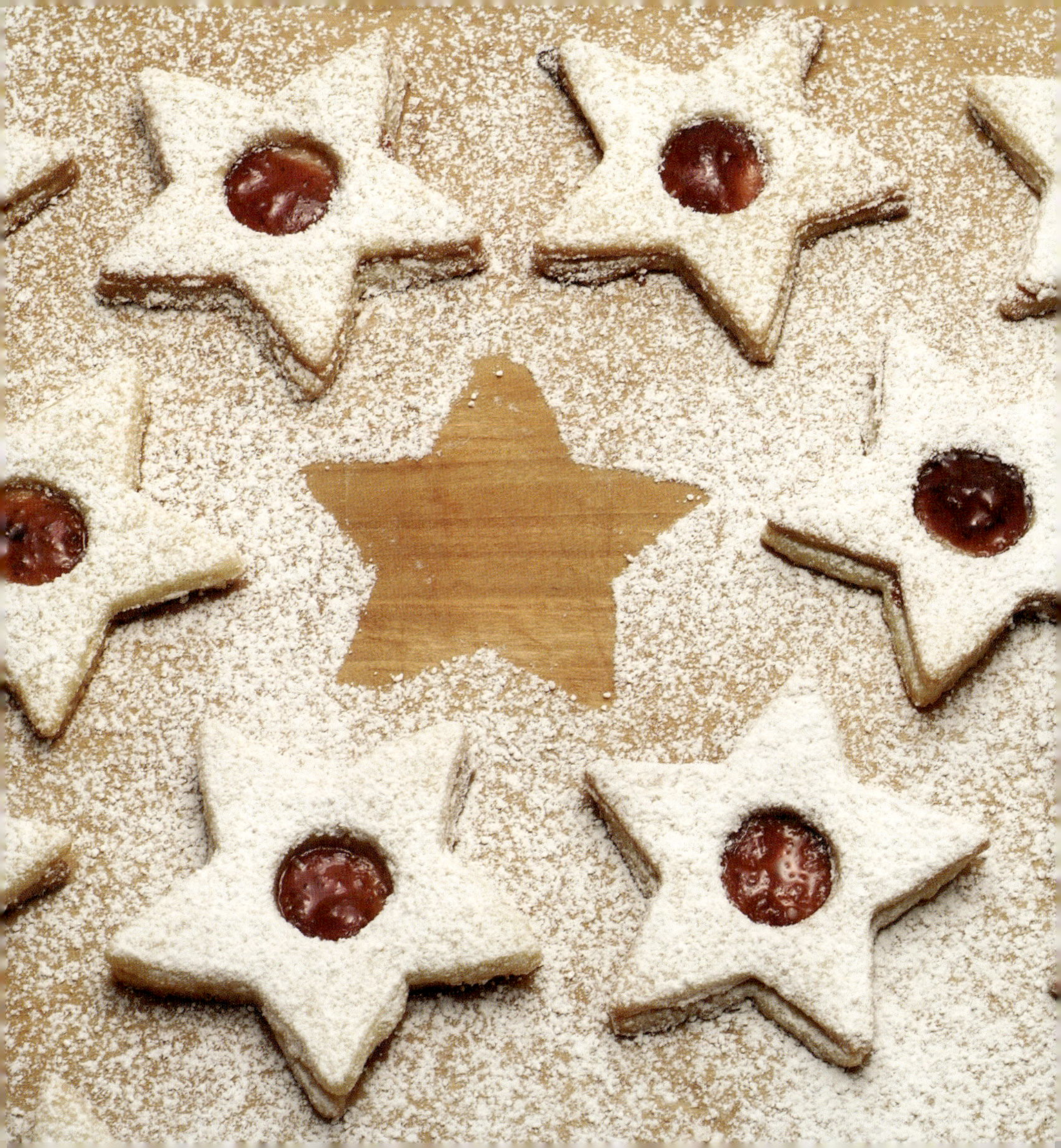

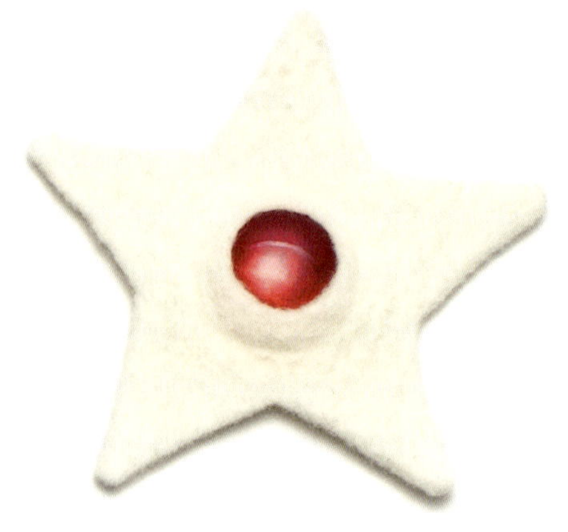

17. Dezember: Sternplätzchen

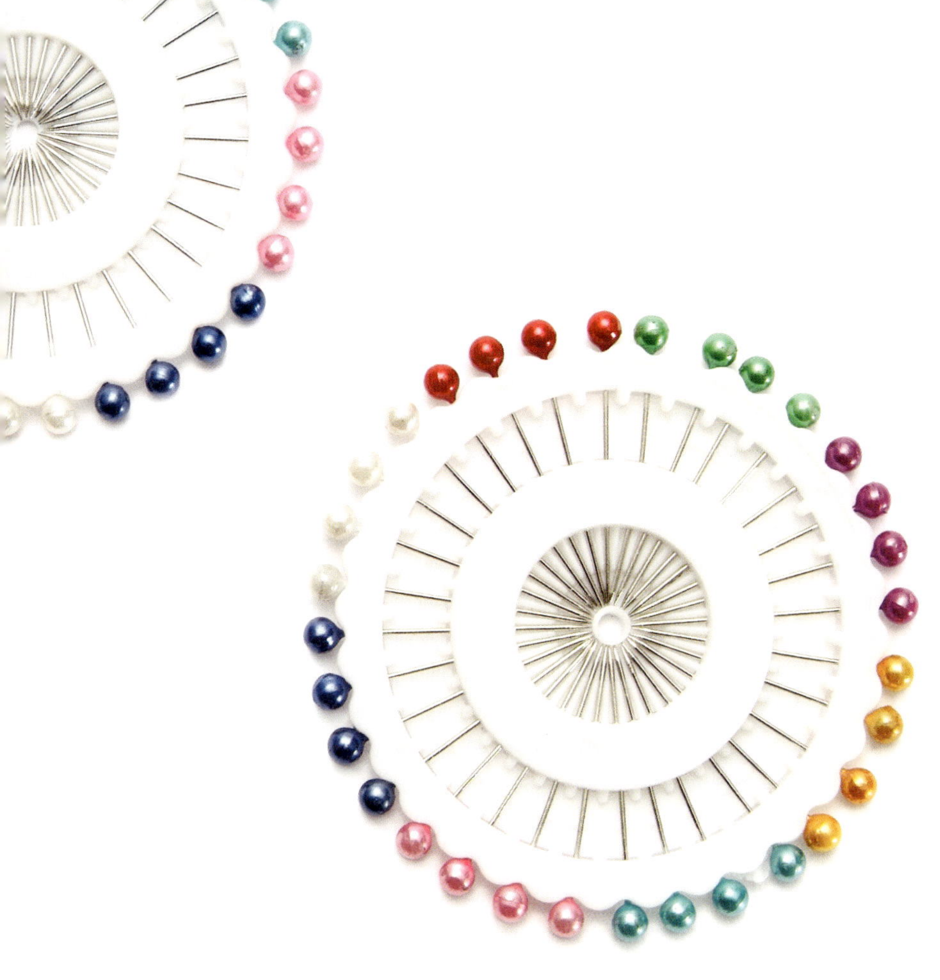

18. Dezember: Glitzersterne

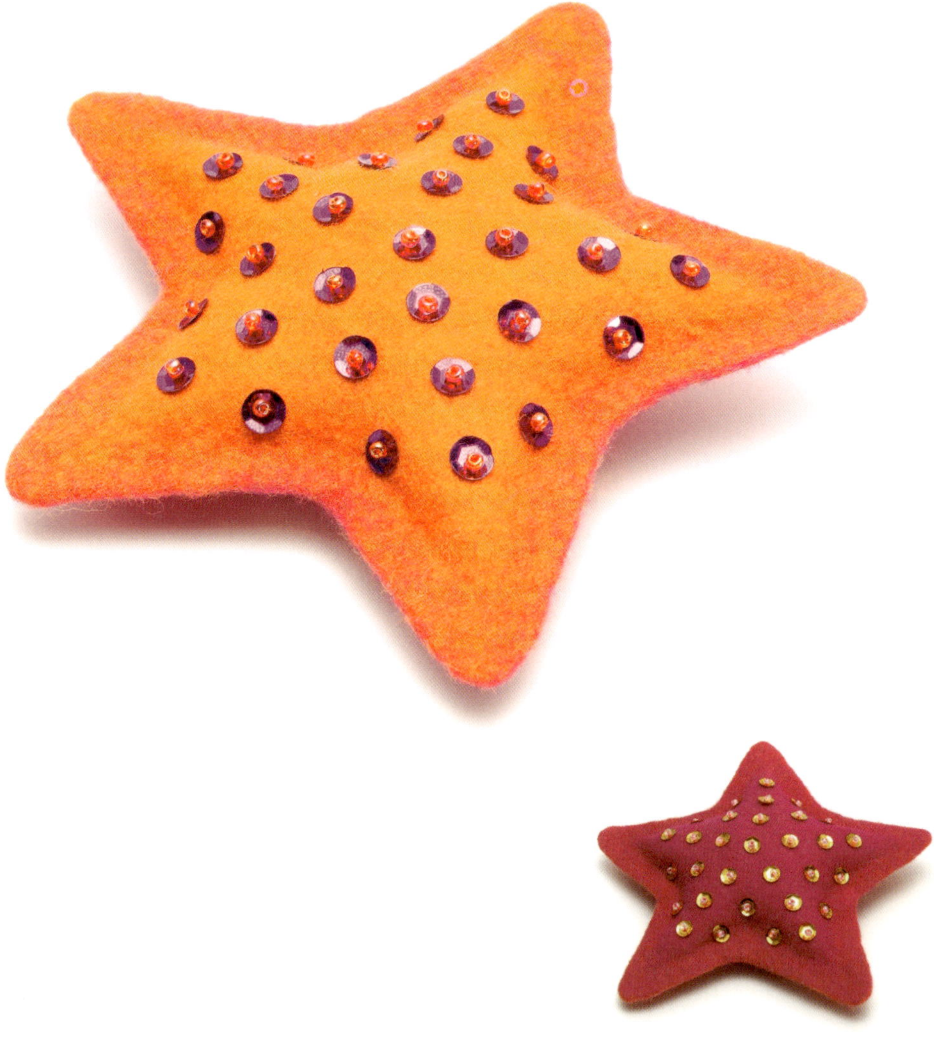

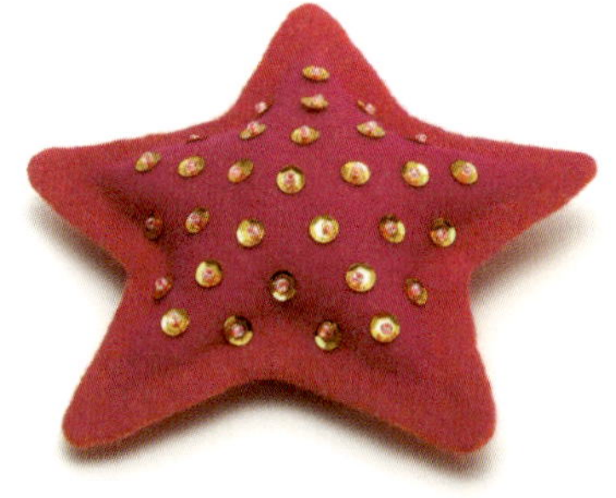

19. Dezember: Sternenlicht

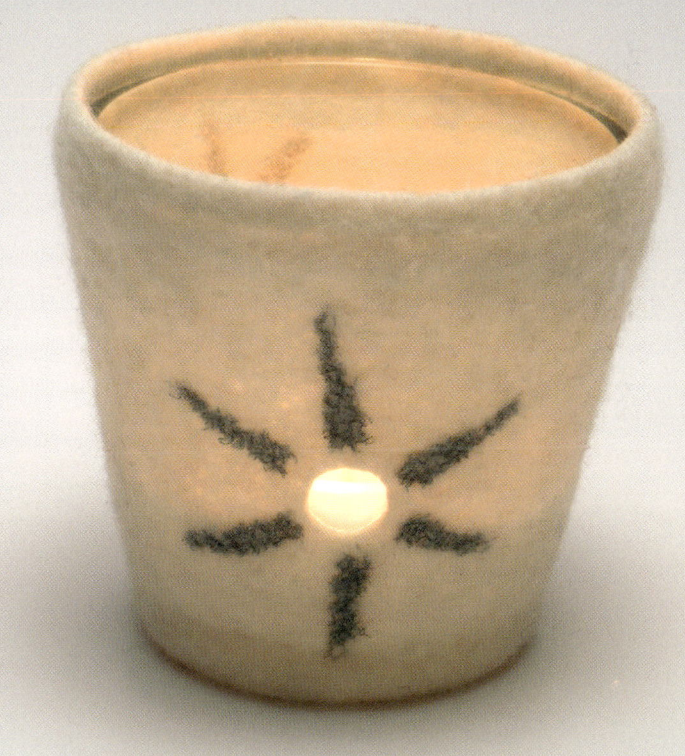

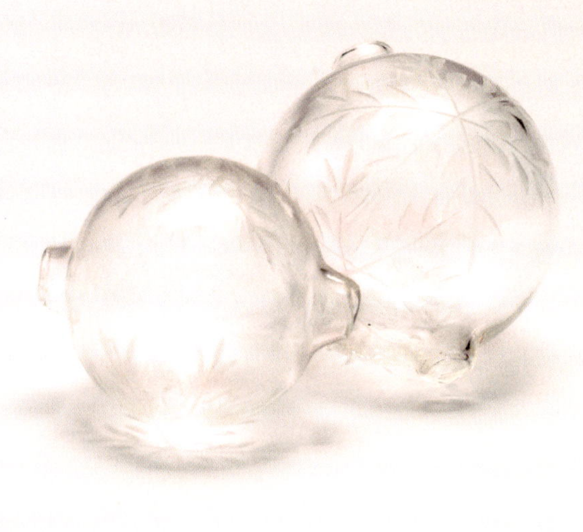

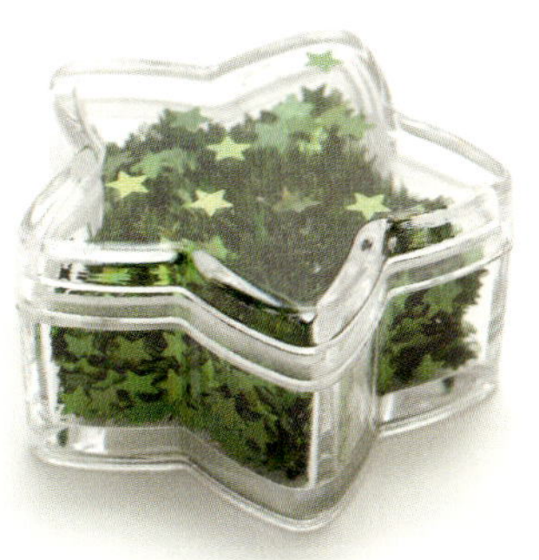

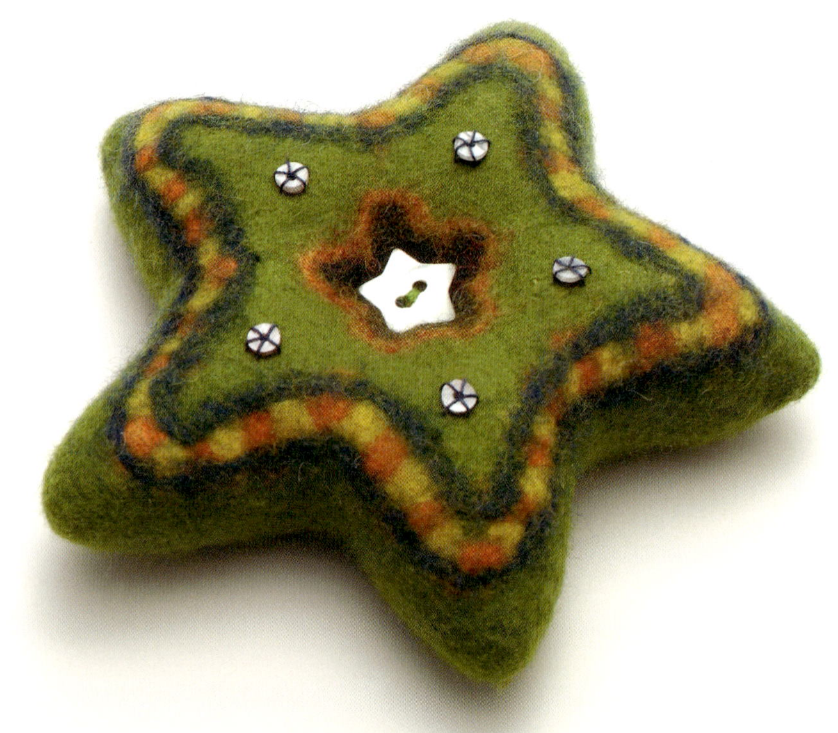

20. Dezember: kleiner Kissenstern

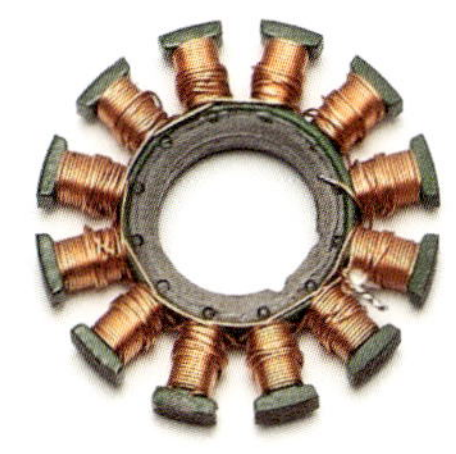

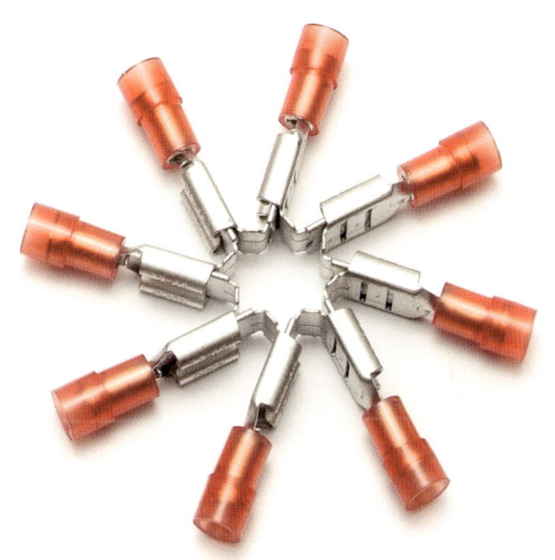

21. Dezember: Spielerei mit Elektrobauteilen

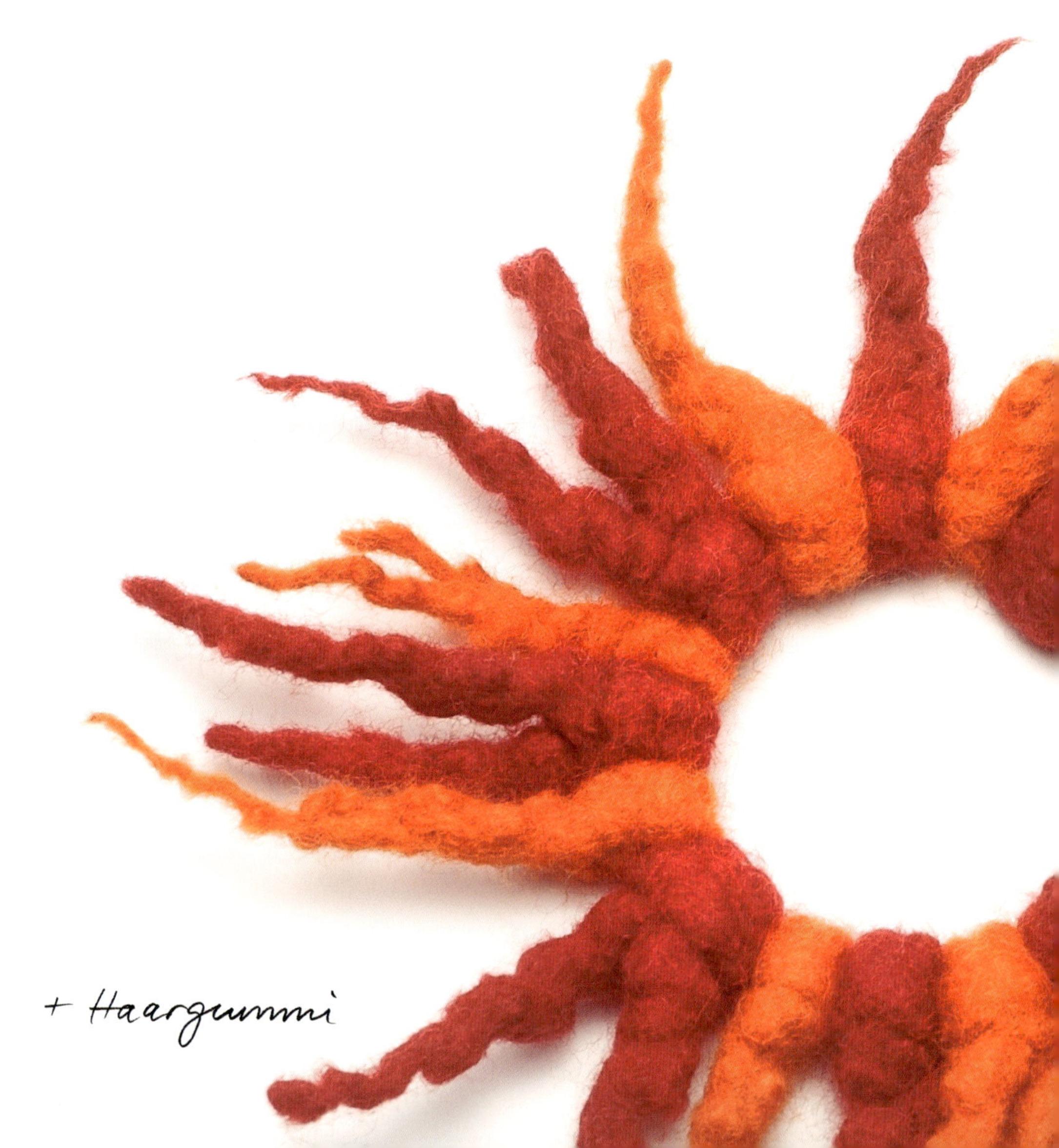

+ Haargummi

22. Dezember: Sternenhut
+ erster Frost
auf Endiviensalat
im Garten

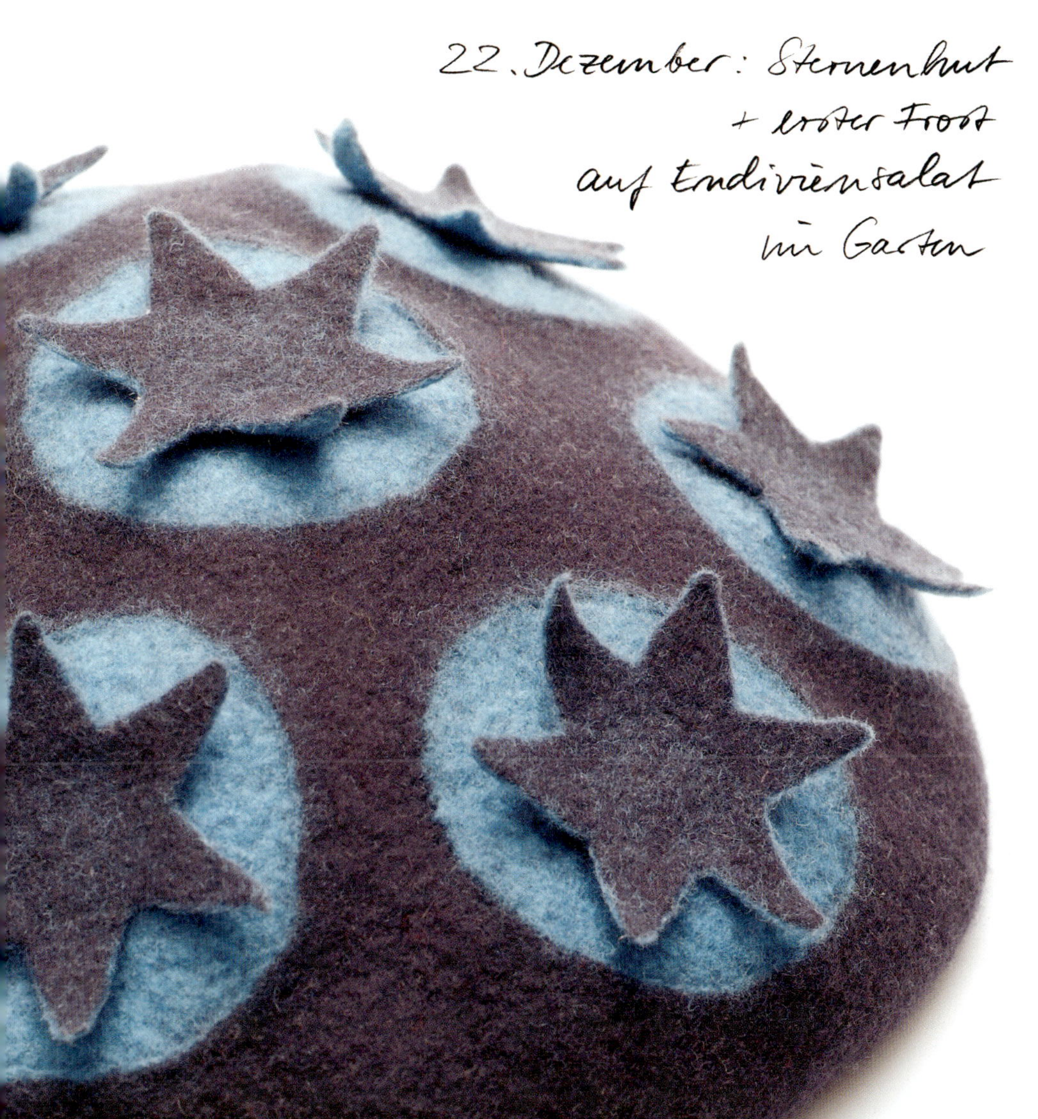

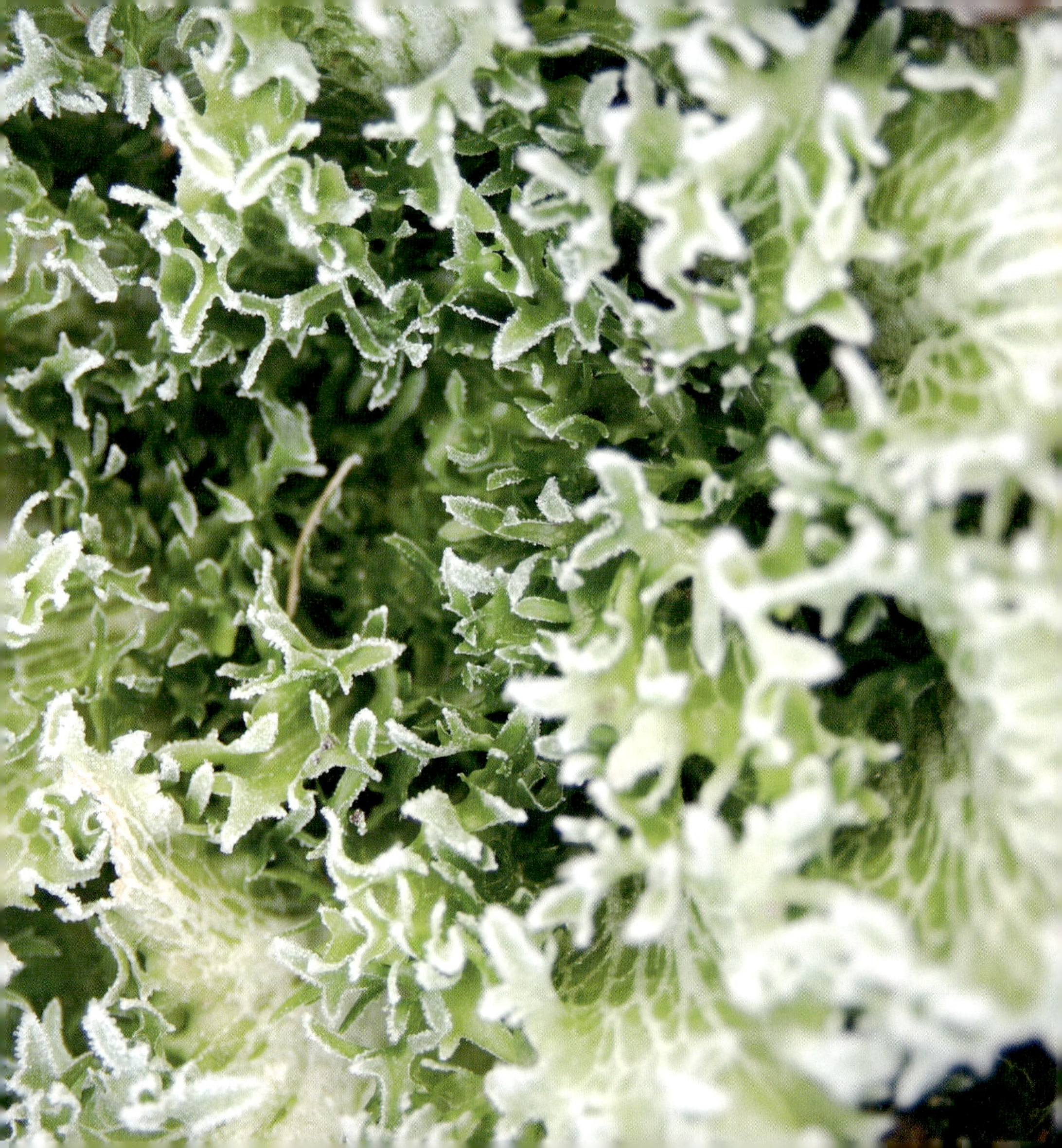

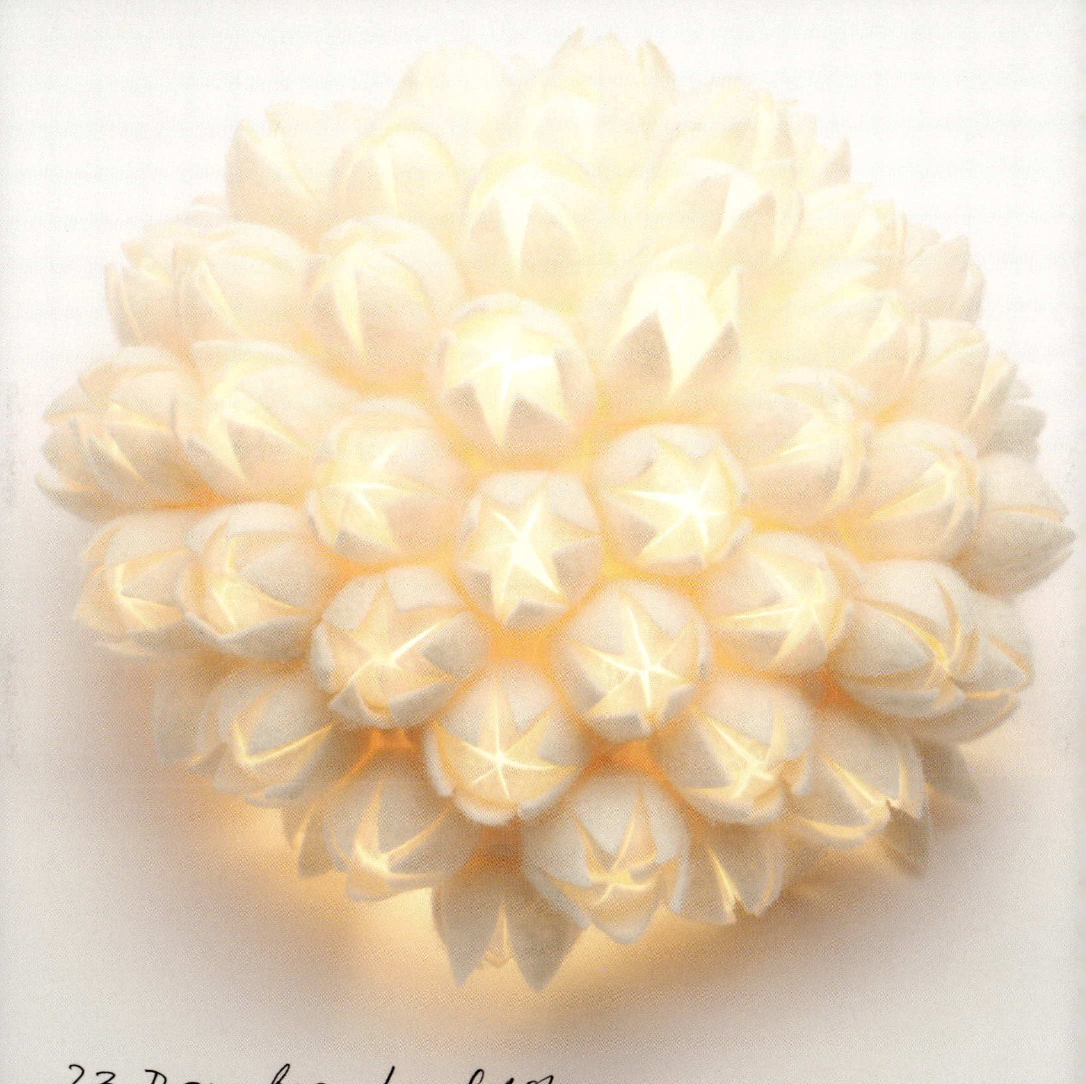

23. Dezember: Leuchtstern

Diesen Strohstern hat Marliés für uns gemacht.

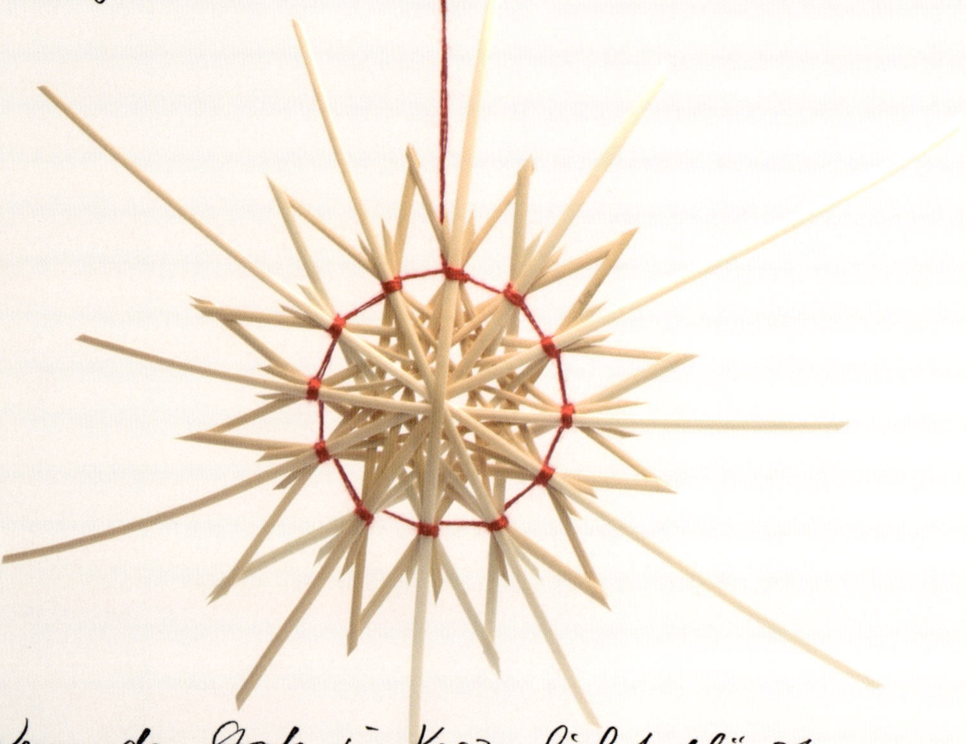

Wenn das Stroh im Kerzenlicht glänzt, bekommt man eine Ahnung, weshalb ein armer Müller auf die Idee kam, zu behaupten, seine Tochter könne Stroh zu Gold spinnen.

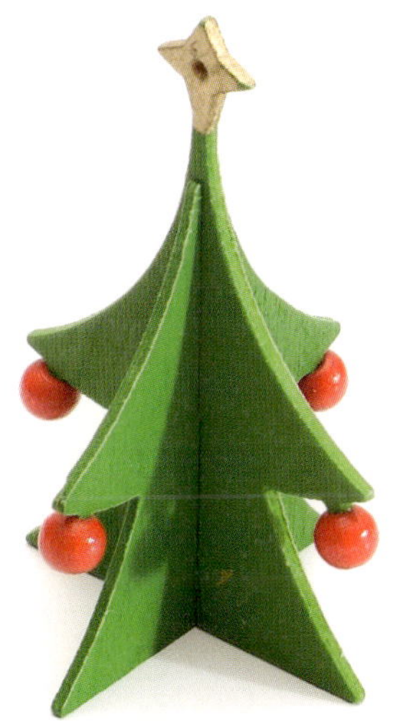

24. Dezember:

„Oh Tannenbaum, oh Tannenbaum ...“

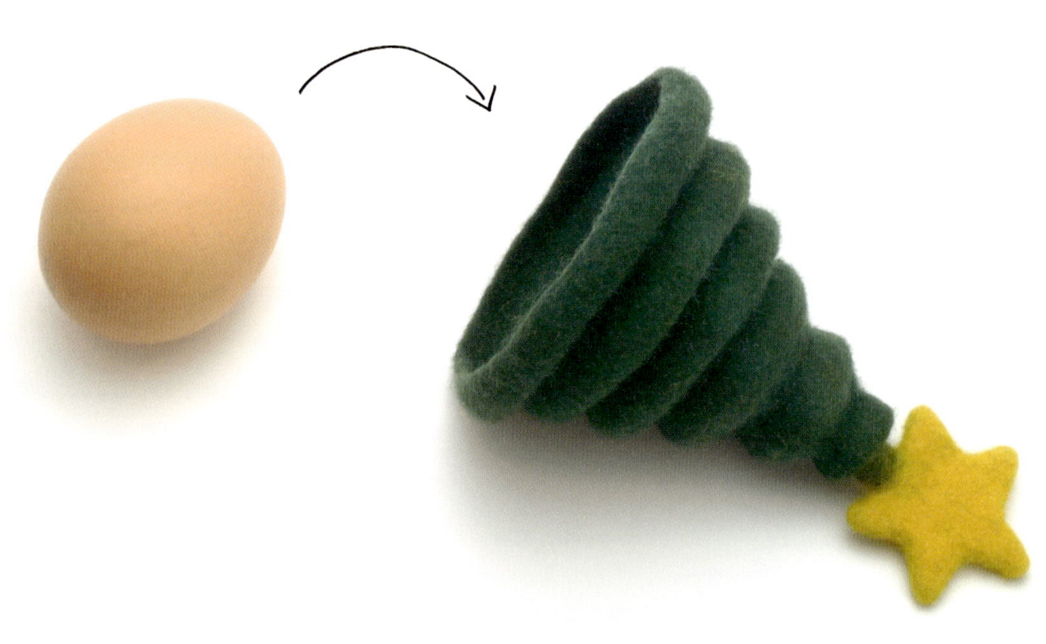

Inhalt

Frühling

Sommer

Herbst

Winter

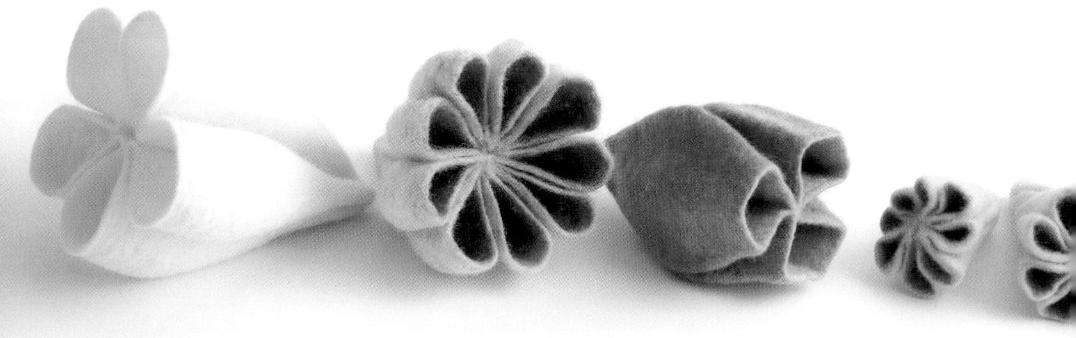

Quellen:

S. 157 www.hempelglasmetallkunst.de

S.160 Kontakt (Geheimtipp): Hildegard Hage – „kein Internet, aber zwei Schafe", hat einen Laden in 74638 Waldenburg, Hauptstr. 29 (damit man nicht umsonst anreist: Tel. 07942/2487)

S. 85, 89 „Die sieben Gaben", Gerhard Schöne, aus: Liederbuch „Ich muss singen" © BuschFunk, Berlin

S. 48 „Gott, Du Deines Mantels Saum", Text: Jörg Zink, © Hans-Jürgen Hufeisen

Bücherliste:

Tschingis Aitmatow: „Wirf die Fesseln ab, Gylsary"

Olga Kharitidi: „Das weiße Land der Seele", illustriert mit Tätowierungen einer im Altai gefundenen Mumie

Sofie Meys: „Schneckenalarm"

Thomas Rosenlöcher: „Ostgezeter"

Rafik Schami: „Eine Hand voller Sterne"

Jörg Zink: „Zwölf Nächte"

Masaru Emoto: „Die Botschaft des Wassers"

Filz und Text: Annette Quentin-Stoll, Fotos: Robert Quentin
Layout: Annette Quentin-Stoll und Robert Quentin

Druck: AZ Druck und Datentechnik, Kempten; Bindung: Thomas Buchbinderei, Augsburg

Gedruckt auf Symbol Tatami. Zertifiziert nach FSC

Bibliografische Information der Deutschen Nationalbibliothek:
Die Deutsche Nationalbibliothek verzeichnet diese Publikation in der Deutschen Nationalbibliografie; detaillierte bibliografische Daten sind im Internet über http://dnb.d-nb.de abrufbar.

ISBN 978-3-87512-760-7

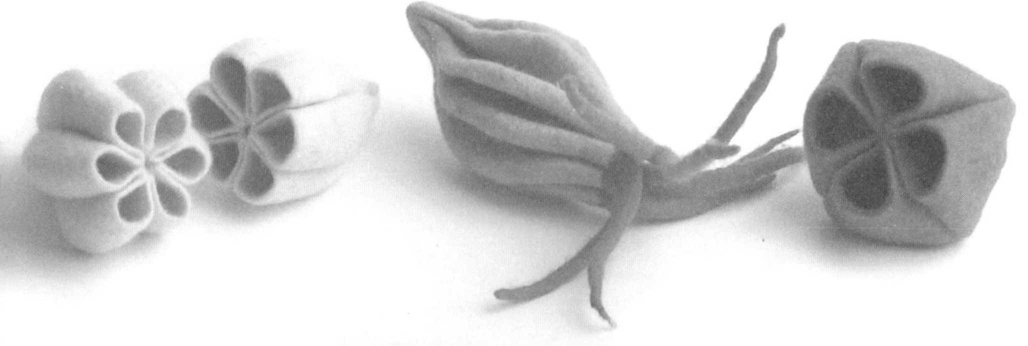